全国高职高专药学类专业规划教材（第三轮）

应用文写作

第3版

（供医药卫生类专业用）

主　编　王　青　邓　焱
副主编　孙艳峰　胡皓月
编　者　（以姓氏笔画为序）
王　青（山东医药技师学院）
王　娜（北京卫生职业学院）
方良彦（上海市第二轻工业学校）
邓　焱（重庆三峡医药高等专科学校）
孙艳峰（山东医药技师学院）
汪丽萍（四川中医药高等专科学校）
张　斌（山东医药技师学院）
胡皓月（长春医学高等专科学校）
高艺伦（山东医药技师学院）
谢雨君（重庆三峡医药高等专科学校）

中国健康传媒集团
中国医药科技出版社

内容提要

本教材是“全国高职高专药学类专业规划教材（第三轮）”之一，涉及应用文写作基础知识、常用应用文写作、医药应用文写作内容，共八章。具体包括应用文写作基础知识、党政机关公文基础知识、常用党政机关公文写作、常用事务文书写作、公关礼仪文书写作、就业文书写作、医药工作文书写作、医药科技文书写作。编写过程中以任务情境导入新知识，设计直观的文体格式模版，归纳总结写作技能要求，有精选例文和随文点评；以知识链接拓展知识面，用重点小结帮助读者强化记忆每章知识点；每章的后面精心设计了题型多样、内容丰富的目标检测题，帮助读者巩固理论知识，强化写作技能，提高写作能力。本教材为书网融合教材，即纸质教材有机融合电子教材、教学配套资源（PPT、微课、视频、图片等）、题库系统、数字化教学服务（在线教学、在线作业、在线考试）。

本教材主要供高等职业院校医药卫生类专业师生教学使用，亦可作为医药行业单位和其他类专业自学用书。

图书在版编目（CIP）数据

应用文写作/王青，邓焱主编．—3版．—北京：中国医药科技出版社，2024．10．

（全国高职高专药学类专业规划教材）．

ISBN 978－7－5214－4932－7

Ⅰ．H152．3

中国国家版本馆CIP数据核字第20247FX173号

美术编辑　陈君杞

版式设计　友全图文

出版　**中国健康传媒集团**｜中国医药科技出版社

地址　北京市海淀区文慧园北路甲22号

邮编　100082

电话　发行：010－62227427　邮购：010－62236938

网址　www. cmstp. com

规格　889mm × 1194mm $^1/_{16}$

印张　13 $^1/_2$

字数　391千字

初版　2015年8月第1版

版次　2024年10月第3版

印次　2024年10月第1次印刷

印刷　天津市银博印刷集团有限公司

经销　全国各地新华书店

书号　ISBN 978－7－5214－4932－7

定价　45.00元

数字化教材编委会

主　编　王　青　邓　焱

副主编　孙艳峰　胡皓月

编　者　（以姓氏笔画为序）

王　青（山东医药技师学院）

王　娜（北京卫生职业学院）

方良彦（上海市第二轻工业学校）

邓　焱（重庆三峡医药高等专科学校）

孙艳峰（山东医药技师学院）

汪丽萍（四川中医药高等专科学校）

张　斌（山东医药技师学院）

胡皓月（长春医学高等专科学校）

高艺伦（山东医药技师学院）

谢雨君（重庆三峡医药高等专科学校）

出版说明

全国高职高专药学类专业规划教材，第一轮于2015年出版，第二轮于2019年出版，自出版以来受到各院校师生的欢迎和好评。为深入学习贯彻党的二十大精神，落实《国务院关于印发国家职业教育改革实施方案的通知》《关于深化现代职业教育体系建设改革的意见》《关于推动现代职业教育高质量发展的意见》等有关文件精神，适应学科发展和高等职业教育教学改革等新要求，对标国家健康战略、对接医药市场需求、服务健康产业转型升级，进一步提升教材质量、优化教材品种，支撑高质量现代职业教育体系发展的需要，使教材更好地服务于院校教学，中国健康传媒集团中国医药科技出版社在教育部、国家药品监督管理局的领导下，组织和规划了"全国高职高专药学类专业规划教材（第三轮）"的修订和编写工作。本轮教材共包含39门，其中32门为修订教材，7门为新增教材。本套教材定位清晰、特色鲜明，主要体现在以下方面。

1. 强化课程思政，辅助三全育人

贯彻党的教育方针，坚决把立德树人贯穿、落实到教材建设全过程的各方面、各环节。教材编写将价值塑造、知识传授和能力培养三者融为一体。深度挖掘提炼专业知识体系中所蕴含的思想价值和精神内涵，科学合理拓展课程的广度、深度和温度，多角度增加课程的知识性、人文性，提升引领性、时代性和开放性，辅助实现"三全育人"（全员育人、全程育人、全方位育人），培养新时代技能型创新人才。

2. 推进产教融合，体现职教特色

围绕"教随产出、产教同行"，引入行业人员参与到教材编写的各环节，为教材内容适应行业发展献言献策。教材内容体现行业最新、成熟的技术和标准，充分体现新技术、新工艺、新规范。

3. 创新教材模式，岗课赛证融通

教材紧密结合当前实际要求，教材内容与技术发展衔接、与生产过程对接、人才培养与现代产业需求融合。教材内容对标岗位职业能力，以学生为中心、成果为导向，持续改进，确立"真懂（知识目标）、真用（能力目标）、真爱（素质目标）"的教学目标，从知识、能力、素养三个方面培养学生的理想信念，提升学生的创新思维和意识；梳理技能竞赛、职业技能等级考证中的理论知识、实操技能、职业素养等内容，将其对应的知识点、技能点、竞赛点与教学内容深度衔接；调整和重构教材内容，推进与技能竞赛考核、职业技能等级证书考核的有机结合。

4. 建新型态教材，适应转型需求

适应职业教育数字化转型趋势和变革要求，依托"医药大学堂"在线学习平台，搭建与教材配套的数字化课程教学资源（数字教材、教学课件、视频及练习题等），丰富多样化、立体化教学资源，并提升教学手段，促进师生互动，满足教学管理需要，为提高教育教学水平和质量提供支撑。

前言 PREFACE

应用文写作是一门综合性、实践性与实用性很强的社会应用学科。在现代社会生活中，应用文作为重要的信息载体和日常交际工具，对人们各方面交流起着重要的作用。

本教材的修订紧扣医药类高职高专各专业人才培养目标，以培养学生应用写作技能为核心，提高医药应用文写作能力为根本，注重把握医药类专业的行业性特点，除了阐述常用应用文体的写作知识和写作方法外，还重点阐述医药应用文体的写作知识和写作方法。

本次教材修订的重点是教材中的“学习目标、情境导入、例文及评析和重点小结”等内容，同时对上版教材中不准确的内容以及文字、格式错误进行修改与勘误。修改补充了包括微课、PPT、同步习题等数字化教学资源内容。

本教材以任务情境导入，简介知识要点，设计直观的文体格式模板，归纳总结写作技能要求，精选具有针对性、典型性和示范性的贴近医药行业，贴近时代以及与学习、生活密切相关的例文和随文点评，让读者了解应用文体的写作知识，培养应用文写作技能；以知识链接拓展章节内容知识面，为后续发展奠定必要的基础，用重点小结强化记忆每章知识点；在每一章的后面精心设计了题型多样、内容丰富的目标检测题目，通过训练帮助读者巩固所学的理论知识、强化写作技能、提高写作能力；本教材在学习目标中有明确的素质目标，在培养读者应用文写作能力的同时注重思政元素和传统文化的融入，以提高读者的思想觉悟和综合素质。本教材将为医药卫生类专业学生在未来职业生涯中得到可持续性发展，为适应当前和今后在工作、学习和生活中的写作需要奠定坚实基础。

本教材由王青、邓焱担任主编，具体编写分工如下：谢雨君（第一章），高艺伦、方良彦（第二章），王娜（第三章），邓焱（第四章），王青、张斌（第五章），胡皓月（第六章），汪丽萍（第七章），孙艳峰（第八章）。数字化教学资源主要由高艺伦、张斌修改完成。

本教材在修订编写中参阅了大量的国内相关教材、书刊及数字文献，吸取了其中的最新成果和资料，在此对相关作者致以诚挚的感谢。

在本书的修订编写中，各位编者尽心尽力，并不断探索，但仍有许多不足之处，恳请各位专家和读者批评指正。

编　者

2024 年 8 月

CONTENTS 目录

第一章 应用文写作基础知识

第一节 应用写作与应用文

PPT

学习目标

知识目标：通过本章的学习掌握学习应用文写作的方法，表现应用文主旨的常用方法，结构类型以及应用写作中专门化、模式化的语言；熟悉应用文写作的基本元素，对主旨的要求和选择材料的标准，应用文写作的特点、表达方式，应用文结构的构成要素；了解应用写作、应用文的概念、用途、特点、分类、分类标准，应用文主旨和材料的概念、作用以及应用文的语言要求。

能力目标：能辨别应用文体；能运用应用文写作的方法；能阅读应用文并区分其类别；能正确提炼主旨，及时搜集整理材料；能根据文种、内容正确选用应用文的结构类型、表达方式及规范的语言写作应用文。

素质目标：树立正确、严谨、坚韧的学习态度，掌握正确的学习方法，形成终身学习理念；培养见贤思齐的态度，文以载道、为人民服务的情怀。体现人文精神，学会吃苦耐劳、甄别是非、恪守底线；培养正确的语体意识与语感，养成数字化、表格化、规范化的工作习惯和严谨、规范的工作态度。

情境导入

情境：《新民晚报》曾登载一篇题为《大学生：企业想对你说》的文章，文章提到上海某大学对苏、浙、沪的152家企事业单位进行了调研，范围涉及政府机构、教育、信息、金融等各个领域和11家人才市场，其中反映的问题之一是“尽管有许多证书，毕业生最基本的语言表达和写作能力却不尽如人意，不少企业表示有15%的毕业生在写作能力方面十分欠缺”。一般来说，企业不会让员工写诗歌、小说等文学作品，这里提到的写作能力是指应用写作能力。对于大学生而言，应用写作能力的重要性日趋凸显。

思考：你了解应用写作与应用文的基本知识吗？

知识要点

一、应用写作的概念

应用写作是写作的重要组成部分。写作是人们在认识、感受客观事物的过程中，用语言、符号把思维结果记录、表达出来的创造性的精神劳动。应用文的写作，是单位或个人应用于日常工作与生活需要的一种写作活动，应用文是应用写作的成果。对于学习者来说，应用写作是一门基础课程，它是用来介绍应用文写作基本知识、研究应用文写作基本理论和技能技巧的一门学科，具有系统的理论性和极强的实践性，亦如文学写作一样，是写作学的一个重要分支学科。

在现代社会生活中，应用文作为重要的信息载体和日常交际工具，日益深入社会生活的各个领域。叶圣陶在《国文教学的两个基本观念》中写到："文学之外，同样包在国文的大范围里头的还有非文学的文章，就是普通文。这包括书信、宣言、报告书、说明书等应用文。"后来他进一步指出："大学毕业生不一定要会写小说诗歌，但是一定要写工作和生活中实用的文章，而且非写得既通顺又扎实不可。"世界上很多发达国家的高等学校把大学生和博士生的应用文写作能力作为必须考查的内容。德国的写作教材练习项目，绝大多数是调查报告、事件报道、科技说明、会议记录、演讲提纲、新书介绍、商品广告等。日本的写作教材，有不少是训练学生写书信、日记，写调查报告、研究报告、实验报告等。美国著名学者约翰·奈斯特在《大趋势——改变我们生活的十个新方法》一书中提出："在这个文字密集的社会里，我们首先比以往任何时候都更需要具备最基本的读写技能。这里所说的'读写技能'，首先就是足以应付日常和生活所需要的写作能力，也就是应用写作能力。"目前，我国在报考公务员和各行各业公开招聘考试中，应用写作知识是必考的一部分内容。

二、应用写作的基本要素

应用写作包括五个基本要素：写作主体，即作者，包括机关、团体、企事业单位和个人。写作受体，即接收单位和作用对象；写作客体，即写作所反映的客观实际生活、客观事物；写作载体，即承载客体的物质形式，例如甲骨、纸张、电子网络等。写作本体（文本），即客体与载体合二为一就形成了文本。这五个要素构成一个完整的、有机的系统，从而实现应用写作的目的与价值。

三、应用文的概念

应用文，就是'应'付生活、'用'于实务的'文'章，凡个人、团体机关相互之间，公私往来，用约定俗成的体裁和术语写作，以资交际和信守的文字，都叫应用文。目前，较为统一的认识为：应用文是党政机关、社会团体、企事业单位和个人、家庭，在日常工作、学习和生活中，用来办理公私事务，经常使用的具有某种惯用体式和直接实用价值的文书。它是单位正常运转、人与人相互交往不可缺少的工具。

四、写好应用文的方法

叶圣陶先生对于如何形成写作能力，有一个形象的说法："所谓能力不是一会儿就能从无到有的，看看小孩子养成走路跟说话的能力多麻烦。阅读跟写作不会比走路跟说话容易，一要得其道，二要经常历练，历练到成了习惯，才算有了这种能力。"此话并非专指应用写作能力，但同样适合解释应用写作能力的形成。

（一）得其道

得其道是指写作者应提高政治水平和法制观念，以实事求是的科学态度学习写作理论。同时，应用写作与文学写作不同，文学写作追求新颖、独到、有创意，而应用写作有章法和套路；文学写作的作者很大程度上要有天赋和悟性，而应用写作必须经过系统的学习。一般情况下，作者需具备基本的遣词造句、布局谋篇的语文能力，并掌握应用写作的基本模式，才能写好应用文。

（二）历练

历练包括两层意思：一是指研读例文，二是仿写。例文往往规范地再现了某一文种的写作要求，研读和仿写就是积累经验。同时，应用文的材料往往不是来自亲身经历，需要写作者主动搜寻文献信息，必须有丰富的知识积累，比如科学、历史、文化、业务知识等。

（三）形成习惯

形成习惯，具体而言，写作者应坚持培养搜集、分析、选择和综合归纳材料的能力，逐渐形成多维的思维模式，提高语言驾驭能力，具有自己修改或互相修改文章的习惯，从而熟能生巧，达到提笔有感、格式准确、语感地道的境界。

知识链接

略解《黄帝内经》

《黄帝内经》分《灵枢》《素问》两部分，它以黄帝、岐伯等人以问答的形式阐述病机病理，总结了春秋战国之前我国劳动人民与大自然和疾病作斗争的丰富经验。它是中国医学宝库中现存成书最早的一部医学典籍，也是中国汉族传统医学四大经典著作（《黄帝内经》《难经》《伤寒杂病论》《神农本草经》）之一。该书奠定了我国医学理论的基础，在对话中阐明医理，在医学写作史上实属首创，成为我国医用文体写作的源头，对后世医学应用文写作的发展影响深远。

第二节　应用文的特点与分类

PPT

情境导入

情境：某高校药学院本学期将举行中医药经典知识竞赛，药学院学生会主席李某接到任务，草拟一份竞赛方案。经过查找资料、认真撰写，提交了自己颇为满意的初稿。但几天后，学院负责老师反馈的意见是部分内容不符合方案的写法。李某有点失落，但他转念一想，办法总比困难多，通过请教学校的应用写作课程老师，最终交上完善方案。

思考：1. 在学习、生活、工作中，你是否具有承担重要任务的勇气呢？

2. 你了解应用文具有哪些特点吗？

知识要点

一、应用文的主要特点

在各类文体中，每一类文体既有一般文章的共同属性，又有其各自的“个性”特点。曹丕在《典论·论文》中将当时各类文章归为八体，并提出“夫文体同而末异。盖奏议宜雅，书论宜理，铭诔尚实，诗赋欲丽”的说法，言简意赅地道出了各类文体特有的风格。应用文也有其突出的特点，主要体现在以下几方面。

（一）目的的实用性

应用文是随着人类社会的产生而产生，伴随着历史的发展而发展，是为满足社会生活、工作的实际需要而产生的一种文体，是依据公务活动或办理私事的实际需要，为处理工作中和生活中的实际问题、为达到某一具体目的而撰写的。因此，应用文的写作是须用才写，写必有用。所以实用性是应用文的最显著和最基本的特点，也是应用写作应遵循的首要原则。

其实用性可直接从它的写作效用上体现出来。例如党和国家制定的政策、法规等要达到发挥作用的目的，就需要用命令、决定、通知、通告等公文发布和传达，从而让人们知晓。

应用文的实用性还体现在它的时效性上，其实用价值往往受到时间的限制，例如请柬、通知等。因此行文要讲究时效，迟了就可能失效甚至误事。

（二）对象的特定性

应用文往往有明确的受文对象或特定的读者、读者群。如《×医院药剂科安全卫生管理制度》，其对象适用范围十分明确具体，药剂科相关人员必读；而请柬、信函等日常事务文书的读者对象已经具体到某一个人或某几个人。公文依据行文方向，行文时就对读者对象有了明确的限定，不是谁都可以读、可以看的。例如请示、报告等上行公文是写给上级部门的领导看的；通知、批复等下行公文是写给下级部门人员看的。因此，写作应用文时，一定要做到心中有明确的读者对象，充分考虑和研究读者心理，按照不同对象选择合适的用语和语气，才能写出更符合受文对象“口味”的文章，从而达到行文的目的。

（三）内容的真实性

应用文无论处理公务或私务，都要讲求实事求是，决不能弄虚作假，虚构编造，否则信息就会失真，价值就会丧失，甚至会给社会造成损害。真实是应用文的生命。因此写作应用文一定要坚持实事求是的原则，要严格忠实地反映客观事物的本来面貌。做到观点正确、鲜明；情况、数据、细节都必须真实准确，一是一，二是二；不允许移花接木，更不允许凭空想象，无中生有。

（四）明确的工具性

应用文是信息传递的一种重要载体，一种基本工具，在社会政治、经济、文化、科技乃至日常生活各方面发挥工具性作用。尤其是公文，它是各级各类党政机关、社会团体、企事业单位等行使管理职能和业务职能的重要工具，是为国家政务、社会公务和公众事务服务的。刘勰说应用文是“政事之先务”（《文心雕龙·书记》），《党政机关公文工作处理条例》规定：“党的机关的公文，是党的机关实施领导、处理公务的具有特定效力和规范格式的文书，是传达贯彻党的路线、方针、政策，指导、布置和商洽工作，请示和答复问题，报告和交流情况的工具。”

（五）使用的时效性

应用文一般都是针对某一具体事项或具体问题而写作的，时间规定得很严格也很具体。作用时间是有限的，即只在一定时期内产生效用，超过时限便失去作用。原有文本将变成档案材料，其作用就发生了变化，例如会议通知，超过会议召开的时间，通知就失去了效用。有些应用文正是由发文日期来表示它的生效期限或正式执行的日期，有的应用文还明确规定了有效期限。例如有的公文标注的“特急”“加急”等紧急程度，它是对公文送达和办理的具体时限要求。因此，写作应用文一定要及时，在一定时限内完成写作任务，否则就会延误工作，甚至给工作造成损失。

（六）格式的模式性

应用文在长期的使用过程中，经过人们的不断改进与完善，逐步形成了相对固定的文本格式和语言表达方式。它们有大体相同或相近的体式，有约定俗成的语言句式、词语，规范化的行文格式。公文的要求更为严格，《党政机关公文处理工作条例》对公文的版式和公文体式作了明确规定。因此，写作应用文时，必须遵循惯用的格式；公文写作必须遵循中共中央办公厅、国务院办公厅等主管部门的有关规定，做到规范化、制度化、标准化。当然，公文格式的这种规范性、模式性有利于加强对公文的科学管理，提高公文写作质量和公文处理效率，更有效地发挥公文的作用。

二、应用文的分类

应用文的分类，由于依据的标准不同，划分的种类也不同。为使用方便，将从以下几个方面对其进行分类。

（一）依据用途分类

可将应用文分为公务应用文和私人应用文。党政机关、社会团体、企事业单位用来处理公务的文书就是公务应用文，也就是公务文书。例如，通知、通报、请示、药品检验报告等。个人、家庭用来处理私事的文书就是私人应用文，也就是私人文书。例如，遗嘱、自传、日记等。

（二）依据公务活动使用领域分类

可将公务应用文，即公务文书分为通用公务文书和专用公务文书。通用公务文书是指各级各类党政机关、社会团体、企事业单位在公务活动中普遍使用的公文。例如，通知、请示、计划、总结、会议记录、规章制度等。

专用公务文书是指一定行业的业务机关、专门的职能机关、组织在业务范围内，依据特殊需要专门使用的公文，又称之为专业文书。例如，司法文书（公证书、判决书）、财务文书（财务报表）、医药工作文书（病程记录——病历、药品检验报告）。它们都是法定机关与组织在公务活动中所形成和使用的，具有法定效力和规范体式并须经过一定处理程序处理的文书材料，是实施领导和管理、进行公务活动的专业工具。

（三）依据公务活动的内容分类

可将通用公务文书分为党政机关公文和通用事务文书。党政机关公文专指《党政机关公文处理工作条例》规定的决议、决定、命令、公报、公告、通告、意见、通知、通报、报告、请示、批复、议案、函、纪要共计 15 种公文。通用事务文书是指各行业管理和处理日常事务普遍使用的文书。例如，事务文书、社交礼仪文书等。

知识链接

应用文写作与文学创作的区别

1. 思维方式不同　应用写作以逻辑思维为主；而文学创作以形象思维为主。

2. 主旨表达方式不同　应用文的主旨表达鲜明、突出，一目了然。开门见山，开宗明义，是应用文写作的基本原则；而文学作品的主题常常表达含蓄、委婉，需要读者去感悟、领会。

3. 语言风格不同　应用写作的语言朴实无华，言简意赅；而文学作品的语言生动、形象，富有艺术感染力。

4. 真实性的内涵不同　应用写作讲求生活真实，即必须按照客观事物的本来面目进行写作；而文学创作讲求的是艺术的真实，允许以生活为基础进行虚构创作。

5. 作品发挥的功用不同　应用文对社会生活起直接的干预作用；而文学作品发挥的是审美、愉悦的怡情功能。

第三节　应用文的主旨与材料

PPT

情境导入

情境：××医科大学为激励医学生树立崇高的理想，从楷模身上汲取正能量，准备邀请感动中国十大人物、身患绝症坚守抗疫一线的“人民英雄”张定宇来校作专题报告。张定宇步履蹒跚与时间赛跑，只想为患者多赢一秒；矗立在死神和患者之间，他将仁心仁术的温暖播散在大地之上，用生动的事迹诠释了大爱无言。

思考：1. 作为未来的医务工作者，请了解张定宇事迹，并说说你从中感受到了什么精神力量？
2. 如果你来起草报告文稿，该如何从众多的事迹中选择体现主旨的材料？

知识要点

一、应用文的主旨

（一）主旨的概念和作用

主旨，在不同体裁的文章中称呼各异。在文学作品中常称为主题、主题思想（或中心思想）；议论文称为中心论点；说明类文章称为中心意思；应用文则称为主旨。应用文的主旨，是指应用文的行文目的、对客观事物的态度、认识和文本内容。即写作主体通过写入文章的全部材料所表达的基本思想和目的、意图。因此，应用文的主旨通常由两部分组成：一是写作主体的目的、意图，二是应用文的主要内容。但一些篇幅短小的应用文，如公告、任免通知，其主旨只写主要内容而不必写出写作意图。

主旨是应用文的灵魂和统帅，起着纲领的作用，应用文其他要素都要围绕着主旨进行，如材料的取舍、结构的安排、语言的运用、表达方式的选取。

主旨是否正确、深刻、新颖、独到直接关系到应用文质量的高低、价值的大小、社会作用的强弱、办事的成功与否，因此应用文的主旨是不可忽视的。

（二）对主旨的要求

应用文的主旨，应做到正确、鲜明、集中。

1. 正确 是对主旨最基本、最起码的要求。应用文主旨的正确主要体现在以下两方面：一是要正确反映现实社会的实际情况，全面而准确地解释事物的本质和规律，有利于社会的发展和工作的开展；二是必须符合党和国家的路线、方针、政策和法律、法规、规章，能够解决现实社会的矛盾和人民群众的问题。

2. 鲜明 是说应用文主旨的倾向性要清晰明白、态度明朗，不可含糊其辞，似是而非。赞成什么、反对什么、表扬什么、批评什么等要直截了当，否则就不便于读者准确理解并付诸实践。

3. 集中 是指主旨要简明单一，只能确定一个主旨，并贯穿文章始终。因此，应用文的主旨都要求一文一旨，以保证主旨的统帅地位。

（三）应用文主旨的来源

主旨不是凭空而来的，文学作品的主题是作者经过对生活的观察、认识、分析、把握，从感性上升为理性之后归纳、提炼出来的。而应用文的主旨与文学作品的主题来源不同，应用文的主旨主要来自以下几个方面。

1. 本单位、本部门或个人处理公、私事务的需要 任何单位、部门在运行、发展过程中都会遇到各种各样的实际问题，如何解决和处理好问题，这就是公文主旨的来源之一。

2. 党和国家的方针政策以及上级的文件 单位或部门要解决和处理好问题，就要制定政策、提出处理办法，其依据就是党和国家的方针政策以及上级的文件及其精神。我国机关、团体、企事业单位都是在党和国家的领导下进行工作的，因此任何机关、单位撰写公文是都依据党和国家的方针政策和法律、法规。

3. 社会形势发展、社情民意的需要　时代在不断发展，国内国际形势在不断变化，老百姓的需求随时代的变化而变化，因此撰写应用文确立其主旨应依据社会形势发展、社情民意的需要。

（四）显示主旨的常用方法

1. 标题明旨　应用文的标题与主旨有着较为密切的关系，大多数应用文的标题直接揭示了主旨。例如，《××医科大学20××年度工作计划》《立足职业岗位　铸就人生梦想——××药业公司20××年度工作总结》，两标题均揭示了文章的主旨。

2. 篇首显旨　在应用文的第一段开头部分直截了当、开门见山地点明主旨。通告、通知、通报等常采用这种方法显示主旨。法律、法规、规章常常在第一章的第一条写明主旨。例如，《×××关于启用新的医用特殊物品出入境申请表的通知》的开头写道："为加强医用特殊用品出入境安全管理，规范工作流程，我部组织编制了新的医用特殊物品出入境申请表"，此通知的开头就是篇首显旨的方法。

3. 小标题明旨　适合篇幅较长、内容较多的应用文，写作者常常把文章划分成几个部分，每一个部分拟一个小标题来概括本段的主旨，全部小标题合在一起就是全文的主旨。例如《××中医院20××年度工作总结》就运用了小标题明旨的方法，其小标题如下：

一、积极开展思想教育活动

二、深入开展行风政风活动，树立医院新形象

三、搞好业务工作，提高救治水平，在稳定中求发展

四、抓好骨干人员培训，提高业务技术水平

五、开展医疗义诊服务，帮助弱势患者群体

……（略）

4. 篇末点旨　有的应用文在正文的末尾点明主旨。例如，《×区卫生局关于表彰苏×等同志先进事迹的通报》正文结尾写道：为了表彰先进，激励全区卫生系统干部职工在构建和谐社会中更加主动地发挥医务工作者的爱岗敬业、勇于奉献的主人翁精神，鼓励医务工作者向先进人物学习，我局决定在全区卫生系统中对苏×、宋×、秦×三位同志予以通报表扬。

以上几方面是应用文显示主旨常用的方法，其实显示主旨的方法远不止这几种，例如：开头和结尾综合显旨；按语、摘要点明主旨；内容重大转换处揭示主旨；有的应用文，特别是公文为了强调目的、意图，常常在文章中多处显示其主旨。

二、应用文的材料

（一）材料的概念和作用

材料有素材和题材之分，素材是指在写作前搜集、积累的原始资料，如事实、数据、领导讲话的观点、上级文件等；题材是指被写作者写到文章中用来体现、说明主旨的材料。材料有事实性材料和观念性材料之分。事实性材料，即客观存在的具体事物，包括人物、事件、数据等；观念性材料，即来源于事件，并从中得到印证的观点，包括文件、著作、领导讲话的观点、科学原理、定义，民间流传的谚语、格言、警句等。材料有直接材料和间接材料之分，从生活、工作中获取第一手材料称作直接材料；从书籍和资料中得来的材料称作间接材料。

材料在应用文中具有重要的作用，正如清代学者章学诚在《文史通义·文理》中所提出的"夫立言之要在于物"。材料是谋篇布局的基本要素，形成主旨的基础，是提出问题的依据。材料与主旨有着密切的关系，材料是文章的"血肉"，主旨是文章的"灵魂"，好的材料可以深化文章主旨。一

篇应用文如果没有真实而具体的材料，主旨就是“空中楼阁”，应用文就无法发挥其作用。

（二）材料的搜集、整理

材料是应用文写作的前提和基础，只有掌握充分的材料，才能写出好的应用文，因此，写作应用文之前应注意广泛地搜集材料，并对搜集到的材料进行整理、归类。

应用文的写作者要建立自己的“材料仓库”，首先，要注意收集生活素材。对单位的工作、生活以及身边发生的事情处处留心，仔细观察，获取第一手资料，如此长期积累，就会搜集到丰富的材料。其次，要精心积累“书籍和资料中得来的材料”。图书馆、资料室、档案馆是获取写作材料的重要场所；现代科学技术迅速发展，如今的网络办公为人们检索、查阅资料提供了更为便捷的途径。

同时，要对“材料仓库”定期“清查”，首先，将收集到的材料进行鉴别、筛选，去伪存真；其次，将收集到的材料进行归类整理，并经常更新。只有这样，才便于查阅使用。

（三）应用文写作对选择材料的要求

搜集、占有材料是为了写作，写入文章的材料，应根据主旨的需要进行精心选择。

1. 要选择真实准确的材料 写入应用文中的材料，无论是事实，还是数据、细节都一定要做到符合客观实际，不能胡编乱造、凭空想象。例如，表彰先进人物，姓名、籍贯、单位、模范事迹等都要准确；新闻写作中时间、地点、人物、事件及因果都要交代准确。因此要求作者必须有科学严谨的态度和求真务实的作风。

2. 要选择切合主旨需要的材料 选择材料要能具体显示或说明观点，紧扣主旨，做到观点统帅材料，材料表现观点。选材不能离开主旨，这是使主旨集中、突出的基本条件。

3. 要选择有典型意义的材料 所谓“典型”就是要有代表性，能揭示事物本质，具有共性。选择具有典型意义的材料，能使主旨更深刻，使文章更具说服力。

4. 要选择新颖、有时代感的材料 写进应用文中的材料要能够反映客观事物的新面貌以及发展变化的新趋势，让读者感知到新思想、新经验，看到新事物、新人物、新成果。

知识链接

“主旨”与“主题”

我国古代对主题的称呼是“旨”“主旨”“主脑”“意”“主意”“立意”等。而“主题”一词源于德国，最初是一个音乐术语，指乐曲中最具特征并处于优越地位的主旋律，即乐曲的核心。后来，该术语被广泛用于一切文学艺术的创作之中，在文学作品中即为主要思想核心内容。

第四节　应用文的结构

PPT

情境导入

情境：临近年底，正在××制药厂实习的黎同学刚刚写完实习总结，又接到一个临时任务：草拟部门的年终总结。由于平时表现良好，得到大家喜欢，黎同学深知这是领导对自己的器重和考验。于是，利用周末时光，面对一大叠相关的部门资料，他开始埋头梳理总结。

思考：1. 所谓天道酬勤，你是否愿意在学习之余多做“杂事”、多学技能呢？

2. 你能区别这两种总结的异同吗？

知识要点

一、结构的含义及特点

应用文的结构是指应用文内部各要素组织构造、排列顺序及其所反映的外部形态。应用文各体文种在长期的写作实践中，基本形成了外在格式和内在要素序列的规范，一般不宜随意变动。因此，程式性和模式化是应用文结构的特点。这种结构模式，保证了应用文，特别是公文的权威性和统一性；有利于公文效用的发挥；也有利于应用文的写作和阅读。

二、应用文的基本结构形式

应用文的基本结构形式是应用文文章内部的组合层次、基本框架，即内容的安排方式。应用文常见的结构方式有纵式结构、横式结构、纵横交叉结构三种。

（一）纵式结构

1. 直叙式　是按时间先后顺序或按事物的发生、发展变化过程的顺序分阶段安排层次。每一阶段都是边举材料边亮观点，运用夹叙夹议的方法完成写作。例如，一位医学生的总结，可分为在校理论学习和在医院实习两个阶段安排结构。

2. 递进式　是按事理的逻辑顺序安排层次。常用的有三种方式：一是按“叙事—说理—结论”的方式安排结构；二是按“提出问题—分析问题—解决问题”的方式安排结构；三是按“原因—结果”或者“结果—原因”的方式安排结构。报告、通报、总结等常用这种结构方式。

（二）横式结构

1. 并列式　是根据表现主旨的需要，把材料逐层分类归纳，各层次间呈现出一种并列关系，没有主次之分。一般法规、规章等条文式公文使用较多。

2. 总分式　是一种按照辐射形式展开层次的方式。这种结构有两种形式：一是应用文的开头总写，主体部分分写，即先总括主旨（观点），再逐条分述；二是应用文的开头总写，主体部分分写，结尾总写，即先总括主旨（观点），再逐条分述，最后得出结论，简称“总—分—总”的模式。通知、通告等常用此种结构。

（三）纵横交叉结构

这种结构形式常用于时空变化较大、内容丰富、篇幅较长、层次较多的应用文。通常是以一种结构安排大层次，而以其他结构安排小层次。要么是以纵式结构为主，以横式结构为辅；要么是以横式结构为主，以纵式结构为辅。

三、应用文结构的构成要素

一般来说，应用文文本结构通常包括标题、正文、署名、成文日期四个要素。多数的公文在标题下有“主送机关”，礼仪文书有“称谓”。

（一）标题

应用文的标题大致有三种类型。

1. 公文式标题　由发文机关、事项、文种名称构成，发文机关与事项之间常以介词“关于”连接。例如，《×××关于做好 2022 年全国成人高校招生工作的通知》《×××关于消防情况的通报》

《×区教委关于表彰优秀教育工作者的通报》等。公文一般不应只用文种作为标题（内部张贴或广播类除外）。

2. 四项式标题 是由公文式标题变通而形成的一种规范的标题形式，通常由单位名称、时限、事项、文种名称四个部分构成。例如，《××市妇幼保健院2023年工作计划》《××学校2023年工作总结》，这类标题常在计划、总结、法规、规章等文种中使用。这类标题也可根据情况不同使用省略形式，如个人计划或总结，《〈药用植物〉学习计划》；章程，《中国工会章程》等。

3. 新闻式标题 也称为文章式标题，一般有单式标题和复式标题两种。单式标题主要部分直接陈述主要事实，例如，《××县拟打造“中医药产业基地”》《88辆校车被责令限时整改》；复式标题一般包括正副标题两部分，正标题点明主旨、揭示意义、烘托气氛，副标题标明内容、范围和文种，或作补充说明，或陈述事实。例如，《妙手仁心泽被乡关 身残志坚情动人间——最美乡村医生周×报告会》《责任与我共成长——大学生心理辅导名师讲座》。

4. 论文式标题 此类标题一般有以论题为标题和以论点为标题两种，学术论文、部分调查报告常用这类标题。例如，《中医学专业人才岗位能力需求的调查与分析》《以创新能力培养为导向的生理学实验教学改革探析》。

（二）正文

正文一般包括开头、主体、结尾三部分。正文的各部分之间通过过渡与照应，使文章形成一个严密而完整的结构体系。

1. 开头 应用文的开头起着统领全文、揭示主旨的作用。大多数应用文是开门见山，点明旨意，也有少数标有“前言”或“引言”。常用的开头方式有以下几种。

（1）目的缘由式，常用“由于……”“因为……”“鉴于……”“为了……”“为……”等句式领起下文或交代有关情况。通知、通告、决定等常用这种写法。例如，《教育部关于完善教育标准化工作的指导意见》的开头写道：为落实党中央、国务院关于标准化工作的决策部署，强化标准对加快教育现代化、建设教育强国、办好人民满意的教育支撑和引领作用，根据《中华人民共和国标准化法》（以下简称标准化法）、《中华人民共和国教育法 》等法律法规，现就完善教育标准化工作提出如下意见……

（2）背景交代式，交代工作进行或活动开展的条件、背景情况等。总结、新闻等常用这种写法。例如，《国家卫生计生委办公厅关于特色医院文化建设调研情况的通报》的开头写道：2017年底，卫生健康系统启动了特色医院文化建设工作。在前期全国934家医院申报基础上，2018年4月至5月上旬，我委组织相关单位、业务主管社会组织以及国家中医药局成立7个调研组，奔赴31个省份102家医院开展了实地调研复核……这样的开头陈述清楚行文的目的。

（3）依据式，以交代事项或要求的根据作为开头，常使用“根据……”“依据……”或者“遵照……”等句式领起下文。批复、规章、通知等文种常用这种开头方式。例如，《国家卫生健康委办公厅关于公布第六批卫生健康行业经济管理领军人才培养学员名单和开展集中培训的通知》的开头写道：根据《卫生健康行业经济管理领军人才培养计划实施方案（2023版）》（以下简称《实施方案》），经过资格审查、笔试和面试等程序，第六批卫生健康行业经济管理领军人才竞争性选拔工作已经完成。现将选拔结果和首次集中培训有关事项通知如下……

（4）引文式，一般在文章开头直接引用上级的文件精神或下级的来文，常用“你单位《……》文件收悉。”然后引出下文。批复和复函常用这种开头方式。例如，《××市人民政府关于增拨道路建设资金的批复》的开头：你县《关于增拨道路建设资金的请示》（×县〔20××〕×号）收悉。经研究……

（5）概述式，一般在文章的开头简要介绍基本情况，使读者建立整体印象。通报、总结、报告、调查报告、会议纪要等文种常用这种开头方式。例如，《国家卫生健康委关于开展向“时代楷模”中国援外医疗队群体代表学习活动的决定》的开头写道：10 月 20 日，中共中央宣传部发布中国援外医疗队群体代表先进事迹，授予他们“时代楷模”称号。2023 年是中国援外医疗队派遣 60 周年，也是习近平总书记提出“不畏艰苦、甘于奉献、救死扶伤、大爱无疆”的中国医疗队精神 10 周年。自 1963 年我国首次向国外派遣医疗队以来，我国累计向 76 个国家和地区派遣援外医疗队队员 3 万余人次，援建医疗卫生设施共 130 余所，诊治患者近 3 亿人次，挽救了无数宝贵生命，培养了大批当地医疗人员，提高了受援国医疗技术水平，得到国际社会广泛赞誉。60 年来，先后有超过 2000 人次荣获受援国国家级荣誉，50 余名队员牺牲在异国他乡……

应用文的开头方式是多种多样的，除了上述五种外，还有提出问题、表明观点、阐明意义等。同时还需要说明的是，大多数情况下应用文的开头方式常常是两种或者两种以上的结合运用。交代原因与说明依据；概述情况与陈述目的等。例如，《国家卫生计生委办公厅关于严肃查处不合格涉及饮用水卫生安全产品的通知》的开头：近日，媒体报道了国家质检总局在“净水器产品质量执法打假‘质检利剑’集中行动”中检查发现的净水器质量不合格问题（产品及生产企业名单见附件）。为进一步加强监管，维护人民群众健康，现将不合格产品信息通报各地，并将有关工作要求通知如下……上述例文运用了概述情况与陈述目的的开头方式。

2. 主体　是应用文正文的核心部分，材料在这里集中，观点在这里展开，主旨在这里突显。因此，需要处理好以下三个问题。

（1）层次　是文章所表达意思的展开次序，能体现作者的安排和步骤。

（2）过渡　是指文章层次段落之间的连接和转换方式，具有承上启下的作用，使文章的前后衔接更自然。应用文在结构上的过渡有以下几种情况：①由总到分，或者由分到合时；②文章内容从一个方面（或层次）转换到另一个方面（或层次）时；③由一种表达方式转换到另一种表达方式时。

用于过渡的具体方式有三种：一是运用过渡词，例如，“由此可见”“综上所述”“然而”等；二是运用过渡句，例如，“现将有关事宜通知（或函告、通报、通告等）如下”；三是过渡段，一般用于篇幅较长，且前后两段的意思存在大跳跃的文章。

（3）照应　是指文章中不相邻的层次段落之间的关照与呼应。其作用使文章前后内容相互映衬，有助于突出主旨。一般有以下几种照应方法：①首尾照应，即开头和结尾相呼应。②题文照应，即点题。应用文的标题常常是主旨的集中体现，行文中不断点题，使标题与文章内容相呼应。③前后照应，即前伏后应、前呼后应。行文中多处照应。

过渡与照应都是文章不同层次段落之间内在联系的表现形式，其作用是使文章结构严谨，文气贯通，浑然一体。

3. 结尾　应用文的结尾要求简洁明快、深化主旨。常用的结尾方式如下。

（1）期请式　提出期待、请求指示、批准或给予帮助。常用此种结尾方式的文种是请示、请批函。例如，“当否，请批示”。

（2）指令式　多用于下行文。常用“希认真贯彻执行”“望研究执行”等。在批转、转发通知中应用较多。

（3）规范式　有的应用文用模式化的习惯用语结尾，例如，通知、通告等常用“特此……”，书信的结尾常用“此致敬礼”或“祝……”等。

（4）总结式　对全文的主要观点或问题进行归纳总结，点明主旨，加深读者印象。总结、学术论文多用此结尾。

（5）号召式　发出号召、指出方向、提出希望，从而深化主旨。多用于总结、通报、贺信、演讲稿等。

(6) 自然式　应用文内容交代完就自然收尾，以提高办文效率。多用于计划、规章制度、药品说明书等。

应用文也可正文的主体意尽文止，无需写结尾。

四、应用文的结构类型

应用文结构的类型，指应用文文章结构在外部形态上所表现出的形式。应用文写作不仅要求作者必须安排好结构，而且要求在文面上鲜明、清晰地展现结构，因此，在写作过程中，作者依据应用文内容的繁与简、篇幅的长与短形成了不同的文面结构类型。大体有以下类型。

(一) 独段式

独段式（篇段合一式）是指正文全文的内容只有一个自然段，一个段落就是一篇完整的文章。通常把写作目的或缘由、行文事项、结语三大内容不提行写成一段，这种形式常用于内容简单、篇幅极短的公文，例如，简短的公告、命令、通知等。值得注意的是，规范的篇段合一式的结语不能提行，否则就成为两段式了。

(二) 两段式

内容简单、篇幅简短的公文常用这一形式。这种外部结构形式一般用于以下三种情况：写作目的、缘由和行文事项各为一自然段，结语部分省略；写作目的、缘由和行文事项写成一自然段，结语部分单独列为一自然段，成为两段式；在转发、发布性文书或答复性文书中将转发、发布对象、态度即批准、同意转发、发布有关文件的名称和态度或将答复对象列为一自然段，把转发、发布的执行意见、要求或答复事项及结尾列为另一自然段。

(三) 三段式

这是篇幅简短的应用文一种比较规范的外部结构形式。正文把写作目的缘由、行文事项、文章结语分为三个自然段。三段式中，文章重点部分往往在中段即行文事项部分，这一段篇幅一般比开头段和结尾段长些。

(四) 多段式

它用于内容稍多、篇幅稍长的应用文，总段数在四个自然段以上。一般是开头、结尾分别单独成段，主体部分别写成几个自然段，各自然段不分条列项。自然段之间的逻辑关系应清晰、明了。内容特多、篇幅很长的公文，一般不宜采用多段式。

(五) 条文式

这是应用文基本结构形式横式结构中简单列举式的体现。法规、规章和职能部门的一些行业文书，不少都使用这种形式。全文从头到尾都用条文组织内容，显得眉目清楚，排列有序，简洁明了。应用文中的条文式结构，一般可采用以下几种。

1. 章断条连式　适用于内容多、篇幅长的法规、规章。这是以章为序划分为有关法规、规章的层次，各章下的“条”不依章断开另起开头，而是连续编号。例如，《公共场所卫生管理条例实施细则》共五章四十三条（第一章　总则——第一条至第八条、第二章卫生管理——第九条至第二十五条……）。这样排序便于执行承办时援引有关条文。章下可分条，极少数还在章下分节，节下再分条。章、节、条均用小写汉字数目表示，如第一章、第一节、第一条。条下可分款，款不带序数，一个自然段就是一款。条下也有项。项冠以带圆括号的汉字数码，如（一）、（二）等。项下可分目，目冠以阿拉伯数字，如 1、2 等。

2. 总分条文式 这是应用文基本结构形式横式结构中总分并列式的体现。这是应用文用得较多的一种外部结构形式，文章开头部分（即引言部分）先总说或概述情况，或说明写作目的、依据、原因，或阐明主旨，摆出结论。主体部分则分条文分述有关内容，这是文章重点部分。条文的层级结构序数，像条文式的写法一样。有的在分条之后还有一个总说的结尾，则成了总说 - 分说 - 总说的结构。公文、规章、合同、总结、计划等文书，都常采用这种结构。

3. 条文并列式 适用于内容不太多、篇幅不太长的法规、规章和其他公文。若是法规、规章层级稍多的，可分条、项、目，分别用“第一条”“（一）”标示；例如，《医疗卫生机构开展临床研究项目管理办法》共二十八条，其中：

第十二条 临床研究项目经伦理审查通过后，由医疗卫生机构临床研究管理部门提交临床研究管理委员会审核。有以下情形之一的，不得予以立项审核：

（一）违反法律、法规、规章的相关规定；

（二）违背伦理原则或科研诚信原则；

（三）研究前期准备不足，临床研究时机尚不成熟；

（四）相关药品、医疗器械可能存在质量缺陷……

应用文条文层次序数，第一层则为“一、”，第二层为“（一）”，第三层为“1.”，第四层为“(1)”。

不管采用上述哪一类的条文式，一般都把写作原因、依据、适用范围等开头部分的内容放在第一、二条或总说，而把结尾部分的内容写在最后一两条。中间各条则写有关规定、要求、事项等主体内容。写作时，应注意条文内容单一、完整，条文前后排列要符合逻辑。

（六）小标题式

为使观点鲜明，根据应用文结构安排，给划分出的每一部分拟一个小标题，全部小标题加以集中，就是文章的结构提纲和基本内容。有的小标题前面有序号，有的没有序号。小标题或提示本条内容范围，或揭示本条内容中心。这样也便于读者把握文章重点。

（七）表格式

这是应用文不同于其他文体所特有的一种结构形态。表格式的公文通常有两种形式：一是由职能机关或企事业管理部门事先印制好的有关文件表格式规范文本，例如会计的财务报表；二是由作者单位临时撰制的表格式文书。运用表格文书显得简明、直观，比只用文字叙述说明效果更好。如果能对统计数据加以适当说明，对其中主要的、突出的数据、变化明显的数据加以必要的分析，能使表格式文书的表达效果更好。有时，一份文书中还从不同角度编制几个统计表格，使反映的情况、说明的问题更加全面、客观。

（八）不成文式

这是应用文特别是告启类文书所特有的一种外部形态。它不像一般文章那样有完整的结构内容，从其外部形态看来也不像传统的文章样式，语言表述方式也有其特殊性，通常运用图文相间的形式或者图标形式。典型的不成文式如有些广告、海报等类告启文书，所要告知的重点突出、鲜明，事项清楚、简明，语言简洁、生动、形象、直观，有的还图文相映，更有吸引力。运用这种形式撰写告启文书时，值得注意的有两点：一是告启事项要周全，不要把该说的内容漏掉了，以致使阅读者不能获得完整、有用的信息；二是要注意重点明确，不要因图害己，让图画冲淡、掩盖了主要内容。

知识链接

国家党政机关新旧公文格式区别（节选）

党政机关公文处理工作条例是全新的首次统一党政机关公文处理规范标准。

1. 在“文种”方面，在《国家行政机关公文处理办法》的13个文种基础上，增加了党委的“决议”和“公报”两个文种，共15个文种。

2. 在“格式”方面，取消了主题词；行政公文也要署发文机关名称。

3. 在公文拟制方面，要求“重要公文”由主要负责人签发。

4. 在行文规则方面，增加“不得以本机关负责人名义向上级机关报送公文”。

5. 在公文管理方面，增加发文立户的规定。

第五节　应用文的语言要求与表达方式

PPT

情境导入

情境：老舍先生说：“世界上最好的文字也就是最精炼的文字。”据说法国伟大作家雨果把他的书稿《悲惨世界》寄给一个出版商后，隔了一段时间没有消息，便写了一封信给编辑部，信上只写了一个“?”，那个出版商的回信也只有一个“!”，大意为这将是一部惊世之作，可以出版。这恐怕是世界上最短的信了。

思考：1. 你平时口头表达和书面写作偏向哪种风格？这封信给你的启发是什么？

2. 写作应用文时，对语言有哪些要求？

知识要点

应用文的语言是表达主旨、说明事理的重要工具，是处理公私事务活动时思维的直接体现，具有一定惯用格式。叶圣陶先生说：“公文不一定要好文章，可是必须写得一清二楚，十分明确，句稳词妥，通体通顺，让人家不折不扣地了解你说的是什么。”应用文文体的实用性、体式的规范性等特点，决定了其在语言运用方面的独特风格。

一、应用文的语言要求 微课

（一）语言运用的基本要求

应用文的性质、特征和作用，决定了其语言风格与文学创作有显著的差异——应用文语言应力求做到准确、简明、得体、朴实。

1. 准确　是指语言表达与实际或预期相符合，表达不可含糊其辞、模棱两可。这是应用文语言的最基本，也是最高要求。应用文写作，从谋篇布局到遣词造句，都要注意真实准确，实事求是，不可主观臆造。如要求注意同义词与近义词的区别，区别词语的感情色彩，使用书面语言，避免使用病句和歧义句等。

2. 简明　是指语言表达干净简练，言简意明，从而使文章篇幅短小精悍，提高办文效率。应用文行文时，务必排除废话、空话、套话，紧扣主旨，必要时还可使用缩略语及专用词语，援引数据及图表等进行说明。语言的缩略是交际和写作中的常见现象。例如，“国家卫生健康委”（中华人民共和国国家卫生健康委员会）、“医保”（医疗保险）、“中宣部”（中共中央宣传部）、“十四五”（中华人民共和国国民经济和社会发展第十四个五年规划纲要）。列举数据和绘制图表较文字直观，在某些情况下使用也可达到行文简洁的目的，但要注意引用材料的准确性和表述的精确性。下面是一篇调查报告的其中一段：我市共有乡镇132个，村（居）委会3914个，常住人口549.07万。其中农业人口380万，户数141.74万，农民人均纯收入6221元。乡镇卫生院155个，村卫生室2838个，乡村医生3273人。自开展新农医试点工作以来，截至今年12月底，全市参保乡镇109个，占83%，参保村2694个，占69%，参保人数达275.4万人，占全市农业人口的76.4%。

这段叙述，列举数据使得行文简洁而富于说服力。

3. 得体　语言得当、恰如其分谓之得体。应用文要根据行文目的、收文对象来选择相应的语言，使之和谐一致。具体而言，应用文语言得体需特别注意以下3个方面。

（1）写请示、报告等上行文时，不必过多宣传议论，应尊重而不阿谀，恭敬而不讨好，可用“提请”“敬请”“报请”“送请”“呈报”“报批”等词语。

（2）写给下级单位的通知、决定等下行文时，应明确可行、谦和有度，可用“务希”“希予”“必须”“必需”“务必”“务须”等词语。

（3）与平行机关往来函件的平行文，应以礼相待，互相尊重，可用“函邀”“函请”“拟”等词语。

4. 朴实　是指应用文语言讲求质朴无华、通俗易懂、平白直叙。在陈述事件、说明问题、讲清道理的过程中，慎用文学描写、艺术手法来夸大或缩小真实情况。简而言之，应用文要做到文实相符、文如其事、反映客观实际。

（二）应用文语言的模式化

应用文在长期的写作实践中，形成了一些约定俗成的语句。同样类型的话在使用位置、使用功能和目的上固定了下来，形成应用文特有的模式化表达。这种表达不允许个人进行爱恶喜好的更改，否则就是表达不专业、不得体。具体而言，有以下几种情况。

1. 表开起用语　指用在正文的全篇或段落的开端表示行文目的、依据、原因等的词语。如“兹、兹因、兹介绍、兹定于、兹；欣闻、欣悉、欣逢、欣值；据报、据了解、据核实、据、根据；关于、为了；按照、遵照、依照；现将、前接；悉、敬悉、均悉、经由；由于、鉴于、随、随着”等。

2. 表称谓词语　应用文中一般性称谓用语，如“本（厅）、我（市）、该（县）、你（区）、各有关部门”等，用于上对下、下对上、平行机关或不相隶属的机关、单位之间；表尊重的称谓，如“贵（市）、贵（单位）”等用语多用于下对上、不相隶属的机关、单位之间。

3. 表引叙词语　指应用文中引用相关文件并使对方知晓的用语。如“见告、收悉、得悉、已悉、示知、下情上达、上情下达”等。

4. 表公布词语　指应用文中表示将法令、文告等公布时，对社会宣告的用语。如“公布、发布、颁布、颁发、布告、明令”等。

5. 表态词语　应用文中表示肯定或否定作决断的用语。如“同意、基本同意、照此办理、系、确系、果系、均系、不当、不妥、不法、不宜、不符、不力、为好、为宜、为妥”等。

6. 表批转词语　公文中表明对下级来文批示意见或向下批转、转发公文的词语。如有“批示、审批、核阅、批转、转发、印发、发布、公布、周知、函发、下发、下达”等。

7. 表尊敬词语　公文中对行文对象表示礼貌敬重的用语，多用于开头或结尾处。如“请、奉告、奉悉、拜会、拜读、承蒙、鼎力支持、大力协助、呈送、报请、拜谒、见示、见教、见谅、函邀、函请、拟”等。

8. 表强调词语 公文中表示突出强调的用语。如“必须、必需、务必、务须、务期、特此、特予、特请、不得、严禁、严词、鉴于、基于”等。

9. 表审核词语 指公文中表示审查核实的用语。如“审核、审查、审阅、审定、审议、审批、审处、核实、核定、核对、核准、查明、查照、查处、查办、查实、查访、查询、查对、追究、复议、复核、复查”等。

10. 表过渡用语 前以一介词结构承接上文，后用一固定句式引起下文。如“根据……特作如下决定”“为了……提出如下意见”。承启用语的上文一般较简短，下文是文中的主体，并多用条款形式表达。

11. 表结尾用语 也称之为“结语”，用于表示全文结束。如请示的结语可用“以上请示当否，请批复”“妥否，请批示”“上述意见如果可行，请批准”等；报告的结语可用“以上报告如有不当，请指示”“以上报告如无不当，请批转各地执行”等；又如属常用事务文书的书信，结尾处有以下这些惯常表达：“匆此先复，余容后禀”“奉恳之事，乞速复为荷”“叩请金安”“临书仓促，不尽欲言”“顺颂商祺”“纸短情长，再祈珍重”“尊意如何，请即示知”等。

二、应用文的表达方式

表达方式指反映客观事实、表达思想、抒发感情、说明问题时所使用的语言方法和手段，它是文章构成的一种形式要素。表达方式主要有五种：记叙，主要用于交代人物的经历和事件的发展变化以及陈述场景、空间的转换；议论，主要用于作者对某个对象发表见解、表明观点立场的方式；说明，主要用于介绍事物的形状、性质、特征等；描写，主要用于描绘对象的状貌、情态（包括心理、语言、动作、神态等）；抒情，主要用于抒发和表现作者的感情。

应用文的表达方式，主要用前三种，即记叙、议论和说明。描写和抒情除了在广告、演讲稿、欢迎词等少数文种中有时使用外，基本不使用。

（一）记叙

记叙是写作中最基本、最常见的一种表达方式。在应用文写作中，为目的的实用性所规定，记叙常用概述，不作细致、具体的描述，务必开门见山、平铺直叙，以期达到明白晓畅之目的。叙述方式方面，以顺序为主，有时也用倒叙、插叙和补叙。叙述人称方面，第一人称常用“我（我们）”“本”表示；第二人称用“贵（单位、校）”“你（你们）”等表示；第三人称用“该（部门、公司）”“他（他们）”等表示。记叙常用于计划、总结、调查报告等文种。如下面一段简介：

孙思邈公元581年出生于陕西耀县的一个农民家庭。他从小就聪明过人，长大后受道家学说影响，在太白山研究道教经典，探索养生术，同时也博览众家医书，研究古人医疗方剂。孙思邈以“济世活人”作为终生事业，重视民间的医疗经验，不断积累走访，并及时记录，完成其著作《备急千金要方》。唐朝建立后，孙思邈接受朝廷的邀请，与之合作开展医学活动。公元659年完成世界上第一部国家药典《唐新本草》。公元682年孙思邈无疾而终。根据史志、本草、《道藏》等文献，以及陕西省耀县药王山有关碑刻，孙思邈的著作80余种，今多亡佚。

这段简介直接运用了记叙的表达方式，清晰地叙述了“药王”孙思邈的生平经历。

（二）议论

应用文的议论，应通过翔实的论据对论题进行严密论证。一般都采用理论的论证方式，从正面证明作者的观点、主张和立场。可夹叙夹议，常用的议论方法有例证法、引证法、喻证法、归纳法、比较法、因果法等。如《开放医生多点执业对民营医院发展的作用》一文中的一段：

民营医院的兴起，是我国卫生事业上的一个重大改变，能缓解老百姓反应的“看病难、看病贵”的问题。同时，由于体制问题，民营医院的医疗技术发展有所限制。推进医生“多点执业”有利于医疗资源的优化配置，有利于发展民营医院，进而缓解老百姓“看病难、看病贵”的问题。目前，民营医院更多救治的是一些常规病，对于疑难杂症接触较少，且现有技术也不具备救治的条件。医院医疗技术的提高更多是依靠医生，而民营医院缺少的就是专家和技术成熟的医生。医生“多点执业”的实行，让高水平的医生到民营医院坐诊、手术、会诊，使优质的医疗技术资源得到共享，从而加快民营医院年轻医生的成长，整体提高医疗水平，促进非公立医院的发展。

文章用了对比论证的方法，把实施“多点执业”政策前后的效果进行对比；同时，用例证法论证“多点执业”的医生带动民营医院发展的有效方式。整个过程有理有据，论证得有条不紊。

（三）说明

应用文的说明，是用简明扼要的文字介绍具体事物或抽象事理，如植物、山川、建筑、意识、概念、思想等。说明可为叙述做好铺垫，为议论提供依据。常用的说明方法有列数字、作比较、举例子、作引用、分类别等。在应用文的诸多文种中，总结、简报、调查报告、工作报告、表彰、处分决定或通报有关人员或单位，常用说明；法规、规章和专用书信，以及启事、经济合同、广告等，也常用说明。如《基层医院药剂科工作的探索》一文中的一段：

在药剂科的建设中，药剂科信息化至关重要。它是指医院药剂科采用信息技术，以不断提高其管理能力及日常工作效率。药剂科信息化建设主要包括药剂科管理信息系统和临床药物信息系统两部分。前者是内部信息的系统化，提高行政管理的工作效率；后者是收集和处理与临床相关的药品和医疗信息，如处方点评系统、合理用药管理系统等，辅助临床医生据侧，提高医护人员的工作效率。

文章运用了比较法进行说明，比较管理信息系统和临床药物信息系统的差异；同时，运用举例法具体说明亚健康临床药物信息系统运用的场合。

知识链接

应用文与记叙文、说明文、议论文的关系

应用文与记叙文、议论文、说明文之间，是一种相互交叉、渗透和重叠的关系。应用文中的地方志、族谱、家谱、简历、墓碑文等，属于记叙文的范畴；应用文中的解说词、说明书、工具书条目、登记表、统计表、文摘等，属于说明文的范畴；应用文中的演讲稿、声明、格言、家训等则属于议论文的范畴。即一个特定的文体，有时既可以是应用文的一种形式，同时又可以是记叙文、议论文、说明文中的一个种类。

目标检测

答案解析

一、单项选择题

1. 应用文一般使用（　）。

A. 陈述句　　B. 感叹句

C. 祈使句　　D. 疑问句

2. 应用文的语言要求不包括（　）。

A. 简明　　B. 准确

C. 得体　　D. 形象

3. 应用文中一般性称谓用语不包括（　）。

A. 本（厅）　　B. 我（市）

C. 该（县）　　D. 贵（单位）

4. 以下应用文标题属于新闻式标题的是（　）。

A.《情系未来　共话成长——药学系名师专题讲座》

B.《浅析中药用药安全性策略》

C.《不同产地牡丹皮质量分析研究》

D.《××区卫生局关于开展第六届优秀教育技术科研成果评选活动的通知》

二、多项选择题

1. 对应用文主旨的要求有（　）。

A. 正确　　B. 鲜明　　C. 集中

D. 庄重　　E. 得体

2. 应用文的特点有（　）。

A. 目的的实用性　　B. 对象的特定性　　C. 内容的真实性

D. 明确的工具性　　E. 使用的时效性

3. 应用文主要的表达方式有（　）。

A. 议论　　B. 记叙　　C. 说明

D. 描写　　E. 抒情

4. 应用写作包括五个基本要素（　）。

A. 写作主体　　B. 写作受体　　C. 写作客体

D. 写作载体　　E. 写作本体

三、改错题

根据应用文语言要求“简明”的特点，修改××药材种植基地所写的应用文正文。

今年秋天天气真是怪！眼看着满园药材就要成为累累硕果，但正当丰收的喜悦快要来临之际，绵绵细雨却是不请自来！种植基地的农民兄弟倒霉了，至少也有200亩田地绝收，直接经济损失起码十万余元。请上级帮助我们渡过难关，真心希望你们伸出援助之手，请给予10万元救助款。

书网融合……

重点小结　　微课　　习题

第二章　党政机关公文基础知识

第一节　党政机关公文的概述 微课

PPT

学习目标

知识目标：通过本章的学习，掌握党政机关公文的分类标准，公文拟制的程序，公文起草的技能要求，公文格式各要素及其编排规则；熟悉公务文书、公文、党政机关公文、文件的概念，选择公文文种的依据，草拟文稿与修改文稿的方式，公文的特定格式以及公文行文规则；了解党政机关公文的特点与作用，公文拟制的概念、交拟与草拟提纲的内容，公文的用纸与排版、印刷装订格式。

能力目标：能正确判断公文的类别；能正确使用文种，按公文拟制的程序，遵循公文的行文规则完成公文的拟制；能辨识公文要素及格式的正误；能正确编排、装订公文。

素质目标：使学生提高对政治事务的敏感性和觉悟，养成遵循规范、注重格式的良好习惯；让学生养成严谨的工作作风，逐步培养起良好的逻辑思维能力；培养学生持续学习的习惯，关注公文写作的最新动态和规范要求，明白党政机关公文的重要作用和社会责任。

情境导入

情境：有一天上课前，一位同学拿着一份《高等学校学生行为准则》、一份带有红色文头的《关于给×××等考试违纪学生处分的决定》和一份《公证书》说："老师，学长说这三份属于不同的公文，我不知它们有哪些不同。"老师问："它们的作用都知道吗？"

思考：1. 你知道它们的不同吗？

2. 三份公文各自都有什么作用？

知识要点

一、公文、公务文书、党政机关公文的概念

公文就是公务文书，公务文书有广义和狭义之分。

广义的公务文书是指党政机关、社会团体、企事业单位用来处理公务的文书。在处理公务活动中，公务文书在使用领域有通用公务文书和专用公务文书之分。请示、报告、通知、计划、总结、会议记录、规章制度等属于通用公务文书；公证书、判决书等司法文书以及病历、药品说明书、药品检验报告等医药工作文书属于专用公务文书，又称之为专业文书。

狭义的公务文书就是党政机关公文，是指党政机关实施领导、履行职能、处理公务的具有特定效力和规范体式的文书，是传达贯彻党和国家的方针政策，公布法规和规章，指导、布置和商洽工作，请示和答复问题，报告、通报和交流情况等的重要工具。依据2012年4月16日中共中央办公厅、国务院办公厅联合发布，从2012年7月1日起施行的《党政机关公文处理工作条例》（以下简称《条例》）规定，党政机关公文的种类有决议、决定、命令、公报、公告、通告、意见、通知、通报、报

告、请示、批复、议案、函、纪要共计 15 种，又称作法定公文、红头文件。

在日常生活中，人们常把公文称作文件，有时也称作“红头文件”，这就说明党政机关公文与其他公务文书在文本格式上的特有性。

二、党政机关公文的特点

（一）法定的权威性

公文是由依法建立的机关、团体、单位（公文的作者）在法定的职权范围内为行使职权而制发的，不能越权行文、违法违章行文。公文是在代表机关发言，代表了制发机关的法定权威。下行的党政机关公文具有法定的指挥权威性和法定效力，受文单位和有关人员必须按公文要求严格执行。中共中央和国务院制发的文件，代表了中国最高领导机关的权威。

（二）执行的强制性

公文在法定的时间、空间范围内，对受文对象的行为能产生不同程度的强制性影响，具有强制阅读、强制执行或强制复文等执行效力。公文的这种强制性，来源于发文机关的法定权威性，来源于公文本身的公务性和规定性。受文对象不接受这种强制，就意味着失职或渎职。

（三）明确的时效性

公文是针对某一具体事项或具体问题而制发的，时间规定的很严格也很具体。公文的效用是与时间性联系在一起的，即只在一定时期内产生效用，超过时限便失去作用。原有文本将变成档案材料，其作用就发生了变化，例如会议通知，超过会议召开的时间，通知就失去了效用。公文的时效性主要表现在三方面：快写、快发、快办。拟制、办理公文一定要及时，尤其是处理紧急情况的“加急”和“特急”文件，对时间的要求更高，绝对不能延误时间，否则会给工作造成损失。

（四）处理程序的规定性

《条例》规定：公文处理由公文拟制、公文办理、公文管理组成。公文拟制包括公文的起草、审核、签发等程序，公文办理包括收文办理、发文办理和整理归档。公文管理是指党政机关公文由文秘部门或者专人统一管理。每一份公文都必须经过规定的程序处理。

（五）文种的固定性

在公文写作和公文处理中，把性质和用途相同的公文并为同一种公文，对每一种公文规定固定的名称，这就是文种。文种是公文必不可少的组成部分，每种公文都必须在其标题中标明文种。党政机关公文的文种只有 15 种。文种名称固定、种类限定，撰写党政公文只能按规定正确选择文种。按规定选用文种，既能为撰写与处理公文提供方便，也有利于维护公文的权威性、严肃性，保证公文的有效性。

（六）格式的规范性

2012 年 6 月 29 日发布的《党政机关公文格式》，对公文的用纸、印制装订和公文各要素的编排格式都进行了明确的规范。标准化的公文格式，有助于体现公文的法定性、权威性和严肃性，有利于加强对公文的科学管理，提高公文写作质量和公文处理效率，更有效地发挥公文的作用。

三、党政机关公文的分类

根据不同的标准，可以将公文分为不同的类别。

1. 根据公文的行文关系和运行方向分类 可分为上行文、平行文、下行文三类。

（1）上行文　是下级机关向所属上级机关报送的公文，如请示、报告等。

（2）平行文　是同级机关或不相隶属的机关之间来往联系的公文，如函、议案。

（3）下行文　是上级机关向下级机关下达的公文，如命令、通知、通报、批复等。

2. 根据公文的阅读范围分类　可分为公布公文、内部公文、涉密公文三大类。

（1）公布公文　指内容不涉及秘密、可以对外公开发布的公文，主要有对外公开公文和限国内公开公文两种。

（2）内部公文　指内容不宜对社会公开，只限于机关内部使用的公文。

（3）涉密公文　指内容涉及国家秘密，泄露出去会使国家的安全和利益遭受损害的公文。

3. 根据公文的涉密程度分类　可分为秘密、机密、绝密三类。

4. 根据对公文的办理时限分类　可分为平件、加急、特急三类。

5. 根据公文的来源分类　可分为收文、发文。

6. 根据对公文的处理方式分类　可分为阅件、办件。

（1）阅件　即阅知性公文，指只需按规定交有关部门、有关人员阅知的收文。

（2）办件　即承办性公文，指必须交有关部门、有关人员及时办理（或答复、或贯彻执行）的收文。

7. 根据物质载体的角度分类　有纸质文件、电子文件等。

四、党政机关公文的作用

党政机关公文在加强党和政府与人民群众的联系，提高机关工作效率，促进社会经济发展等方面起着重要作用。具体地说，它有以下 5 个方面的作用。

（一）规范与约束作用

《党政机关公文处理工作条例》是中共中央办公厅、国务院办公厅联合发布的，经过国家最高权力机关或最高管理机关颁布的公文，即是法规性文件，法规性文件都是依据《宪法》制定的，一经制定和发布生效，就具有法律效力，人人必须遵守，不得违反。通过党政机关公文颁布的机关、社会团体、企事业单位制定的规章制度，或具有行政效力，或具有组织效力与纪律效力，对人的行为具有约束作用，违反规章制度就是违政违纪行为。

（二）领导与指导作用

党政机关公文是管理党和国家事务的一种重要工具，是传达贯彻党和政府的方针政策及各项指令的书面载体，它可以记录和传达领导机关的意图、工作安排。公文发给下级机关后，下级机关就要认真地贯彻执行；上级机关对下级机关请示的问题通过批复表达看法和态度，提出指导性的意见和措施，指导下级机关工作。因此公文是上级机关领导与指导下级机关的一种工具。

（三）传达与教育作用

党和政府机关制定、颁布的各项法律和法令，传达的就是党和国家的方针、政策；党政公文是党和政府方针、政策的具体化，具有较强的政策性、理论性和实践活动的指导性，对于提高广大干部、群众的认识水平，启发觉悟，统一思想，起着明显的宣传教育作用；机关单位之间的互通情报、交流经验，公文中的通报、决定等文种，经常表彰先进模范人物，批评、惩处犯错误的人，这对广大干部与群众，也起了教育作用。

（四）联系与知照作用

国家各级党政机关以及人民团体在处理日常工作时，经常运用公文与上下级以及不相隶属机关进行联系，或通知事项，或处理问题，上级机关用决定、指示、意见等给下级机关传达意图与要求；下级机关用报告、请示等文种向上级机关反馈意见、问题和情况；平级机关或下相隶属机关之间通过公文商洽事务、协同事项。公文在各级党政机关以及人民团体开展正常而有序的工作起着上传下达、相互沟通与协调的作用。

（五）凭证与依据作用

机关公务活动中形成的各种公文，都是各项工作的历史记录，记载了大量有关政治、经济、文化、教育、科学、技术等方面的情况，每件公文都反映着制发机关的意图，收文机关均要依照公文的内容要求，作为贯彻执行或处理工作的依据。有些重要公文在发挥现实作用后，还具有历史作用，被永久保存下来，成为具有重大价值的档案材料和历史凭证，作为各级机关工作人员研究工作、解决问题的参考，也是编史、修志的凭证和依据。

第二节　党政机关公文的拟制

PPT

情境导入

情境：××学院要新开设新媒体运营专业，学院办公室的文秘小王根据领导要求草拟了一份公文，送交办公室李主任审阅。主任进行了增添、删减，小王将修改后的文稿重新打印并交到学院办公室，院长审核签署后，小王按公文管理和印制要求，将其制作成了红头文件，复核后呈递给上级机关。

思考：你知道一份“公文”的制发程序有哪些吗？

知识要点

党政机关公文拟制是指草拟、撰写公文，并将草拟的公文送交领导审核、签发，包括公文的起草、审核、签发三个程序。

一、公文的起草

公文起草是指写作者根据领导的意图执笔为文的过程，又称草拟公文，也叫拟稿。通常情况下，起草的最初形态是草稿。草稿完成后，往往需要进一步修改、润饰，直至定稿。

一般公文起草要经过交拟、选择文种、草拟提纲、草拟文稿、修改文稿，直到送审的过程。

（一）交拟

领导向撰稿人员布置拟稿任务，交代写作意图、写作要求和有关事项，这一过程就是交拟。交拟是撰制公文的起点，是传达领导意图、要求的必要环节，是公文质量的首要保证，重要步骤。无论是领导还是撰写人员，都要重视交拟。交拟的内容包括以下四项。

1. 说明写作目的、意图　介绍写作背景，让撰稿人明确“为什么写”。

2. 交代写作要点　包括文稿的基本思想，主要的观点、意见、办法。有时还应介绍领导的思路和对文稿框架的大体设想等。让撰稿者明确“主要写什么”。

3. 交代拟稿时间　何时完成草稿、修改、定稿。让撰稿者明白“写作要求”。

4. 提供参考材料　即为撰稿人提供需要参考的上级文件，本机关、本系统的有关文件、材料，以及其他机关材料等。

（二）选择文种

1. 要熟悉党和国家有关领导机关关于公文处理规定以及国家的有关法律法规从而选择恰当、规范的文种。

2. 要依据公文作者（发文机关）与主要受文者（即主送机关）的工作关系　只有当作者是公文受文者的上级机关时，才能选用具有规定性、领导指导性、公布性的下行文种。当作者是公文受文者的下级机关时，才能选用呈报性的上行文种。当作者与公文受文者是同级或不相隶属关系时，则只能选用商洽性的平行文种。

3. 要依据作者权限　有一些文种对使用者的权限有明确规定，如作者不具备规定的法定权限，则不能使用这些文种，如命令、决议、公告等。

4. 要依据行文目的和行文要求　每一种文种都有特定的适用范围，只在实现某一行文目的和要求方面有效。因此，应选取最有利于表达和实现其行文目的、行文要求的文种。

5. 要注意区分容易混淆的文种　公文中有的文种之间既有相似之处，又有不同之处，既有联系又有区别，使用时容易混淆。要注意正确区分一些容易混淆的文种。例如：决定和决议、公告和通告、事项性通知和通告、请示和报告、请示和请批函等。

（三）草拟提纲

一般篇幅较长、内容较复杂的公文，都应先草拟提纲。

写作者在选定了文种，明确了公文行文意图，熟悉了有关情况，确定了公文主旨，并掌握了相关写作材料后，就可以草拟提纲。提纲是将公文写作构思物化成具体写作内容的重要中介环节。有了纲明目细的写作提纲，写作起来就能条理清楚、主次分明，避免盲目和可能出现的混乱，从而提高文稿写作质量，加快文稿写作速度。

提纲的内容，一般应包括标题、主旨句、层次与段落的安排、各部分的观点句和主要材料、关键部分的内容、开头结尾及过渡照应方式等。

提纲的形式有两种：条文式和图表式。

条文式提纲是指用分条列项来编排内容，这种提纲可以将公文内容编写得详细、清晰、具体，因而更接近公文的雏形。

图表式提纲则是用树状图和表格的方式显示文稿的总体框架与局部关系以及结构层次，因而具有系统性、直观性，能清楚显示文稿的总体思路，各层次间的关系、内容的详略和重点材料等。

提纲可详可略，篇幅短、内容少的文稿，提纲可以粗略一些，篇幅长、内容多的文稿，提纲则应详细一些。经过反复修改、扩充的细纲，甚至就是未来文稿的雏形。提纲上的文句就是文稿中要用的重要句子或关键语句，起草时对提纲加以连缀、扩展就成文了。

（四）草拟文稿

公文文稿的草拟有两种方式：个人草拟和集体草拟。

篇幅短小，容量少的公文由一人独立草拟；篇幅长、容量大的公文是由起草小组集体草拟，如工作报告、调查报告、会议大型讲话稿等。《条例》规定：重要公文的起草工作应由机关负责人主持、指导。集体草拟有利有弊，有利的是集体起草能集思广益，发挥写作班子的整体优势，加快写作速度，提高公文文稿的质量，不足的是容易出现文稿内容交叉重复、层次深浅不一以及语言风格不协调等问题。鉴于此，集体起草除了要明确分工、分头执笔、一人负责总撰外，每个参与者都必须做到：动笔前，心中有全局，尽可能地把有关问题讨论清楚，看法统一；写作中，对新出现的情况和问题，要及时通气，随时协调，反复讨论，认真研究，修改提纲，取得共识。

（五）修改文稿

公文文稿修改是确保公文质量必不可少的环节。常言说：文章是改出来的。要让草拟的公文文稿具有极强的政治性和实用性，体现机关单位的意见和整体思维的成果，发挥最佳的社会功用，文稿草拟者必须具有高度责任感来对待文稿的修改，要将草拟的文稿中存在的偏差、错误和不足，消除在定稿之前。

1. 公文文稿修改的范围包括两个方面：内容和形式 从内容看，首先是公文的主旨是否符合党和国家的路线、方针、政策和国家的法律法规，符合人民的根本利益，符合事理；其次主旨与观点是否一致，材料能否说明观点。从形式看，公文的结构层次是否清晰，格式有无问题，语言、标点符号等有无毛病、错误。如果不符合、不一致、不清晰、有问题甚至错误，就必须进行修改。

2. 公文文稿修改的原则和方法

（1）要注重全面，着眼内容。

（2）要借助调查研究，听取意见。

（3）要进行换位思考，注重效果。

（4）要采用增、删、改、调等适当的方式。

（5）要正确使用修改符号。

（六）公文起草的技能要求

1. 符合党的理论路线方针政策和国家法律法规，完整准确体现发文机关意图，并同现行有关公文相衔接。

2. 一切从实际出发，分析问题实事求是，所提政策措施和办法切实可行。

3. 内容简洁，主题突出，观点鲜明，结构严谨，表述准确，文字精练。

4. 文种正确，格式规范。

5. 深入调查研究，充分进行论证，广泛听取意见。

6. 公文涉及其他地区或者部门职权范围内的事项，起草单位必须征求相关地区或者部门意见，力求达成一致。

二、公文的审核

审核是指公文文稿在签发前对文稿进行的审校、复查、修改。审核是保证公文质量的重要环节，是协助领导把好公文质量关的重要措施。《条例》规定：“公文文稿在签发前，应由发文机关办公厅（室）进行审核。需要发文机关审议的重要公文文稿，审议前由发文机关办公厅（室）进行初核。”

经审核修改后的文稿，即送本机关领导人审批签发。审核的要求如下。

1. 行文理由是否充分，行文依据是否准确。

2. 内容是否符合党的理论路线方针政策和国家法律法规；是否完整准确体现发文机关意图；是否同现行有关公文相衔接；所提政策措施和办法是否切实可行。

3. 涉及有关地区或者部门职权范围内的事项是否经过充分协商并达成一致意见。

4. 文种是否正确，格式是否规范；人名、地名、时间、数字、段落顺序、引文等是否准确；文字、数字、计量单位和标点符号等用法是否规范。

5. 其他内容是否符合公文起草的有关要求。

三、公文的签发

《条例》规定：“公文应当经本机关负责人审批签发。重要公文和上行文由机关主要负责人签发。

党委、政府的办公厅（室）根据党委、政府授权制发的公文，由受权机关主要负责人签发或者按照有关规定签发。签发人签发公文，应当签署意见、姓名和完整日期；圈阅或者签名的，视为同意。联合发文由所有联署机关的负责人会签。”

（一）公文签发的流程

公文的签发流程通常包括以下几个步骤。

1. 起草 由相关工作人员根据需要撰写公文初稿。

2. 审核 由上级或专门的审核人员对公文的内容、格式等进行审查。审核的目的是确保公文内容符合政策要求，格式规范，表达清晰。

3. 签发 由有权签发公文的领导或负责人签字确认。在签发前，领导人需要对文稿进行全面审核，确保无误后方可签发。签发意见要具体，态度要明确，如明确地写上“发”“可印发”“同意印发”“清稿后发”等具体发文意见。

4. 登记 对签发后的公文进行登记编号，以便后续的存档和追踪。

5. 分发 将公文按照规定的方式和范围发送给相关单位或个人。分发时需要确保公文的机密性和时效性。

（二）公文签发的注意事项

1. 依权限签发 机关负责人只能签发自身权限所及的公文，对自己职权范围内的公文负责。内容重要、涉及面广、对全局工作有普遍指导意义的普发性公文，以及报上级机关的“请示”“报告”“意见”等，由机关主要负责人签发。

2. 负责任签发 机关负责人在签发前应对文稿作全面审核，进行必要的修改、纠正和补充，并对密级、公开属性进行审核，确认无误后签发意见。

3. 按程序会签 涉及多个机关工作的联合发文，应做好会签工作，使各机关负责人均履行签发手续，承担相应责任。

4. 按格式签发 签发时应使用钢笔、毛笔、签字笔和耐久的碳素墨水（墨汁），不能使用铅笔、圆珠笔或纯蓝墨水。上行文应当标注签发人姓名，其格式要求需遵循相关国家标准。

5. 注意细节 在签发前需要仔细检查公文的各项细节，包括文本格式、内容、签署人信息等，确保公文的准确性和规范性。

（三）公文签发的意义

公文签发是公文生效的必备条件，它体现了机关领导人对公文内容的认可和负责。通过签发环节，可以确保公文的质量和政策一致性，促进机关工作的顺利进行。同时，公文签发也是行政管理规范化的重要体现，有助于提升政府机关的公信力和执行力。

知识链接

公文的稿本

公文在形成过程中，常有多种文稿（文本）产生，称之为公文的稿本，它们在内容、外观形式，特别是效用方面均有不同之处。

1. 草稿 是指草拟成文的未定稿，是供讨论、修改、审核或征求意见使用的非正式文稿。因此，草稿又称为讨论稿、修改稿、送审稿、征求意见稿。都不具备正式公文的效用。

2. 定稿 亦称原稿、底稿，是经过审核签发或会议讨论通过的最后完成稿，是制作公文正本的标准依据，具备正式公文的法定效用。因而有极大的权威性。

3. 正本 是指根据定稿，按照党政机关公文格式印制、发给主送机关以供其贯彻执行或办理的，并有各种生效标志的，具有法定效用的正式公文文本。

加盖了发文机关印章的翻印和复印文本与正本一样，也具有法定效用。

正本还有试行本、暂行本、修订本等多种特殊形式的文本，还有少数民族文字的文本。

4. 副本 是指与正本同时印制出来主要用于抄送、传阅办理的文本，或经发文机关批准、授权翻印复制的文本。二者加盖了发文机关印章，同样具有法定效力。

副本还有再现正本内容及全部或部分外形特征的公文复制本或正本的复制，用于存查、知照等。

第三节 公文格式

PPT

知识要点

《党政机关公文格式》（GB/T 9704—2012）规定了党政机关公文通用的纸张要求、排版和印制装订要求、公文格式各要素的编排规则，并给出了公文的式样。适用于各级党政机关制发公文。其他机关和单位的公文可以参照执行。

公文格式是指党政机关、团体、企事业单位常用公文正本的组成部分和文面格式。其内容包括：公文用纸格式，公文的排版、印刷、装订格式和公文组成要素的排列顺序及标注规则以及公文的特定格式等。

公文格式具有规范性和确定性的特点。按照《条例》和《党政机关公文格式》的规定，公文的组成部分是确定的，不能随意更换改变、增删；公文格式是有统一规定的，各级机关、单位、团体都必须按确定、规范的格式撰制、印发公文。只有这样，才有利于提高公文处理和公文写作的质量、效率，发挥公文的效力。

一、公文用纸规格

党政机关公文用纸幅面采用国际标准的 A4 型纸，其成品幅面尺寸为：210mm × 297mm。特殊形式的公文用纸幅面，根据实际需要确定。

公文用纸分为两个区域：一是可以书写、印刷文字、图形等符号的版心（图文）区，二是页边区。公文用纸天头（上白边）为 37mm ± 1mm，公文用纸订口（左白边）为 28mm ± 1mm，版心尺寸为 156mm × 225mm（不含页码）。天头（上白边）比地脚（下白边）宽，订口（左白边）比翻口（右白边）宽，这样既美观，又便于使用。

二、公文的排版、印刷、装订格式

1. 公文的排版所有文字符号从上到下、从左至右依次横写横排，少数民族文字可按其习惯书写、排版。

公文使用的汉字、数字、外文字符、计量单位和标点符号等，按照有关国家标准和规定执行。民族自治地方的公文，可并用汉字和当地通用的少数民族文字。

如无特殊说明，公文格式各要素一般用 3 号仿宋体字。特定情况可以作适当调整。一般每面 22 行，每行 28 个字，并撑满版心。

2. 公文采用双面印刷，印品着墨实、均匀；字面不花、不白、无断划。

3. 公文应左侧装订，不掉页。可以根据不同情况采用平订、骑马订。

三、公文格式各要素及其编排规则

《党政机关公文格式》（GB/T 9704—2012）规定，党政机关公文将版心内的公文格式各要素划分为版头、主体、版记三部分。页码位于版心外。

（一）版头部分

版头部分，也称文头，公文首页红色分隔线（通栏红色粗实横线，宽度等同版心，即 156mm）以上的部分称为版头，包括份号、密级和保密期限、紧急程度、发文机关标志、发文字号、签发人、版头中的分隔线。

1. 份号　即公文印制份数的顺序号。涉密公文需标注份号，一般用 6 位（000001）3 号阿拉伯数字，顶格编排在版心左上角第一行。

2. 密级和保密期限　密级即秘密等级保密的期限。密级分为“绝密”“机密”“秘密”三个等级，涉及国家秘密的公文应当标明密级和保密期限。

如只需标注密级用 3 号黑体字，顶格编排在版心左上角第二行。如需密级和保密期限同时标注。用 3 号黑体字，顶格将密级编排在版心左上角第二行，在密级之后用“★”与保密期限隔开，用阿拉伯数字标注保密期限。

3. 紧急程度　是指公文送达和办理时限要求，根据紧急程度公文应当分别用“特急”“急件”标注。

如紧急程度单独使用则顶格编排在版心左上角第一行；如公文同时需标注份号、密级和保密期限、紧急程度，则按照份号、密级和保密期限、紧急程度的顺序自上而下分行排列。即紧急程度则标注在版心左上角第三行。用 3 号黑体字。

4. 发文机关标志　俗称“公文名称”。其构成形式有两种：一是由发文机关全称或规范简称加“文件”组成，例如《×××人民政府文件》；二是只使用发文机关名称或规范简称，例如《×××人民政府》。发文机关标志居中排布，上边缘至版心上边缘为 35mm，推荐使用小标宋体字，颜色为红色，以醒目、美观、庄重为原则。

联合行文时，可以同时并用联合发文机关名称，也可单独用主办机关名称，如果联署发文机关名称，一般应当将主办机关名称排列在前；如有“文件”二字，应当置于发文机关名称右侧，以联署发文机关名称为准上下居中排布。

5. 发文字号　是指发文机关对其所制发的公文编排的顺序号码。由发文机关代字、年份、序号构成。其编排形式是不同类型的公文，发文字号的编排位置是不同的。平行文、下行文发文字号编排在发文机关标志下空二行位置，居中排布。上行文的发文字号居左空一字，与最后一个签发人姓名处在同一行。信函式格式的公文其发文字号顶格居版心右边缘编排在第一条红色双线下。

机关（单位）代字（以下简称机关代字）指机关、单位全称的简缩语。机关代字文字要简洁，一般以两三个字组成，例如，中共中央办公厅机关代字是“中办”，四川省卫生厅办公室机关代字是“川卫办”。年份、发文顺序号用阿拉伯数字标注；年份应标全称，如“2025”，用六角括号“〔〕”括入；发文顺序号每年从 1 号开始，按先后顺序编到当年最后一份文件为止，序号前不加“第”字，不编虚位（即 1 不编为 01），在阿拉伯数字后加“号”字。

一件公文只有一个发文字号；几个机关联合发文，只标明主办机关发文字号；在同一地域（例如同一区）内，不能有重复的机关代字。

6. 签发人　是指代表机关核准并签发公文的领导人。上行文应当标注签发人姓名。由“签发人”

三字加全角冒号和签发人姓名组成。位于发文机关标志下空二行位置，居右空一字，与发文字号同一行，“签发人”三字用3号仿宋体字，签发人姓名用3号楷体字。

如有多个签发人，签发人姓名按照发文机关的排列顺序从左到右、自上而下依次均匀编排，一般每行排两个姓名，回行时与上一行第一个签发人姓名对齐，发文字号与最后一个签发人姓名处在同一行。

7. 版头中的分隔线 发文字号之下4mm处居中印一条与版心等宽的红色分隔线。

（二）主体部分

主体部分是公文首页红色分隔线（不含）以下、公文末页首条分隔线（不含）以上的部分。包括标题、主送机关、正文、附件说明、发文机关署名、成文时间和印章、附注、附件。

1. 标题 是对公文主要内容准确、简要的概括。由发文机关、事由和文种三部分构成。位于红色分隔线下空二行位置，分一行或多行居中排布；回行时，要做到词意完整，排列对称，长短适宜，间距恰当，标题排列应当使用梯形或菱形。一般用2号小标宋体字。

标题应标注发文机关，不能只用事由和文种名称。事由应力求简明、扼要、醒目。发文机关名称应写全称或者规范化简称。

几个机关联合行文，标题中应将牵头、主办的机关排列在前。

2. 主送机关 是指公文的主要受理机关，也称为主送单位、主送对象、受文对象。主送机关负实际办理或答复责任，应当使用机关全称、规范化简称或者同类型机关统称。位于标题下空一行，居左顶格编排，回行时仍顶格，如主送对象稍多时，应按其性质、级别和有关规定或惯例依次排列，中间用顿号或逗号分隔，最后一个机关名称后标全角冒号。如主送机关名称过多导致公文首页不能显示正文时，应当将主送机关名称移至版记。

上行文原则上只写一个主送机关；普发性的下行文主送对象可使用统称，如“各区（市）县人民政府”之类。除特殊情况外，一般不宜使用“各有关单位”之类不明确的模糊称呼。有些周知性公文如公告、通告、公报等，可不写主送对象。决定、决议、纪要等文种通常也不在正文前写明主送对象，而可在文尾主题词之下抄送栏内抄送机关的上方标明“主送”或者“分送”的机关单位。

3. 正文 是公文的主体，用来表述公文的内容。位于主送机关名称下一行，每个自然段左空二字，回行顶格。文中结构层次序数依次可以用“一、”“（一）”“1.”“（1）”标注；一般第一层用黑体字、第二层用楷体字、第三层和第四层用仿宋体字标注。一般用3号仿宋体字。

正文中，人名、地名、数字、引文要准确。引用公文应当先引标题，后引发文字号，并将发文字号用圆括号括入。引用外文应当注明中文含义。使用国际组织外文名称或其缩写形式，应当在第一次出现时注明准确的中文译名。

公文首页必须显示正文。

4. 附件说明 是公文附件的顺序号和名称。公文如有附件，在正文下空一行左空二字编排“附件”二字，后标全角冒号，一份附件，只标注附件名称；如有多个附件，使用阿拉伯数字标注附件顺序号（如“附件：1. ××××××”）；附件名称后不加标点符号。附件名称较长需回行时，应当与上一行附件名称的首字对齐。

5. 发文机关署名、成文日期和印章 发文机关署名、加盖印章及成文时间合称为落款。

（1）加盖印章的公文 发文机关署名，署发文机关全称或者规范简称。

成文日期，是署会议通过或者发文机关负责人签发的日期；联合行文时，署最后一个机关负责人签发的日期。一般右空四字编排，印章用红色，不得出现空白印章。

单一机关行文时，一般在成文日期之上、以成文日期为准居中编排发文机关署名，印章端正、居中下压发文机关署名和成文日期，使发文机关署名和成文日期居印章中心偏下位置，印章顶端应当上距正文（或附件说明）一行之内。

联合行文时，一般将各发文机关署名按照发文机关顺序整齐排列在相应位置，并将印章一一对应、端正、居中下压发文机关署名，最后一个印章端正、居中下压发文机关署名和成文日期，印章之间排列整齐、互不相交或相切，每排印章两端不得超出版心，首排印章顶端应当上距正文（或附件说明）一行之内。

（2）不加盖印章的公文　有特定发文机关标志的普发性公文和电报可以不加盖印章。

单一机关行文时，在正文（或附件说明）下空一行右空二字编排发文机关署名，在发文机关署名下一行编排成文日期，首字比发文机关署名首字右移二字，如成文日期长于发文机关署名，应当使成文日期右空二字编排，并相应增加发文机关署名右空字数。

联合行文时，应当先编排主办机关署名，其余发文机关署名按顺序依次向下编排，每排最多编排3个。

（3）加盖签发人签名章的公文　单一机关制发的公文加盖签发人签名章时，在正文（或附件说明）下空二行右空四字加盖签发人签名章，签名章左空二字标注签发人职务，以签名章为准上下居中排布。在签发人签名章下空一行右空四字编排成文日期。

联合行文时，应当先编排主办机关签发人职务、签名章，其余机关签发人职务、签名章依次向下编排，与主办机关签发人职务、签名章上下对齐；每行只编排一个机关的签发人职务、签名章；签发人职务应当标注全称。

签名章一般用红色。

（4）成文日期中的数字　用阿拉伯数字将年、月、日标全，年份应标全称，月、日不编虚位（即1不编为01）。

（5）特殊情况说明　当公文排版后所剩空白处不能容下印章或签发人签名章、成文日期时，可以采取调整行距、字距的措施解决。

6. 附注　是指公文印发传达范围或联系方式等需要说明的事项。如“（此件发至××级）”或“（联系人及电话）”等。

附注居左空二字加圆括号编排在成文日期下一行。

7. 附件　是指对公文正文的说明、补充或者参考材料。其自身本来是一个相对独立的实体，一旦被一件正式公文规定为附件后，即成为该公文的一个组成部分，如无专门说明，其效用与正件相同。

附件应当另面编排，并在版记之前，与公文正文一起装订。“附件”二字及附件顺序号用3号黑体字顶格编排在版心左上角第一行。附件标题居中编排在版心第三行。附件顺序号和附件标题应当与附件说明的表述一致。附件格式要求同正文。

如附件与正文不能一起装订，应当在附件左上角第一行顶格编排公文的发文字号并在其后标注“附件”二字及附件顺序号。

（三）版记部分

版记部分是指公文末页首条分隔线以下、末条分隔线以上的部分称为版记。包括版记中的分隔线、抄送机关、印发机关和印发日期部分。

1. 版记中的分隔线　与版心等宽，首条分隔线和末条分隔线用粗线（推荐高度为0.35mm），中间的分隔线用细线（推荐高度为0.25mm）。首条分隔线位于版记中第一个要素之上，末条分隔线与公文最后一面的版心下边缘重合。

2. 抄送机关 是指主送机关外需要执行或知晓公文的机关、单位和组织。

如有抄送机关，一般用4号仿宋体字，在印发机关和印发日期之上一行、左右各空一字编排。“抄送”二字后加全角冒号和抄送机关名称，回行时与冒号后的首字对齐，最后一个抄送机关名称后标句号。

如需把主送机关移至版记，除将“抄送”二字改为“主送”外，编排方法同抄送机关。既有主送机关又有抄送机关时，应当将主送机关置于抄送机关之上一行，之间不加分隔线。

抄送机关应用全称或规范化简称或者同类型机关统称，不宜笼统地写“各有关单位”之类。应严格控制抄送范围，可送可不送的不抄送，完全无关的坚决不送。一般也不抄送个人。

3. 印发机关和印发日期 一般用4号仿宋体字，编排在末条分隔线之上，印发机关左空一字，印发日期右空一字，用阿拉伯数字将年、月、日标全，年份应标全称，月、日不编虚位（即1不编为01），后加“印发”二字。

版记中如有其他要素，应当将其与印发机关和印发日期用一条细分隔线隔开。

（四）页码

一般用4号半角宋体阿拉伯数字，编排在公文版心下边缘之下，数字左右各放一条一字线；一字线上距版心下边缘7mm。单页码居右空一字，双页码居左空一字。公文的版记页前有空白页的，空白页和版记页均不编排页码。公文的附件与正文一起装订时，页码应当连续编排。

四、公文的特定格式

公文的特定格式包括信函式格式、命令格式、纪要格式三类。

（一）信函式格式

函件是用于处理日常事务的平行文或下行文，如函、一般事项的通知、批复等，而且使用频率很高。这种公文通常使用专门函件版头，即信函式格式，其用法如下。

1. 发文机关标志使用发文机关全称或者规范化简称，居中排布，上边缘至上页边为30mm，推荐使用红色小标宋体字。联合行文时，使用主办机关标志。

2. 在发文机关标志下4mm处印一条红色双线（上粗下细），距下页边20mm处印一条红色双线（上细下粗），线长均为170mm，居中排布。

3. 如需标注份号、密级和保密期限、紧急程度，应当顶格居版心左边缘编排在第一条红色双线下，按照份号、密级和保密期限、紧急程度的顺序自上而下分行排列（一般来说，“信函式”公文很少同时出现这三项）。

4. 发文字号顶格居版心右边缘编排在第一条红色双线下。

5. 标题与其上最后一个要素相距二行，居中编排。

6. 首页不显示页码，其后由第2页始标识。第2页后不再标识红色双线。

7. 版记不加印发机关和印发日期、分隔线，位于公文最后一面版心内最下方。

（二）命令（令）格式

命令（令）是国家行政机关发文的最高级形式，它是一种极具权威性、重要性的公文。其格式要求如下。

1. 发文机关标志由发文机关全称加“命令”或“令”组成，居中排布，上边缘至版心上边缘为

20mm，推荐使用红色小标宋体字。

2. 在发文机关标志下空二行居中编排令号，前加“第”字，即“第××号”。令号下空二行编排正文。

3. 签发人职务、签名章和成文日期的编排同前述内容。

（三）纪要格式

纪要适用于记载会议主要精神和议定事项。其格式要求如下。

1. 纪要标志由“××××纪要”组成，居中排布，上边缘至版心上边缘为35mm，推荐使用红色小标宋体字。

2. 主体部分包括标题和正文，其标注要求与公文格式一致。

3. 标注出席人员名单，一般用3号黑体字，在正文或附件说明下空一行左空二字编排“出席”二字，后标全角冒号，冒号后用3号仿宋体字标注出席人单位、姓名，回行时与冒号后的首字对齐。标注请假和列席人员名单，除依次另起一行并将“出席”二字改为“请假”或“列席”外，编排方法同出席人员名单。

4. 纪要格式可以根据实际制定　一般情况是在纪要标志下空2行居中标注编号，前加“第”字，即“第×号”。编号的编制按年度为限，自第1号开始，依次编制。有的机关发文不多，也可与公文一同编写发文字号。在编号下空1行版心左边缘顶格标识印发机关（部门），一般是该机关、单位的办公室或文秘部门。在印发机关同一行版心右边缘顶格标识印发日期。在印发机关和印发日期下4mm处划一条与版心等长的红色分隔线。

常见公文式样如图2－1～图2－12所示。

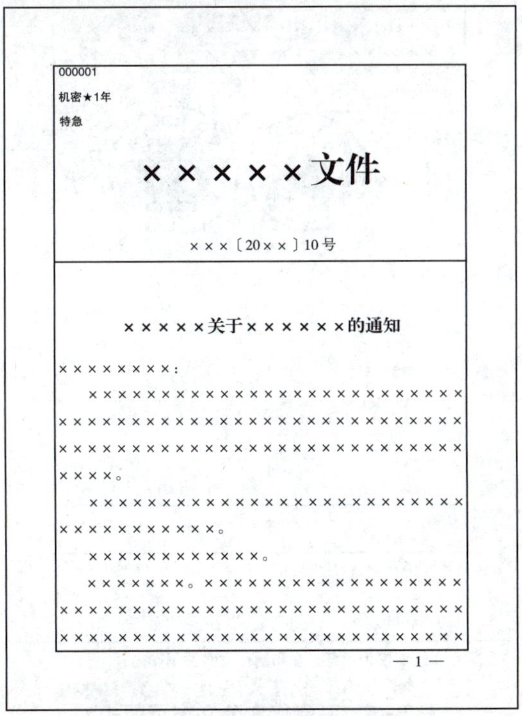

注：版心实线框仅为示意，在印制公文时并不印出。

图2－1　公文首页版式

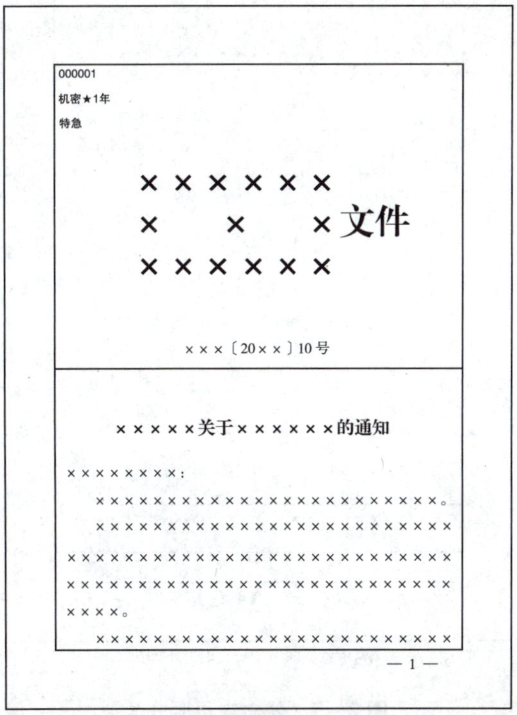

注：版心实线框仅为示意，在印制公文时并不印出。

图2－2　联合行文公文首页版式1

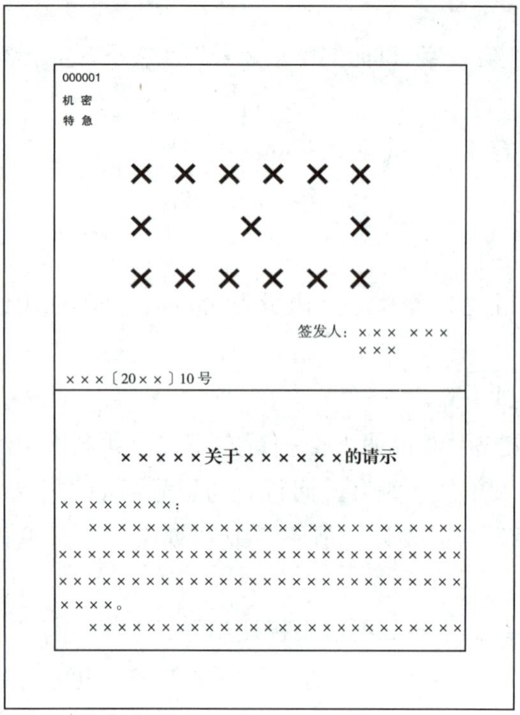

注：版心实线框仅为示意，在印制公文时并不印出。

图 2－3　联合行文公文首页版式 2

注：版心实线框仅为示意，在印制公文时并不印出。

图 2－4　公文末页版式 1

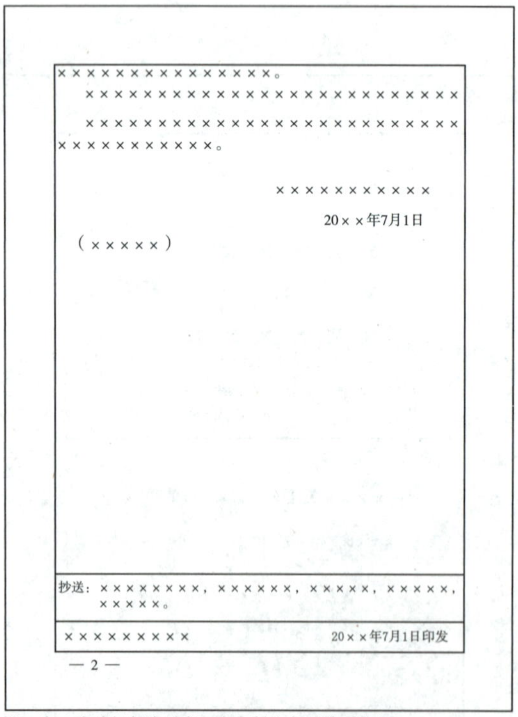

注：版心实线框仅为示意，在印制公文时并不印出。

图 2－5　公文末页版式 2

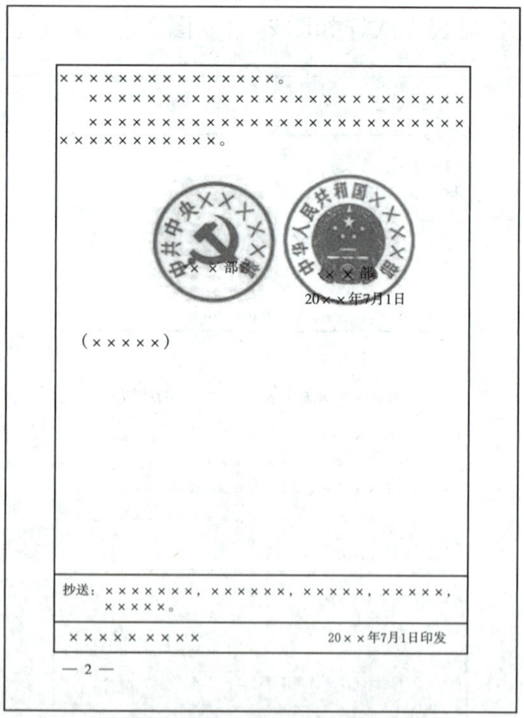

注：版心实线框仅为示意，在印制公文时并不印出。

图 2－6　联合行文公文末页版式 1

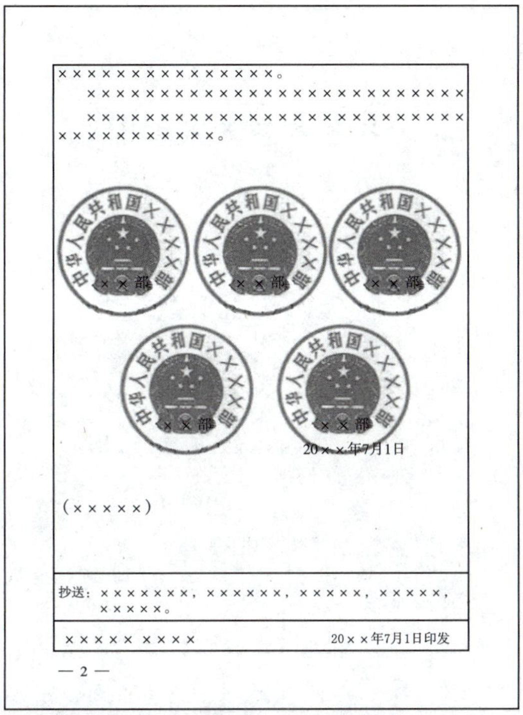
××××××××××××××。
　　××××××××××××××××××××××××××
　　××××××××××××××××××××××××××
××××××××××。

××部　××部　××部

××部　××部

20××年7月1日

（×××××）

抄送：×××××××，××××××，×××××，×××××，×××××。

×××××　××××　　20××年7月1日印发

— 2 —

注：版心实线框仅为示意，在印制公文时并不印出。

图 2－7　联合行文公文末页版式 2

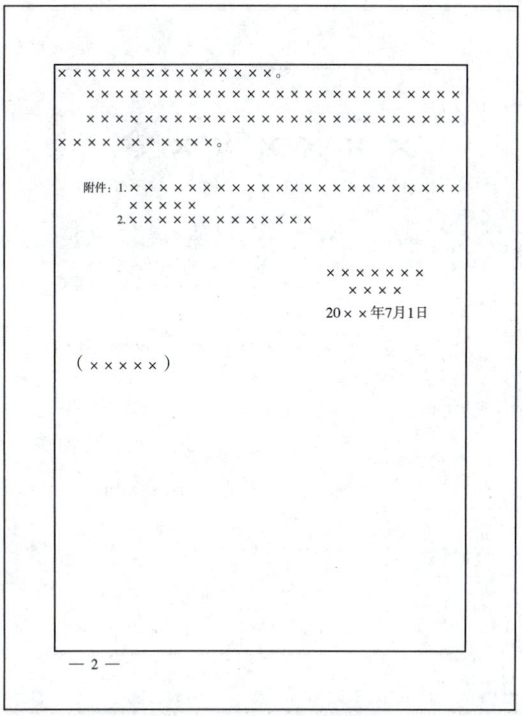
××××××××××××××。
　　××××××××××××××××××××××××××
　　××××××××××××××××××××××××××
××××××××××。

　　附件：1.××××××××××××××××××××××××
　　　　　×××××
　　　　2.×××××××××××××

×××××××
××××
20××年7月1日

（×××××）

— 2 —

注：版心实线框仅为示意，在印制公文时并不印出。

图 2－8　附件说明页版式

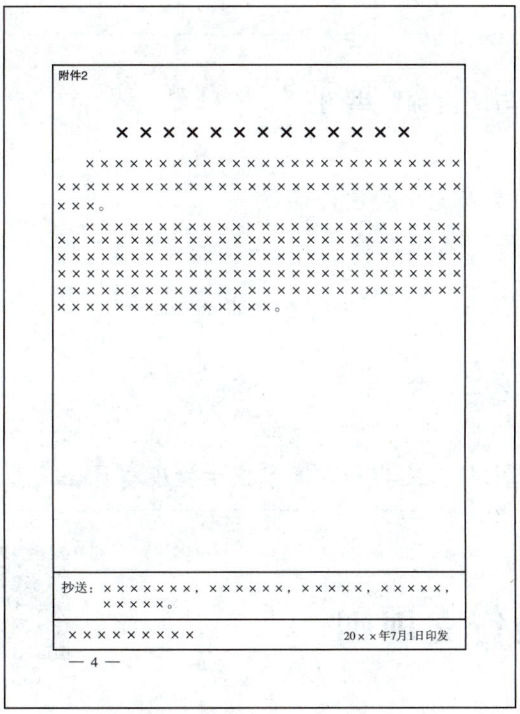
附件2

××××××××××××××

　　××××××××××××××××××××××××××
××××××××××××××××××××××××××
×××。
　　××××××××××××××××××××××××××
××××××××××××××××××××××××××
××××××××××××××××××××××××××
××××××××××××××××××××××××××
××××××××××××××××××××××××××
××××××××××××××。

抄送：×××××××，××××××，×××××，×××××，×××××。

×××××××××　　20××年7月1日印发

— 4 —

注：版心实线框仅为示意，在印制公文时并不印出。

图 2－9　带附件公文末页版式

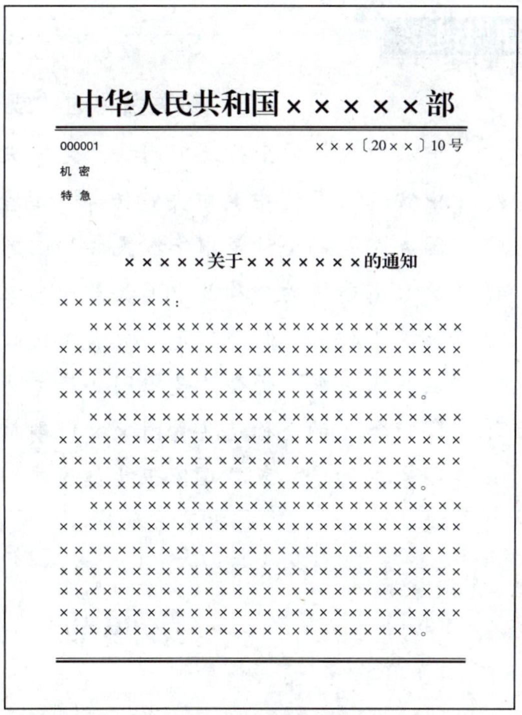
中华人民共和国×××××部

000001　　×××〔20××〕10号
机密
特急

×××××关于××××××的通知

×××××××：
　　××××××××××××××××××××××××
××××××××××××××××××××××××××
××××××××××××××××××××××××××
××××××××××××××××××××××。
　　××××××××××××××××××××××××
××××××××××××××××××××××××××
××××××××××××××××××××××××××
××××××××××××××××××××××。
　　××××××××××××××××××××××××
××××××××××××××××××××××××××
××××××××××××××××××××××××××
××××××××××××××××××××××××××
××××××××××××××××××××××××××
××××××××××××××××××××××××××
××××××××××××××××××××××。

注：版心实线框仅为示意，在印制公文时并不印出。

图 2－10　信函格式首页版式

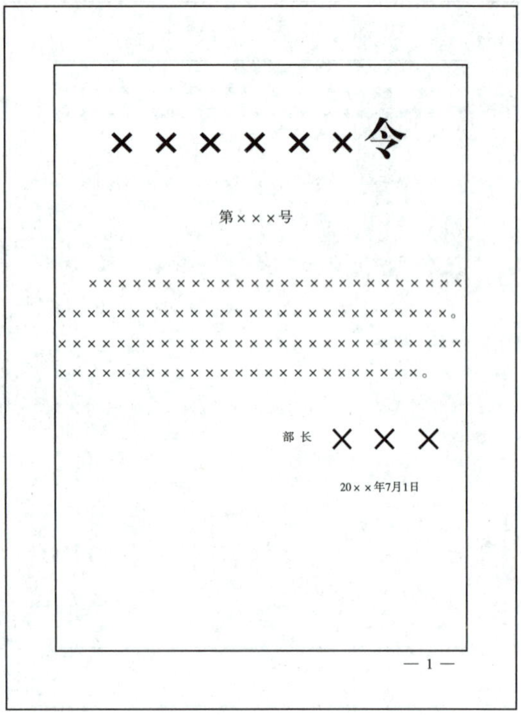

注：版心实线框仅为示意，在印制公文时并不印出。

图 2－11　命令（令）格式首页版式

注：版心实线框仅为示意，在印制公文时并不印出。

图 2－12　纪要首页版式

知识链接

机关名称的“规范简称”与“全称”举例

1. “中共中央”的全称是中国共产党中央委员会。
2. “中宣部”或“中共中央宣传部”的全称是中国共产党中央宣传部。
3. “国务院”的全称是中华人民共和国国务院，即中央人民政府。
4. “××省委”的全称是中国共产党××省委员会。
5. “××省政府”的全称是××省人民政府。
6. “共青团中央”的全称是中国共产主义青年团中央委员会。
7. “团市委”的全称是共青团××市委员会。
8. “国家卫健委”或“国家卫生健康委”的全称是中华人民共和国国家卫生健康委员会。

第四节　公文的行文规则

PPT

知识要点

公文的行文是指公文在机关之间和机关内部的传递运转。行文规则是指公文在运行过程中所应遵循的各种规定。《党政机关公文处理工作条例》中关于公文的行文规则的主要内容如下。

1. 行文应当确有必要，讲求实效，注重针对性和可操作性。这一原则，强调了公文写作的目的性、实用性和指导性。遵循这一原则，可以确保公文在组织内部或外部沟通中发挥最大的效用。

2. 行文关系根据隶属关系和职权范围确定。一般不得越级行文，特殊情况需要越级行文的，应当同时抄送被越过的机关。

3. 向上级机关行文，应当遵循以下规则。

（1）原则上主送一个上级机关，根据需要同时抄送相关上级机关和同级机关，不抄送下级机关。

（2）党委、政府的部门向上级主管部门请示、报告重大事项，应当经本级党委、政府同意或者授权；属于部门职权范围内的事项应当直接报送上级主管部门。

（3）下级机关的请示事项，如需以本机关名义向上级机关请示，应当提出倾向性意见后上报，不得原文转报上级机关。

（4）请示应当一文一事。不得在报告等非请示性公文中夹带请示事项。

（5）除上级机关负责人直接交办事项外，不得以本机关名义向上级机关负责人报送公文，不得以本机关负责人名义向上级机关报送公文。

（6）受双重领导的机关向一个上级机关行文，必要时抄送另一个上级机关。

4. 向下级机关行文，应当遵循以下规则。

（1）主送受理机关，根据需要抄送相关机关。重要行文应当同时抄送发文机关的直接上级机关。

（2）党委、政府的办公厅（室）根据本级党委、政府授权，可以向下级党委、政府行文，其他部门和单位不得向下级党委、政府发布指令性公文或者在公文中向下级党委、政府提出指令性要求。需经政府审批的具体事项，经政府同意后可以由政府职能部门行文，文中须注明已经政府同意。

（3）党委、政府的部门在各自职权范围内可以向下级党委、政府的相关部门行文。

（4）涉及多个部门职权范围内的事务，部门之间未协商一致的，不得向下行文；擅自行文的，上级机关应当责令其纠正或者撤销。

（5）上级机关向受双重领导的下级机关行文，必要时抄送该下级机关的另一个上级机关。

5. 同级党政机关、党政机关与其他同级机关必要时可以联合行文。属于党委、政府各自职权范围内的工作，不得联合行文。

党委、政府的部门依据职权可以相互行文。

部门内设机构除办公厅（室）外不得对外正式行文。

知识链接

公文格式常见错误情况

1. 没有发文机关标志（非红头文件）。

2. 发文字号不规范。

3. 上行文（请示、报告）没有签发人。

4. 公文标题缺要素、用词不当。

5. 正文错别字、层次不当、字体、字号不规范；引用公文形式不正确。

6. 附件格式不规范。

7. 日期格式不规范。

8. 抄送不规范（抄送领导个人、内部抄送、乱抄送）。

9. 版记要素不全或多余。

答案解析

目标检测

一、单项选择题

1. 公文办理包括收文办理、发文办理和（ ）。

A. 印刷　　B. 公文管理

C. 传阅　　D. 签字

2.《党政机关公文处理工作条例》规定党政机关公文共有（ ）种。

A. 13　　B. 15

C. 16　　D. 18

3. 根据文件来源，在一个机关内部可将公文分为（ ）。

A. 收文、发文　　B. 上行文、平行文、下行文

C. 通用公文、专用公文　　D. 本机关制发的和内部使用的公文

4. 发文字号的三要素是指（ ）。

A. 机关代字、年份和份数号　　B. 机关代字、签批人和顺序号

C. 编号、事由和主题词　　D. 机关代字、年份和发文顺序号

5. 联合行文时各发文单位依次审核文稿称为（ ）

A. 会谈　　B. 会办

C. 会签　　D. 以上都对

二、多项选择题

1. 党政机关公文拟制包括（ ）。

A. 公文的起草　　B. 公文的办理　　C. 公文的审核

D. 公文的签发　　E. 公文的管理

2. 党政机关公文将版心内的公文格式各要素划分为（ ）。

A. 版头　　B. 主体　　C. 版记

D. 页码　　E. 附件

3. 关于公文的印刷装订格式，以下做法正确的是（ ）。

A. 公文应双面印刷，左侧装订

B. 印章应端正、居中下压成文时间，印章用红色

C. 公文中的页码应使用 5 号半角阿拉伯数字，单页码居右空 1 字，双页码居左空 1 字

D. 附件应与公文正文一起装订，并在附件左上角第 1 行顶格标识“附件”

4. 关于公文的排版格式，以下说法正确的是（ ）。

A. 公文用纸应采用国家标准的 A4 型纸

B. 公文标题一般应居中排布，字体为 2 号宋体加粗

C. 正文部分应使用 4 号仿宋体字，每自然段首行左空二字

D. 文中如有小标题，可使用 4 号黑体字加粗

三、阅读分析题

阅读下文，按文后要求做题。

光明乡政府公文①

光明（2024）18 号②

光明乡人民政府关于拨款修建金岭至牛谭公路的请示报告③

金岭、五坪、中峰、牛坛是我乡的贫困村，总人口七千多。制约这四个村脱贫致富的主要原因之一是交通闭塞，致使经济、文化生活落后，盛产的李子、桃子、核桃不能变成商品。据估算，这几项经济作物若能运出销售，即可使四村群众人均收入 500～600 元。广大群众强烈要求修公路，渴望早日脱贫，表示愿意有钱出钱，有物出物，有力出力。

经测算，拟修建的金岭至牛谭公路全长 37 千米，共需经费 65 万元，我乡已集资 25 万元，尚缺 40 万元。恳请县政府体谅我们的困难，拨款解决。此致敬礼！

附件：如文④

金阳县光明乡人民政府

2024. 3. 21

主题词：公路　建设　资金　报告

报：县财政局、县交通局

送：马岭、五坪、中峰、牛洞村⑤

光明乡人民政府办公室　　　　二〇二四年三月二十一日印发

（1）请把文中标注了①～⑤序号的公文格式组成部分的名称，写在下面对应的序号内。

①

②

③

④

⑤

（2）文中至少有 10 处格式和语言上的错误，请一一指出。

①

②

③

④

⑤

⑥

⑦

⑧

⑨

⑩

书网融合……

重点小结　　微课　　习题

第三章 常用党政机关公文写作

第一节 决定、通报

PPT

学习目标

知识目标：通过本章学习，掌握决定、通报、通告、通知、请示、批复、函、纪要的构成要素；熟悉撰写决定、通报、通告、通知、请示、批复、函、纪要的技能要求；了解决定、通报、通告、通知、请示、批复、函、纪要的概念、用途、特点等。

能力目标：从格式、内容、语句上辨别决定、通报、通告、通知、请示、批复、函、纪要的正误；能写规范的决定、通报、通告、通知、请示、批复、函、纪要。

素质目标：引导学生积极向上，明辨是非，有正确的价值观，树立终身学习的理念，持续提升专业素养；培养学生增强按规矩办事、平等待人的意识，提高人文素养和为人处世的能力，使其成为德技双优的合格医务工作者。

决　定

情境导入

情境：小刘在××医院实习，在一年的工作中，涌现出了多个先进集体和个人。这些先进集体和个人给小刘树立了良好的榜样，激发了小刘奋发向上的决心。医院欲对先进集体和个人进行表彰，让小刘拟定一份表彰决定。

思考：医院对先进集体和个人进行表彰，有哪些作用？

知识要点

一、决定的概念

决定是国家机关、社会团体、企事业单位对重要事项或重大行动作出具有规定性、强制性和领导、指导性的公文。一般来说，只有事关全局、政策性强、任务艰巨、执行时间较长的重要工作，才适合使用“决定”行文。

二、决定的特点

（一）具体性

决定中的安排必须是明确具体的、切实可行的；不可抽象、笼统。

（二）决策性

所决定的事项，都是直接为决策服务的；非决策性的问题，不用决定行文。

（三）重大性

只有对“重大问题”“重要事项”“重大行动”作出安排时，才能使用决定这一文种；一般性的问题、事项、行动，则不宜使用决定这一文种。

三、决定的分类

决定根据适用范围，可分为法规性决定、指挥性决定、知照性决定、奖惩性决定和变更性决定。

（一）法规性决定

法规性决定不但具有决定的一般特点，而且具有法规的某些特点，是决定中更具有行为规范性和行政约束力的下行文件。

（二）指挥性决定

指挥性决定是对于重要事项或者重大行动作出安排的决定。常见的有规定性决定、规范性决定、指导性决定、指示性决定、具有有关法令性质的决定、处理重大问题的决定和安排重要行动的决定等。

（三）知照性决定

知照性决定是指将决定事项知照给有关单位和人员的决定。如表彰决定、处分决定、机构设置决定、人事安排决定、发布法规性事项或对某一具体事项作出安排的决定等。

（四）奖惩性决定

奖惩性决定是人们日常事务中经常运用到的文种，表彰先进事迹或惩治不良行为规范是适用于表彰先进、批评错误、传达重要精神或者情况的法定公文。

（五）变更性决定

变更性决定用于变更或者撤销下级机关不适当的决定事项。下级机关不适当的决定事项包括那些违背国家法律、法令以及党的路线、方针、政策的决定事项，在形势发展面前显得不适应或者过时的决定事项，群众尚不能普遍认可的超前的决定事项等。

四、决定的构成要素及格式模板

（一）构成要素

决定一般由标题、主送机关、正文和落款四部分组成。

（二）格式模板

构成要素	模板
标题：由发文机关、决定事由、文种构成	×××关于××××××××的决定
主送机关： 正文： 1. 决定缘由 2. 决定事项 3. 决定要求	××××： ×××××××××××××××××××××××× ××，×××××××××××××。 ×××××××××××××××××。 ×××××××××××××××××。
落款： 1. 署名、印章 2. 成文日期（阿拉伯数字）	发文机关署名（加盖印章） ××××年××月××日

（三）决定各部分的格式、内容和写法要求

1. 标题

（1）单一式标题，由发文机关名称、事由和文种组成。

（2）正副标题形式，正题同单一式标题一样，副题需写明什么时间、什么会议通过的本决定。

2. 主送机关 决定的主送机关为应该知照的单位或群体，但需要多级向下行文或者直接下达给人民群众的决定是没有主送机关的，逐级向下行文才有主送机关。

3. 正文 一般由发布的理由（包括根据、原因、目的等）、决定的事项、结尾三部分组成。

（1）发布的理由 是决定正文的开头部分，其内容主要是交代为什么发布决定或根据什么发布决定，以便使人们明白发布决定的必要性。

（2）决定的事项 是决定的主体部分。不同的决定在写法上不尽相同。

1）法规性决定 写明针对不同性质、不同类型的问题，应采取什么样的处理方法或对解决所决定的问题提出具体的要求。

2）部署性决定 写明部署任务的原则或为完成任务而应该采取的具体措施。

3）表彰性决定 写出表彰对象的名称、先进事迹和贡献、表彰的形式（授予称号、授勋、奖章、证书、物质奖等）。

4）批评性决定 写出违纪人员的简历、所犯错误的主要事实、对错误的定性以及处理决定。

5）任免性决定及宣告性决定 内容都比较简单，前者只需写明对何人任免何种职务即可；后者中将告知人们的重要事情叙述清楚即可。如果内容复杂、涉及的问题较多、篇幅较长的决定，写主体部分时可将内容分条列项，逐一写出。

（3）结尾部分 往往是围绕所决定的事项提出要求、希望或号召。这一部分并非所有决定都有，通常多用于表彰性决定。

4. 落款 正文结束，在右下方署名署时并盖公章。成文时间用阿拉伯数字标识，年、月、日俱全。如果决定的标题采用的是正副标题形式，决定的最后也可不写落款。

五、决定的写作技能要求

（一）缘由要准确、合理

决定的缘由是事项的依据、理由。写作时要注意交代清楚，简明扼要，有理有据，令人信服。泛泛而谈，根据不足，说理不清的缘由没有说服力，不可取。

（二）事项要明确、清楚

一般来说，内容比较复杂的决定，事项要一条一条地表述，把主要的、重要的放在前面，次要的放在后面。结构要合理，层次要分明，内容要合乎逻辑。

【例文】

××医院

关于表彰20××年度先进集体和先进个人的决定

（标题：由发文机关名称、事由和文种三要素构成）

各科室：

（主送机关）

20××年，在上级主管部门的领导下，医院领导班子带领全院干部职工，团结拼搏、开拓创新。一年来，强化党建引领，以病人为中心，狠抓内涵建设，社会满意度不断提升，医院的技术水平、服

务水平和管理水平进一步提高。

为树立榜样、激励先进，进一步调动广大职工干事创业的积极性，经院党委研究决定，对评选出的××科等20个先进集体和××等40名先进个人予以表彰。

（决定的事项清楚）

希望受表彰的先进集体和先进个人珍惜荣誉，勇于创新，再创佳绩。同时，也希望全院各科室和全体职工以先进为榜样，重德精业，求实创新，为全面完成20××年各项工作任务而努力奋斗。

（围绕所决定的事项提出要求、希望）

附件：××医院20××年度先进集体和先进个人名单

（附件说明标注规范：1份附件单独一行，附件标题后不加标点符号）

××医院
20××年3月5日

（署名署时并盖公章。成文时间用阿拉伯数字标识，年、月、日俱全）

通　报

知识要点

一、通报的概念

通报是上级机关把工作情况、经验教训、正反典型，通报给下级机关时使用的一种告知性公文。

二、通报的特点

（一）真实性

通报所反映的内容必须真实可信，实事求是，只有真实的通报，才具有生命力和说服力。

（二）典型性

典型性指通报的内容是典型的事件、人物，或具有普遍意义的重要情况，以此来总结经验教训，指导各方面工作。

（三）时效性

通报的发出是为了教育人或沟通信息，所以就必须抓住时机，及时通报先进经验、反面典型或相关信息，以学习先进，推广经验，揭露错误，引起鉴戒，把握信息，指导工作。

三、通报的分类

通报根据其性质、内容和目的，一般可分为表彰性通报、批评性通报、情况通报三种。

（一）表彰性通报

主要用于表彰好人好事，公布先进集体、先进个人的表彰结果，介绍经验，树立典型，以达到宣传先进，推动工作的目的。

（二）批评性通报

主要用于批评错误，纠正不良倾向，教育人们引以为戒，以防止类似问题发生。

（三）情况通报

多用于交流有关方面主要工作进展情况，以引起人们的广泛重视。同时，也为领导决策提供参考。

四、通报的构成要素及格式模板

（一）构成要素

通报的结构一般由标题、主送机关、正文、落款四部分组成。

（二）格式模板

构成要素	模板
标题：由发文机关、通报事由、文种构成	**×××关于××××××××的通报**
主送机关：发文对象	××××：
正文： 1. 通报基本情况 2. 通报分析和评论 3. 提出要求	××××××××××××××××××××××，现就有关情况通报如下： ××××××××××××××××。 ××××××××××××××××。
落款： 1. 署名、印章 2. 成文日期（阿拉伯数字）	发文机关署名（加盖印章） ××××年××月××日

（三）通报各部分的格式、内容和写法要求

1. 标题 由发文机关、事由和文种三要素构成 。

2. 主送机关 即受文对象。普发性的通报可不写主送机关。

3. 正文 是通报的主体部分。因通报的种类不同，写法也不相同。表彰性通报，要写清事情的时间、地点、人物、事件、结果。批评性通报要分析事件发生的原因、性质，提出处理意见。情况通报先写明事件的基本情况，进行分析和评论，最后提出指导性或参考性的意见。

4. 落款 正文结束，在右下方署名署时并盖公章。成文时间用阿拉伯数字标识，年、月、日俱全。

五、通报的写作技能要求

（一）行文要及时

通报的时效性较强，写作要及时迅速。

（二）事例真实、典型

通报所据应当是真人真事，要调查、核对事实，做到准确无误。应注意事例的典型性。

（三）注意掌握政策

注意政策界限，使处理意见与事实、政策相一致。

【例文】

国务院办公厅关于对“十三五”时期实行最严格水资源管理制度成绩突出的省级人民政府给予表扬的通报

（标题：由发文机关名称、事由和文种三要素构成）

各省、自治区、直辖市人民政府，国务院各部委、各直属机构：

（主送机关）

“十三五”时期，在党中央、国务院正确领导下，各地区、各部门采取有力措施，继续实行最严格水资源管理制度，节约用水、取用水监管、水资源保护、河湖管理等各项措施加快落实，取得显著成效。2020 年，全国用水总量、用水效率和重要江河湖泊水功能区水质达标率均实现了“十三五”期末控制目标，为经济社会发展提供了重要支撑。

为表扬先进、宣传典型，经国务院同意，对“十三五”时期实行最严格水资源管理制度成绩突出的浙江、江苏、山东、安徽 4 个省人民政府予以通报表扬。希望受到表扬的地区珍惜荣誉，再接再厉，充分发挥示范引领和带动作用，取得新的更大成绩。

（陈述通报的主要事实）

各地区、各部门要认真贯彻党中央、国务院决策部署，立足新发展阶段，完整、准确、全面贯彻新发展理念，构建新发展格局，全面落实“节水优先、空间均衡、系统治理、两手发力”的治水思路，强化水资源刚性约束，坚持以水定城、以水定地、以水定人、以水定产，合理规划人口、城市和产业发展，深入实施国家节水行动，促进经济社会发展方式绿色转型，为推动生态文明建设和经济社会高质量发展提供水安全保障。

（提出希望及要求）

国务院办公厅

2021 年 9 月 18 日

（署名署时并盖公章。成文时间用阿拉伯数字标识，年、月、日俱全）

知识链接

奖惩性决定与表扬批评性通报的区别

1. 表彰行文选用规格不同 有法规、条例、规章为依据的奖惩事项用决定。一般的有典型意义的事项用通报。

2. 行文目的和文种的性质不同 决定是指挥性公文，行文目的是告知事项，有很强约束力。通报是知照性公文，其行文目的不是贯彻执行，而是让人们了解情况，交流信息、提高认识，有宣传教育作用。

3. 写作要求、要领不同 决定，行文一般较简单，虽然分依据、事项、结尾三部分，但用语准确、不作展开，行文文字简洁。通报则常常兼用叙述、说明和议论，有较强的感情色彩，根据需要陈述事实，分析意义，作出评价，使人了解情况，受到教育。决定侧重于将结果公布于众，结尾不一定提出希望和要求。通报结尾要提出希望要求，以发挥教育警戒作用。

第二节　通告、通知

PPT

通　告

情境导入

情境： 小刘实习的医院接到市医疗保障局的文件，文件要求医院要及时告知就诊人员，医保码升级维护期间会出现的问题，并向参保患者做好宣传解释工作。医院安排小刘具体向参保患者做解释。

思考： 1. 这份文件是什么文种？具体分类是什么？

2. 小刘需要重点掌握什么内容？

知识要点

一、通告的概念

通告是国家机关、社会团体、企事业单位广泛使用的告知性公文，用于公布社会各方面应当遵守或周知的事项。

二、通告的特点

（一）规范性

通告所告知的事项，常作为各有关方面行为的准则或对某些具体活动的约束限制，具有行政约束力甚至法律效力，要求被告知者遵守执行。

（二）业务性

常用于水电、交通、金融、公安、税务、海关等主管业务部门工作的办理、要求或事务性事宜，内容带有专业性、事务性。

（三）广泛性

告知范围广泛，适用范围也很广泛。不仅在机关单位内部公布，而且向社会公布。其内容可涉及社会生活各方面，因而各级机关、企事业单位、社会团体都可以使用。此外，通告的发布方式多样，可通过报刊、广播、电视公布，也可以张贴和发文，使通告内容广为人知。

三、通告的分类

通告从内容上，可分为法规性通告和知照性通告两类。

（一）法规性通告

在一定范围内，针对某一方面问题公布政策法规性或规范意见，并提出相应要求，使行政机关、单位和个人广为周知并强制遵守。

（二）知照性通告

只在向群众公布应遵守事项的具体事务时使用，仅要求有关党政机关、单位和个人广为周知和遵照执行，多是一些一般性的事务性事项。

四、通告的构成要素及格式模板

（一）构成要素

通告的结构一般由标题、正文、落款三部分组成。

（二）格式模板

构成要素	模板
标题：由发文机关、事由、文种构成	×××关于××××××××的通告
正文： 1. 通告缘由 2. 通告事项 3. 通告结语	×××××××××××××××××。 ×××××××××××××××××。 特此通告。
落款： 1. 署名、印章 2. 成文日期（阿拉伯数字）	发文机关署名（加盖印章） ××××年××月××日

（三）通告各部分的格式、内容和写法要求

1. 标题　由发文机关名称、事由和文种构成。

2. 正文

（1）通告的原由　主要阐述发布通告的背景、根据、目的、意义等。通告常用的特定承启句式"为……，特通告如下"或者"根据……，决定……，特此通告"引出通告的事项。

（2）通告事项　是通告全文的核心部分，包括周知事项和执行要求。

（3）结语　用"特此通告"或"本通告自发布之日起实施"表达。

3. 落款　正文结束，在右下方署名署时并盖公章。成文时间用阿拉伯数字标识，年、月、日俱全。

五、通告的写作技能要求

（一）条理分明，层次清晰

如果内容较多，可采用分条列项的方法；如果内容比较单一，也可采用贯通式方法。

（二）明确具体

需清楚说明受文对象应执行的事项，以便于理解和执行。

通告事项是面对大众的，应简洁明了，叙述清楚，通俗易懂，便于掌握。

【例文】

××市医疗保障局

关于医保码升级维护的通告

（标题：由发文机关名称、事由和文种三要素构成）

全市各定点医药机构、参保单位、参保群众：（称呼）

根据《××省医疗保障局网信办关于开展医保码升级维护工作的通知》相关要求，将于近期开

展医保码（医保电子凭证）升级维护工作，现将有关事项通告如下：

（正文：开头交代通告的依据、主要内容）

一、医保码暂停使用时间。

20××年1月25日20：00时至20××年1月26日8：00时

二、升级维护影响范围。

（一）省内参保人员不能通过医保码进行本地及异地展码联网结算。

（二）参保人员不能通过移动支付进行结算。

（三）两定机构不能通过人脸识别设备办理业务。

医保码升级维护期间，使用实体社保卡就医、购药不受影响，请各定点医药机构向参保患者做好宣传解释工作，因此次升级带来的不便，敬请各参保人、各相关单位和社会各界谅解。如有其他工作调整另行通知。

三、服务咨询电话。

……

（正文：主体　逐一交代通告的具体内容、执行要求及其他事项，一目了然）

××市医疗保障局

20××年2月12日

（署名署时并盖公章。成文时间用阿拉伯数字标识，年、月、日俱全）

通　知

情境导入

情境：小刘在医院实习时，老师叮嘱他不仅要完成日常工作，也要认真学习专业知识，为后面考取执业药师资格证作准备。为了让小刘进一步明确努力方向，带教老师给了他一份，关于执业药师资格考试合格标准的文件，小刘仔细阅读了文件，发现考试要求不是特别难，对自己充满了信心，相信自己只要努力，一定能顺利考取执业证书。

思考：1. 小刘阅读文件时，最想知道的内容是什么？

2. 通知的写作要求是什么？

知识要点

一、通知的概念

通知是国家机关、社会团体、企事业单位日常使用范围最广的告知性公文，用于批转、转发、传达、要求、任免等。

二、通知的特点

（一）功能的多样性

在下行文中，通知的功能是最为丰富的。它可以用来布置工作、传达指示、晓谕事项、发布规章、批转和转发文件、任免干部等，总之，下行文的主要功能，它几乎都具备。

但通知在下行文中的规格，要低于命令、决议、决定、指示等文体。用它发布的规章，多是基层的，或是局部性的、非要害性的；用它布置工作、传达指示的时候，文种的级别和行文的郑重程度，明显不如决定、指示。

（二）运用的广泛性

通知的发文机关，几乎不受级别的限制。大到国家级的党政机关，小到基层的企事业单位，都可以发布通知。

通知的受文对象也比较广泛。在基层工作岗位上的干部和职工，接触最多的上级公文就是通知。而且通知虽然从整体上看是下行文，但部分通知（如晓谕事项的通知）也可以发往不相隶属机关。

（三）一定的指导性

通知这一文体名称，从字面上看不显示指导的姿态，但事实上，多数通知都具有一定程度的指导性。用通知来发布规章、布置工作、传达指示、转发文件，都在实现着通知的指导功能，受文单位对通知的内容要认真学习，并在规定时间内完成通知布置的任务。

个别晓谕性的通知，特别是通知作为平行文发布的时候，可以没有指导性或只有微弱的指导性。

（四）较强的时效性

通知是一种制发比较快捷、运用比较灵便的公文文种，它所办理的事项，都有比较明确的时间限制，受文机关要在规定的时间内办理完成，不得拖延。

三、通知的分类

（一）工作通知

1. 政策性通知　指示性或规定性公文。

2. 禁令性通知　禁止或制止妨害国家与人民利益行为的公文。

工作通知带有强制性、指挥性和决策性。凡是上级机关对下级机关、单位就某项工作、某方面工作发出指示、提出要求、作出安排，不宜采用命令行文时，就可以使用这种通知。

（二）会议通知

召开会议的通知是会议通知。这是通知中应用广泛、内容单一、格式简单的一类，以下行为主，也可平行。

（三）批转、转发、发布性通知

1. 批转性通知　上级批转下级公文。

2. 转发性通知　用于转发上级、同级及不相隶属机关的文件，给下级机关，要求遵照执行。

3. 发布性通知　告知受文单位并要求执行的事项。发布规章的通知根据不同情况，可以分为发布、印发（公布）两种。一般来说，公布比较重要的规章用发布，公布一般性的、暂行或试行的规章用印发。

（四）任免通知

任免聘用干部的通知是任免通知，用于任免干部、聘用有关人员。

（五）知照性通知

用于下级、平级了解情况或公布某些专门事项。这类通知主要起知照性作用，设置机构、启用印章、更正文件、迁址办公等专门事项，均用这类通知。

四、通知的构成要素及格式模板

（一）构成要素

通知的结构一般由标题、主送机关、正文、落款四部分组成。

（二）格式模板

构成要素	模板
标题：由发文机关、通知事由、文种构成	×××关于××××××××的通知
主送机关：发文对象	××××：
正文： 1. 通知缘由、根据 2. 通知事项 3. 通知执行要求	××××××××××××××××××××××××，现就有关事项通知如下： ××××××××××××××××××。 ××××××××××××××××××。
落款： 1. 署名、印章 2. 成文日期（阿拉伯数字）	发文机关署名（加盖印章） ××××年××月××日

（三）通知各部分的格式、内容和写法要求

1. 标题

（1）由发文机关名称、事由和文种构成。如果通知的内容紧急或重要，可在标题中“通知”两字前加上“紧急”或“重要”两字。

（2）只用文种，即“通知”。限单位内部日常工作中使用的事务性通知。

2. 主送机关 即被通知的单位或个人，顶格写于标题下、正文前。普发性通知，可以省略主送机关。

3. 正文 由开头、主体和结尾三部分组成。开头主要交代通知缘由、根据；主体说明通知事项；结尾提出执行要求。不同种类的通知，其写法有所不同，下面介绍工作通知、会议通知和批转、转发、发布性通知的写法。

（1）工作通知　通常采用总分条文式结构。

1）通知缘由　或介绍背景，分析形势；或肯定成绩，指出问题；或说明依据，阐明发通知的目的、意义或指导思想。注意，不宜写得过详过细。

2）通知事项（主要部分）　写明做什么、怎么做，即写明工作任务、原则规定、执行要求、具体措施、注意事项等。

3）通知要求（结尾部分）　提出要求、希望。有的通知不写这部分，通知事项言尽文止。

（2）会议通知　分以下两类情况。

1）比较简单的会议通知　它的事项不大，涉及的单位特定，只需把开会的议题、时间、地点、出席人员等写成一个自然段。

2）较为复杂的会议通知　它的内容事关重大，会期较长，参加人员较多、组织准备工作也较复杂，应具体写明以下内容：①召开会议的目的、主持单位和会议名称；②会议内容；③会议安排；④与会人员范围；⑤与会要求，如入场凭证，报到时间及地点，与会者须携带的有关会议材料，与会人员要作的准备工作等。

会议通知要提前发文，以便有关人员作好准备。

（3）批转、转发、发布性通知　其正文包括两个部分：批转、转发对象和批注意见。

4. 落款　正文结束，在右下方署名署时并盖公章。成文时间用阿拉伯数字标识，年、月、日俱全。

五、通知的写作技能要求

1. 要拟定一个明晰恰当的标题。通知的性质及功用决定了在写作时必须十分关注其标题的拟制，要使读者一看标题便知通知什么或要求做什么事情。

2. 对于非周知性的通知，应一律写明主送机关名称，不论被通知的机关为几个，都应这样做。

3. 不论是哪种类型的通知，其事项部分都要写得符合实际，切实可行；应知应办的事项要交代清楚，文字要简练准确，语气要恳切庄重。

4. 在撰写转发性通知的标题时，经常会遇到几个“通知”重复出现，其他的“通知”一律去掉，只保留文件发源处的一个文种“通知”。例如《××市司法局转发司法厅转发司法部关于××（事由）的通知的通知的通知》。可将标题简化为《××市司法局转发司法部关于××（事由）的通知》。若是转发通知以外的其他文种，则应该保留其文种，如《××市司法局转发司法厅转发司法部关于××（事由）的通报的通知的通知》标题可简化为《××市司法局转发司法部关于××（事由）的通报的通知》。

【例文 1】

国家卫生健康委办公厅

关于进一步加强医疗质量（安全）不良事件管理的通知

（标题：由发文机关名称、事由和文种三要素构成）

各省、自治区、直辖市及新疆生产建设兵团卫生健康委：

（主送机关）

医疗质量（安全）不良事件（以下简称“不良事件”）是指在医疗机构内发生或发现的，除疾病自然过程之外的各种因素所致的不安全隐患或造成负性后果的事件。不良事件管理是医疗机构加强自我管理、识别医疗服务风险隐患、预防负性事件发生、保障医疗质量安全的重要方法。多年来，我委不断加强相关制度建设，将“提高医疗质量安全不良事件报告率”作为国家医疗质量安全改进目标，指导行业聚焦相关工作，对提升医疗质量安全水平发挥了重要作用。为进一步加强不良事件管理工作，现就做好有关工作通知如下：

（正文：开头　交代通知的原因、目的）

一、提高认识，压实不良事件管理主体责任

各地要指导二级以上医院进一步提高认识，将不良事件报告和处理作为重要的医疗质量安全日常工作措施，充分理解不良事件管理的重要价值，切实承担管理主体责任，建立健全不良事件报告、分类、分析、处置等相关管理制度，完善不良事件管理组织体系，明确医院内不良事件管理工作牵头负责部门和协同配合部门的权责及分工，压实各部门负责人和相关工作人员的责任，充分利用不良事件管理发现和消除医疗质量安全漏洞。

二、系统设计，健全不良事件闭环管理机制

二级以上医院要不断健全“主动报告、科学分类、重点分析、系统反馈、持续改进”的不良事件闭环管理机制。建立完善不良事件“非惩罚性”主动报告机制，注意保护报告人隐私，并通过工作会议、宣传栏或信息平台等多种渠道加强宣传，鼓励员工自愿、主动进行不良事件报告。在此基础上，根据实际情况对不良事件进行分类处理，能够立即改进的，要明确责任部门，及时采取措施消除问题或隐患；对频繁发生或产生严重负面结果的事件要进行重点分析，采用台账管理等方式重点督办。同时，完善不良事件处理情况的常态化反馈机制，尽量将处理情况反馈报告人，增强报告人的获得感，让员工体会到不良事件管理带来的改变。

三、强化培训，提升全员不良事件管理意识

各地要结合全面提升医疗质量行动和患者安全专项行动要求，指导二级以上医院强化全员参与的患者安全教育与培训，将不良事件管理作为员工入职培训、日常培训学习等教育培训的重要内容，提高员工不良事件识别能力和报告意识，让员工充分认识到每个人都负有报告不良事件的责任，均可从自身角度对发现的问题或隐患进行报告，着力构建“全员、全流程、全方位”的不良事件管理氛围，塑造人人有责的质量安全文化，发挥文化在医疗质量安全工作中的引领作用。

四、深入挖掘，注重不良事件分析运用

二级以上医院要积极探索建立不良事件数据动态监测机制，科学应用质量管理工具，统计分析不良事件常发的时间、区域、人群和类型特点，对不良事件相关的人员、设备设施、药品耗材、管理制度、环境等因素进行深入分析并开展针对性改进，不断提升挖掘事件成因、协调部门联动、防范化解风险的能力。各地卫生健康行政部门要充分发挥行业主管部门统筹指导作用，加强辖区内不良事件报告情况的监测和分析，明确医疗质量安全工作重点方向，不断提高医疗质量安全工作的精准性和效率。

五、精简优化，完善不良事件报告机制

不良事件报告工作遵循“自主自愿、实事求是、发现即报”的原则。二级以上医院要根据自身实际情况，建立快速便捷的不良事件报告机制，按照“非必要不采集”的原则，精简上报信息、优化方法和流程，保障报告工作的便利性。严禁采取定额定标、任务摊派、罚分扣款等形式主义或惩罚性措施，避免员工误解相关工作要求、曲解相关工作机制。同时，积极引导患者等其他人员参与不良事件报告，发挥患方对改进医疗质量安全的作用。

为指导和协助做好不良事件上报和管理工作，我委组织开发了国家医疗质量（安全）不良事件报告平台（以下简称“国家平台”），供各省级卫生健康行政部门和各级各类医疗机构自愿使用。国家平台采集的信息仅用于不良事件管理和医疗质量安全改进工作，不作为开展其他工作的依据。有条件的医疗机构可以参照国家平台建立机构内部的不良事件报告平台，采用多种信息化渠道提升报告的便捷程度。鼓励使用机构内部不良事件报告平台的二级以上医院，在每年 1 月 20 日前将本医院前一年的不良事件信息汇总表上传至国家平台。

（正文：主体　交代通知的具体内容）

国家卫生健康委办公厅
2024 年 7 月 25 日

（署名署时并盖公章。成文时间用阿拉伯数字标识，年、月、日俱全）

【例文 2】

国家卫生健康委办公厅
关于成立全国社会心理服务体系建设专家工作组的通知

（标题：由发文机关名称、事由和文种三要素构成）

各省、自治区、直辖市及新疆生产建设兵团卫生健康委：

（主送机关）

为持续推进社会心理服务体系建设有关工作落实，积极发挥专家作用，经商有关部门，我委决定成立全国社会心理服务体系建设专家工作组（以下简称专家工作组）。现将专家工作组工作机制、工作职责和名单印发给你们，请支持、配合做好相关工作。

（正文：开头　交代通知的缘由）

专家工作组任期自2024年5月8日至2027年5月8日，我委将根据工作需要，适时对成员进行调整。原国家卫生健康委疾控局2019年1月8日成立的全国社会心理服务体系建设试点专家工作组同时撤销。

（正文：主体 交代通知的具体内容）

附件：1. 全国社会心理服务体系建设专家工作组工作机制

2. 全国社会心理服务体系建设专家工作组工作职责

3. 全国社会心理服务体系建设专家工作组名单

（附件位于正文后空1行，左空2字符，写“附件”，冒号后分别标明附件标题，每份附件单独一行，前面用阿拉伯数码标出序号，附件标题后不加标点符号）

国家卫生健康委办公厅

2024年5月8日

（署名并加盖印章，成文时间用阿拉伯数字标识，年、月、日俱全）

知识链接

通告和通知的区别

1. 通告是在一定范围内公布应当遵守或周知事项时使用的文种，其主要特点是知照性、专业性、约束力。具有规范性、广泛性和业务性的特点。周知性通告：传达告知业务性、事务性事项，一般没有执行要求。规定性通告：公布国家有关政策、法规或要求遵守的约束事项，告知对象必须严格遵照执行 。

2. 通知是向特定受文对象告知或转达有关事项或文件，让对象知道或执行的公文。是运用广泛的知照性公文，下达指示、布置工作、传达有关事项、传达领导意见、任免干部、决定具体问题，都可以用通知。上级机关对下级机关可以用通知；平行机关之间有时也可以用通知。

第三节　请示、批复

PPT

请　示

情境导入

情境：随着人民群众对中医药服务需求不断提高，××医院门诊、住院病人呈不断上升趋势，床位短缺的矛盾也逐步显现，成为制约医院持续快速发展的瓶颈。为满足广大群众不断增长的中医药服务需求，促进医院持续健康发展，该医院拟将编制床位，从原来的150张增至230张，医院领导让小刘拟定一份请示。

思考：1. 医院申请增加编制床位，要使用什么公文文种？

2. 请你代医院写一份，增加编制床位的请示。

知识要点

一、请示的概念

请示是用于下级机关、单位向上级机关、单位请求指示、批准的一种上行文。请示主要用于以下几个方面。

1. 本机关无权解决的重要事项。

（1）对上级领导机关颁布的方针、政策、法规、规章以及决定、指示等，不够明确或有不同理解，需上级作出明确解释和答复。

（2）从本地区、本部门的实际情况出发，需要对上级的某项政策、规定变通处理。

（3）工作中出现了新情况、新问题需要处理而无法可依、无章可循，需上级做出明确指示。

2. 本机关无力解决的具体困难与问题。

3. 按上级机关和主管部门有关政策规定必须履行审批程序的事项。如人员编制、机构设置与调整、经费预算以及对于重大事件（事故）和人员的处理。

二、请示的特点

（一）超前性

请示必须在办理事项之前行文。得到上级机关批准后才能付诸实施，不可“先斩后奏”或“边斩边奏”。

（二）针对性

只有本机关无权决定或无力解决而又必须解决的事项，才可以用“请示”行文。请求上级机关给予指示、决断或者答复、批准，因而请示有很强的针对性。

（三）单一性

即一份请示只能请求指示、批准一件事或解决一个问题，且主送机关只能有一个。

三、请示的分类

根据请示的不同内容和写作意图分为三类。

（一）请求指示的请示

此类请示一般是政策性请示，用于下级机关需要上级机关对原有政策规定作出明确解释，对变通处理的问题作出审查认定，对如何处理突发事件或新情况、新问题作出明确指示等。

（二）请求批准的请示

此类请示是下级机关针对某些具体事宜向上级机关请求批准的请示，主要目的是为了解决某些实际困难和具体问题。

（三）请求批转的请示

下级机关就某一涉及面广的事项提出处理意见和办法，需各有关方面协同办理，但按规定又不能指令平级机关或不相隶属部门办理，需上级机关审定后批转执行，这样的请示就属此类。

四、请示的构成要素及格式模板

（一）构成要素

请示的结构由标题、主送机关、正文和落款四部分组成。

（二）格式模板

构成要素	模板
标题：由发文机关、事由、文种构成	×××关于××××××××的请示
主送机关：直接上级	××××：
正文： 1. 请示缘由 2. 请示事项 3. 请示结语	×××××××××××××××××××××××，现就有关问题请示如下： ××××××××××××××××××××。 特此请示，请批复。
落款： 1. 署名、印章 2. 成文日期（阿拉伯数字）	发文机关署名（加盖印章） ××××年××月××日
附注：	（联系人姓名、电话）

（三）请示各部分的格式、内容和写法要求

1. 标题 由发文机关名称、事由和文种构成。

2. 主送机关 请示的主送机关是指负责受理和答复该文件的机关，应当使用机关全称、规范化简称或者同类型机关统称。如各省、自治区、直辖市人民政府，国务院各部门、各直属机构。每件请示原则上只写一个主送机关，不能多头主送。

3. 正文 其结构一般由缘由、事项、结语组成。

（1）请示的缘由 即请示的理由或根据。这部分内容要求：实事求是，有理有据，说明充分，条理清楚，开门见山。比较复杂的缘由必须写明必要的事实和数据，原因讲得客观、具体，理由讲得合理、充分，上级机关才好及时决断，予以有针对性的批复。

（2）请示事项 即向上级机关提出的给予或指示或批准或支持和帮助的具体内容，也是陈述缘由的目的所在。要求事项具体，有可行性，有可操作性，内容要单一，只宜请求一件事。如果内容比较复杂，则分条列项写。用语要明确、得体，不能含糊其辞。

（3）请示结语 应另起段，习惯用语一般有“特此请示，请予批准”“当否，请批示”“妥否，请批复”“以上请示，请予审批”“以上请示如无不妥，请批转各地区、各部门研究执行”等。请示结尾绝不能缺少以上类型的惯用语。结语不能写成“妥否，请批准”。

4. 落款 正文结束，在右下方署名署时并盖公章。成文时间用阿拉伯数字标识，年、月、日俱全。

五、请示的写作技能要求

（一）一文一事

撰写请示，只能一文一事，不可一文数事。

（二）单头主送

请示只能主送给一个直接的上级领导机关或者主管部门，不能主送给两个以上的领导机关。受双

重领导的机关向上级机关行文，应当写明主送机关和抄送机关，由主送机关负责答复其请示事项。

（三）不越级请示，不送领导个人，不抄送下级

请示一般情况下不能越级请示。如果因特殊情况或紧急事项必须越级请示时，要同时抄送越过的直接上级机关；请示一般不直接送领导个人，个别领导直接交办的事项除外；请示行文时不得同时抄送下级。

（四）应有附注

请示应标明附注，附注应写明联系人姓名与电话号码，联系人一般是发文单位的办公厅（室）主任。

【例文】

××县中医医院

关于增加编制床位的请示

（标题：由发文机关名称、事由和文种三要素构成）

××县卫健委：

（请示的主送单位只能一个）

××县中医医院成立于1980年，目前病床编制数160张，经常出现住院病人总数超过医院实际床位的情况，部分科室长期处于病人候床、加床住院现象，影响了医院救治患者的质量和效率，床位短缺的矛盾亟待解决。

（请示的理由客观、充分）

为医院长远发展，改善我县中医医疗救助条件，提升中医药在防病治病中的地位，提高医院综合服务水平，缓解群众看病难、看病贵的问题，促进我县卫生事业及中医药事业的发展，打破制约医院发展瓶颈。特申请增加我院床位编制数，在原有核定160张的基础上增加225张，使床位编制总数达到385张。

（请示事项具体、明确）

（这是一篇请求批准的请示，有理有据，表达清晰）

当否，请批示。

（使用规范的结束语）

××县中医医院

20××年3月26日

（署名并加盖印章，成文时间用阿拉伯数字标识，年、月、日俱全）

批　复

情境导入

情境：小刘实习的医院床位紧缺，欲向上级请示增加编制床位。上级主管部门是县卫健委，县卫健委又向省卫健委请示，省卫健委给予批复，同意该医院增加编制床位。

思考：1. 批复有什么特点？

2. 批复有什么写作要求？

知识要点

一、批复的概念

批复是答复下级机关的请示事项时使用的文种，是用于答复下级机关请示事项的公文。它是机关应用写作活动中的一种常用公务文书。

二、批复的特点

（一）行文具有被动性

批复的写作以下级的请示为前提，它是专门用于答复下级机关请示事项的公文，先有上报的请示，后有下发的批复，一来一往，被动行文，这一点与其他公文有所不同。

（二）内容具有针对性

批复要针对请示事项表明是否同意或是否可行的态度，批复事项必须针对请示内容来答复，而不能另找与请示内容不相关的话题。因此批复的内容必须明确、简洁，以利下级机关贯彻执行。

（三）效用的权威性

批复表示的是上级机关的结论性意见，下级机关对上级机关的答复必须认真贯彻执行，不得违背，批复的效用在这方面类似命令、决定，带有很强的权威性。

（四）态度的明确性

批复的内容要具体明确，不能有模棱两可的语言，使得请示单位不知道如何处理。

三、批复的分类

根据批复的内容和性质不同，可以分为审批事项批复、审批法规批复和阐述政策批复等三种。

四、批复的构成要素及格式模板

（一）构成要素

批复一般由标题、主送机关、正文和落款四部分构成。

（二）格式模板

构成要素	模板
标题：由发文机关、事由、文种构成	×××关于××××××××的批复
主送机关：报送请示的下级机关 **正文**： 1. 批复引语 2. 批复意见 3. 批复要求 4. 批复结语	××××： ××××××××××××××××××。 ××××××××××××××××××××。 ××××××××××××××××××××。 特此批复。
落款： 1. 署名、印章 2. 成文日期（阿拉伯数字）	发文机关署名（加盖印章） ××××年××月××日

（三）批复各部分的格式、内容和写法要求

1. 标题 由发文机关名称、事由和文种构成。在事由中一般将下级机关及请示的事由和问题写进去。

2. 主送机关 主送机关一般只有一个，是报送请示的下级机关。其位置同一般行政公文，写于标题之下，正文之前，左起顶格。批复不能越级行文，当所请示的机关不能答复下级机关的问题而需要向更上一级机关转报“请示”时，更上一级机关所作批复的主送机关不应是原请示机关，而是“转报机关”，如果批复的内容同时涉及其他的机关和单位，则要采用抄送的形式送达。

3. 正文 正文包括批复引语、批复意见和批复要求三部分。批复引语要点出批复对象，一般称收到某文，或某文收悉。要写明是对于何时、何号、关于何事的请示的答复，时间和文号可省略。

批复意见是针对请示中提出的问题所作的答复和指示，意思要明确，语气要适当，什么同意，什么不同意，为什么某些条款不同意，注意事项等都要写清楚。批复要求（可以单独算作结尾），是从上级机关的角度提出的一些补充性意见，或是表明希望、提出号召。如果同意，可写要求；不同意，亦可提供其他解决办法。

4. 落款 正文结束，在右下方署名署时并盖公章。成文时间用阿拉伯数字标识，年、月、日俱全。

五、批复的写作技能要求

（一）依法及时

批复既是上级机关指示性、政策性较强的公文，又是对下级单位请求指示、批准的答复性公文，因此，撰写批复要慎重及时，根据现行政策法规及办事准则，及时给予答复。

撰写时，不管同意与否，批复意见必须十分清楚明白，态度明朗。不能含糊其辞，模棱两可，以免下级无所适从。

（二）一文一批复

批复必须有针对性的一文一批复，请示要求解决什么问题，批复就答复什么问题。

从既有的批复定义和使用实际看，批复是“答复下级机关请示事项”时使用的文种。上级行政机关面对请示，要看是否有必要“批复”。依法行政讲究职权法定，每个行政机关都有独立的法定职责，对于应当由下级机关“依法独立行使职权”并独立承担责任的事项，虽有请示也不应批复（即使需要指导也应采用其他方式）。这便于明晰职权，分清责任，推进依法行政，同时也可以避免文牍主义，提高行政效率。

【例文】

淮南市卫生健康委员会

关于同意淮南阳光医院增加床位的批复

（标题：由发文机关名称、事由和文种三要素构成）

田家庵区卫生健康委：

（主送给报送请示的下级机关）

你委《关于淮南阳光医院增设床位的申请报告》（田卫健〔20××〕19号）文件收悉。根据

《医疗机构管理条例》及有关文件规定，经实地核查并研究，同意该院编制床位增加到102张。

望你委督促该院，按照《安徽省医疗机构基本标准（试行）》《安徽省二级综合医院评审标准》，继续加强管理，不断提高医疗质量和服务水平，为广大患者提供更加优质的医疗服务。

（批复的意见清楚明白）

此复。（结语规范）

淮南市卫生健康委员会

20××年12月3日

（署名署时并盖公章。成文时间用阿拉伯数字标识，年、月、日俱全）

知识链接

申请书

1. 申请书的概念　申请书是个人、单位、集体向组织、领导提出请求，要求批准或帮助解决问题的专用书信。

2. 申请书的格式与写作

（1）标题　有两种写法，一是直接写“申请书”，另一是在“申请书”前加上内容，如“入党申请书”一般采用第二种。居中写作。

（2）称谓　顶格写明接受申请书的单位、组织或有关领导。为了表示尊敬，可在组织或领导前加上“尊敬的”。

（3）正文　正文部分是申请书的主体，首先提出要求，其次说明理由。理由要写得客观、充分，事项要写得清楚、简洁。

（4）结尾　写明惯用语“特此申请”“恳请领导帮助解决”“希望领导研究批准”等，也可用“此致”“敬礼”礼貌用语。

（5）落款　个人申请写明申请者姓名，单位申请写明单位名称并加盖公章，注明日期。

第四节　报　告

PPT

情境导入

情境：小刘的同学，被分配到医药连锁公司实习，市药品监督管理部门对该公司开展了GSP认证检查，从检查情况看，该公司药品的采购、验收、陈列、储存、销售管理等基本符合规范要求，但也存在操作规程制定不符合要求、软件操作不熟练等问题。针对存在的问题，该公司查漏补缺，做了大量工作，并准备将整改情况汇总后上报市药品监督管理部门。

思考：1. 你知道该采用什么文种上报吗？

2. 请示与报告的区别是什么？

知识要点

一、报告的概念

报告是向上级机关或业务主管部门汇报工作、反映情况、提出意见和建议、答复咨询、报送材料等使用的公文文种。

报告是一种上行文，是下级向上级反馈信息、沟通联系的一种重要形式。

下级利用报告及时向上级反映工作情况，可以取得上级的指导、帮助；同时上级也可以通过报告，及时了解下级的情况，以便制定正确的方针、政策，实行科学的领导，从而切实指导下级的工作。

二、报告的特点

（一）汇报性

凡报告都是下级机关向上级机关或业务主管部门汇报工作，一般都是将做过的事情报告给上级，让上级掌握基本情况，以利于心中有数或对工作进行指导。所以，汇报性是报告的一大特点，这是报告同请示的根本区别。这一特征决定了报告一般事后行文。

（二）陈述性

因为报告具有汇报性，是向上级讲述做了什么工作，这项工作是怎样做的，有些什么情况、经验体会、存在问题和今后打算等，所以在行文上一般都用叙述的笔法，即向上级机关或业务主管部门陈述其事，而不是像请示那样祈使、请求。

（三）单向性

报告属于典型的上行文，不需要接受单位批复。

三、报告的分类

常用报告分为以下 3 种类型。

（一）综合报告

综合报告指全面汇报本机关工作情况，可以和总结工作、计划安排结合起来。要有分析、有综合、有新意、有重点。

（二）专题报告

专题报告指向上级反映本机关的某项工作、某个问题，某一方面的情况，要求上级对此有所了解的报告。所写的报告要迅速、及时，一事一报。呈报、呈转要分清写明。

（三）例行报告

例行报告有日报、周报、旬报、月报、季报、年报等。例行报告不能变成“例行公事”，而要随着工作的进展，反映新情况、新问题，写出新意。

四、报告的构成要素及格式模板

（一）构成要素

报告包括标题、主送机关、正文和落款四个部分。

（二）格式模板

构成要素	模板
标题：由发文机关、事由、文种构成	×××关于××××××××的报告
主送机关：上级机关 正文： 1. 报告内容 2. 报告结语	××××： ××，××××××××××××××××××××。 特此报告。
落款： 1. 署名、印章 2. 成文日期（阿拉伯数字）	发文机关署名（加盖印章） ××××年××月××日

（三）报告各部分的格式、内容和写法要求

1. 标题　由发文机关名称、事由和文种组成。

2. 主送机关　一般是发文机关的直属上级机关。

3. 正文

（1）报告缘由　主要交代报告的起因、理由或注明目的、意义等，是正文的开头。

（2）报告事项　即正文的主体内容，如基本情况、措施与办法、成效与问题或者是经验与教训、意见与建议、打算与设想等。

（3）报告尾语　报告往往以“特此报告”或“以上报告如有不妥，请指正”等语作结。

4. 落款　正文结束，在右下方署名署时并盖公章。成文时间用阿拉伯数字标识，年、月、日俱全。

五、报告的写作技能要求

（一）实事求是

如实汇报成绩或反映问题，有喜报喜，有忧报忧，不可隐瞒浮夸，经验概括切忌牵强。

（二）突出重点

要根据报告的目的来确立内容，就事论事，重点突出。

（三）语言平实

要突出陈述性，平实、准确、清楚地汇报或反映问题。

（四）报告中易犯的毛病

事实不具体，言之无物；表述不清晰，缺乏对材料的认真组织与安排；综合性报告常犯堆砌材料的毛病，重点不突出；例行报告往往千篇一律，写不出新意来；有时在报告中带请示内容。文种使用混乱，以报告代替请示，以报告代替函。

【例文】

××市××药店

关于GSP认证现场检查不合格项目的整改报告

（标题：由发文机关名称、事由和文种三要素构成）

××市市场监督管理局：

（报告的主送机关只能一个）

你局检查员于20××年2月10日对我店GSP认证实施检查，检查结束后，我店立即组织店员对存在的问题进行原因分析，并及时进行整改，现将整改情况汇报如下。

1. 部分岗位执行人员，对制度掌握不够，考核制度不完善。存在此项问题的原因主要是专职质量管理人员对企业药品的质量管理制度理解的不深不透，对各项质量管理制度的考核流于形式。以后，我店要加大人员对质量管理制度的理解，强化药店对质量管理制度的考核。（6003）

2. 部分首营企业未经过质量审核。存在此项问题的原因主要是专职质量管理人员对首营企业的概念的不够透彻，将首营企业与首营品种混为一谈。检查结束后，我店组织各岗位人员重新进行了学习，并补正了相关档案资料。（6004）

3. 企业相关人员未收集和分析药品质量信息。存在此项问题主要是药店专职质量管理人员履行职责不到位，对收集药品质量信息的意义不理解。针对此项问题，药店要严格执行岗位职责，多方位、多角度收集药品质量信息，并及时进行分析处理。（6011）

4. 药品采购中购货合同不完善，无企业法人签字。存在此项问题主要是相关岗位人员对签订购货合同的目的、意义不理解，合同签订流于形式。针对此项问题，我店对所有的购货合同重新进行了审验、签订。（7003）

5. 陈列的部分药品未按品种、规格、剂型或用途分类整齐摆放。存在此项问题主要是药店营业员对药品分类陈列的意义理解得不深，在陈列药品时，没有严格按剂型进行分类。以后，药店要做到陈列药品的货柜清洁、卫生，个人物品不能放在柜台内，药品陈列要分类规范、科学摆放、位置合理。（7713）

6. 营业员对药品管理法律法规的基本常识不够了解。针对此项问题，我店结合实际，重新制订了学习计划，组织药店全体员工学习药品管理法律法规知识，并建立了长期学习制度。（8001）

7. 无医师开具的处方销售部分处方药。存在此项问题有主客观原因，主观原因主要是药店营业员对随意销售处方药产生的危害不理解，在销售处方药时没有主动向顾客索要处方；客观原因是人民群众对药物滥用产生的危害认识不到位，有时无医师开具的处方就到药店购买处方药。针对此项问题，药店要加强对处方药的管理，做好对顾客的说服工作，要做到处方药凭处方销售或做好处方药销售审核记录。（8107）

（报告内容翔实、客观）

特此报告。

（使用规范的结束语）

××市××药店
20××年2月16日

（署名署时并盖公章。成文时间用阿拉伯数字标识，年、月、日俱全）

知识链接

请示与报告的区别 微课

请示、报告，从行文方向上看，都是上行公文，撰写中都要注意陈词恳切，语气谦恭，有近似的一面，但它们又有明显的区别。

1. 所担负的任务、使命不同 请示要求批复，报告一般不做批复。

2. 使用时间不同 请示要事前行文，一般情况下不得“先斩后奏”；报告通常是在事后或事情进行中行文。

3. 内容繁简不同 请示的公文一般应一文一事，而报告中综合性报告，内容往往涉及许多方面。

目前，一些地区和部门在报告和请示的使用上把握的不够准确，常常把请示写成报告，或在报告中夹带请示事项，有的标题就写成“请示报告”，类似这类现象，必须予以纠正。

PPT

第五节　函、纪要

函

情境导入

情境： 为了使中药专业的学生了解制药生产概况，将课堂所学知识与生产实际联系，增强学生对基础理论的了解，加深对制药事业的认识，学校拟派药物制剂专业学生前往药企进行制药工艺现场观摩，需要提前给药企发一封公函，带队老师让小刘试拟这份公函。

思考： 1. 为什么要用公函这种文种？

2. 写作公函的要求是什么？

知识要点

一、函的概念

函是平级或不相隶属机关之间使用的一种平行性公文，用于洽谈工作、询问答复、请求批准和回复审批事项等。

二、函的特点

（一）平等性和沟通性

函体现着双方平等沟通的关系，这是其他所有的上行文和下行文所不具备的特点。即使是向有关上级部门请求批准，在双方不是隶属关系的时候，也不能使用请示和批复，只能用函，姿态、措辞、口气也要体现平等性和沟通性的特点。

（二）灵活性和广泛性

函对发文机关的资格要求很宽松，高层机关、基层单位、党政机关、社会团体、企事业单位均可发函。函的内容和格式也比较灵活，运用得十分广泛。

（三）单一性和实用性

函的内容必须单一，一份函只能写一件事项。函不需要在原则、意义上进行过多的阐述，不重务虚重务实。

三、函的分类

1. 按性质分类　可以分为公函和便函两种。公函用于机关单位正式的公务活动往来；便函则用于日常事务性工作的处理。便函不属于正式公文，没有公文格式要求，甚至可以不要标题，不用发文字号，只需要在尾部署上机关单位名称、成文时间并加盖公章即可。

2. 按发文目的分类 可以分为发函和复函两种。发函即主动提出了公事事项所发出的函。复函则是为回复对方所发出的函。

3. 从内容和用途分类 还可以分为商洽事宜函、通知事宜函、催办事宜函、邀请函、请示答复事宜函、转办函、催办函、报送材料函等。

四、函的构成要素及格式模板

（一）构成要素

公函由标题、主送机关、正文和落款四部分组成。

（二）格式模板

构成要素	模板
标题：由发文机关、事由、文种构成	×××关于××××××××的函
主送机关：收函单位 **正文**： 1. 说明函的原因 2. 陈述函的事项 3. 函的结语	××××： ××××××××××××××××××××××××。 ××××××××××××××××××××××××。 望复函。
落款： 1. 署名、印章 2. 成文日期（阿拉伯数字）	发文机关署名（加盖印章） ××××年××月××日

（三）函各部分的格式、内容和写法要求

1. 标题 由发文机关名称、事由和文种构成。

2. 主送机关 即受文并办理来函事项的机关单位，于文首顶格写明全称或者规范化简称，其后用冒号。

3. 正文 其结构一般由开头、主体、结尾、结语等部分组成。

（1）开头 主要说明发函的缘由。一般要求概括交代发函的目的、根据、原因等内容，然后用“现将有关问题说明如下”或“现将有关事项函复如下”等过渡语转入下文。复函的缘由部分，一般首先引叙来文的标题、发文字号，然后再交代根据，以说明发文的缘由。

（2）主体 这是函的核心内容部分，主要说明致函事项。函的事项部分内容单一，一函一事，行文要直陈其事。无论是商洽工作，询问和答复问题，还是向有关主管部门请求批准事项等，都要用简洁得体的语言把需要告诉对方的问题、意见叙写清楚。如果属于复函，还要注意答复事项的针对性和明确性。

（3）结尾 一般用礼貌性语言向对方提出希望。或请对方协助解决某一问题，或请对方及时复函，或请对方提出意见或请主管部门批准等。

（4）结语 通常应根据函询、函告、函商或函复的事项，选择运用不同的结束语。如“特此函询（商）”“请即复函”“特此函告”“特此函复”等。有的函也可以不用结束语，如属便函，可以像普通信件一样，使用“此致”“敬礼”。

4. 落款 正文结束，在右下方署名署时并盖公章。成文时间用阿拉伯数字标识，年、月、日俱全。

五、函的写作技能要求

（一）一事一函

询问、答复、商洽不能够混合在一则函里，要一事一函。

（二）开门见山

无论何种函项，开门见山，表述清楚即可。复函要注意行文的针对性，答复的明确性。

（三）语气得体

无论是平行机关还是不相隶属机关的行文，都要注意语气平和有礼，不要倚势压人或强人所难，也不必逢迎恭维、曲意客套。

（四）有时效性

特别是复函更应该迅速、及时。及时处理函件，以保证公务等活动的正常进行。

【例文】

××中医药高等专科学校

关于学生参观 GMP 车间的函

（标题：由发文机关名称、事由和文种三要素构成）

××药业有限公司：

（主送机关）

为了提高学生对现代医药企业的认识，加强现场教学，根据教学需要，我校药物制剂专业 70 名同学需进行制药工艺梳理现场观摩。贵公司生产管理规范，技术设备先进，是我省著名的医药生产企业。故拟派学生前往观摩，时间为半天，学校专车接送。具体时间，由你们安排。望给予支持和接洽。

（正文　先提出安排参观的原因，然后询问能否接洽）

望复函。

××中医药高等专科学校

20××年 2 月 12 日

（署名并加盖印章，成文时间用阿拉伯数字标识，年、月、日俱全）

纪　要

情境导入

情境：小刘在医药公司实习，该公司召开中草药材基地种植计划工作会议，对近两年药材基地建设的实际情况进行了分析与总结，初步确定了药材基地的重点推广品种、计划种植面积与场地，并对百药示范园种植品种总体设想进行了研讨。会后，公司让小刘迅速整理一份纪要，提交公司秘书审核后，送交董事长及公司其他领导。

思考：1. 纪要有什么特点？

2. 纪要应该如何写？

知识要点

一、纪要的概念

纪要是党政机关、社会团体、企事业单位用来记载和传达会议基本情况、主要精神和议定事项的一种会议公文，是根据会议的主导思想和会议记录，对会议的重要内容、决定事项进行整理综合、概括而形成的一种具有纪实性、指导性的公文。纪要适用于一些大中型的、比较重要的会议。

二、纪要的特点

（一）内容的纪实性

纪要必须是会议宗旨、基本精神和所议定事项的概要纪实，不能随意增减和更改内容，任何不真实的材料都不得写进纪要。

（二）表达的要点性

纪要必须精其髓，概其要，以极为简洁精炼的文字高度概括会议的内容和结论。既要反映与会者的一致意见，又可兼顾个别同志有价值的看法。有的纪要，还要有一定的分析说理。纪要要对会议精神和议定事项分类别、分层次予以归纳、概括，使之眉目清晰、条理清楚。

（三）称谓的特殊性

纪要一般采用第三人称写法。由于纪要反映的是与会人员的集体意志和意向，常以“会议”作为表述主体，“会议认为”“会议指出”“会议决定”“会议要求”“会议号召”等就是称谓特殊性的表现。

三、纪要的分类

（一）工作纪要

侧重于记录贯彻有关工作方针、政策，及其相应要解决的问题，如《全省基本建设工作纪要》。

（二）办公纪要

对本单位或本系统有关工作问题的讨论、商定、研究、决议的文字记录，以备查考。

（三）座谈纪要

内容比较单一、集中，侧重于工作的、思想的、理论的、学习的某一个问题或某一方面问题，如《十省区、十个路局整顿治安座谈会纪要》。

（四）联席纪要

指不同单位、团体，为了解决彼此有关的问题而联合举行会议，在此种会议上形成的纪要。它侧重于记录两边达成的共同协议。

（五）代表纪要

侧重于记录会议议程和通过的决议，以及今后工作的建议。

（六）汇报纪要

侧重于汇报前一段工作情况，研究下一步工作，经常是为召开工作会议进行的准备会议。

四、纪要的构成要素及格式模板

（一）构成要素

纪要通常由标题、正文、参会人员情况三部分构成。

（二）格式模板

构成要素	模板
标题：由单位名称、会议名称、文种构成	××××××××纪要
正文： 会议概况 会议基本精神 结尾（可以不写）	××××××××××××××××××。 ××××××××××××××××××。 ××××××××××××××××××。
参会人员情况：	出席：×××××、×××、×××××、×××、××××××、××× 请假：××××××、××× 列席：××××××、×××

（三）纪要各部分的格式、内容和写法要求

1. 纪要的标题有两种构成方式

（1）由发文机关名称、事由和文种组成，如《××市医药行业协会与药监局座谈会纪要》。

（2）由正副标题组成，如《以人为本，切实加强药品质量的监督管理——××省药品质量监督管理工作纪要》。

2. 正文

（1）会议概况　包括会议召开的时间、地点、主持人、参加人员、议题等。

（2）会议基本精神　可以根据会议内容采用归纳的方法，分成若干个问题加以分述。每个议题，可依听取汇报（或报告）、讨论、决定的顺序去写。这部分是纪要的主体，要写得完整、清楚。可以适当写些对会议精神的贯彻执行要求或号召，也可不写。

（3）参会人员情况　参会人员情况包括出席人、请假人、列席人的单位、姓名。在正文或附件说明下空一行，左空二字分行列出“出席”“请假”“列席”人单位、姓名，回行时与冒号后的首字对齐。

五、纪要的写作技能要求

（一）坚持实事求是

纪要是根据会议的宗旨、议程、决议等整理而成的公文，它是对会议基本情况的纪实。纪要的撰写者，不能更动会议议定的事项，更不能随意改动会议上达成的共识和形成的决定。除此之外，撰写者也不能对会议内容进行评论。总之，纪要必须忠实反映会议的基本情况，传达会议议定的事项和形成的决议。

（二）综合会议精神

纪要是一种记录性文件，具体写作要求根据会议的性质而定。一般地讲，要抓住中心、突出重点，善于综合、归纳，条理要很清楚。

（三）突出会议重点

一个会议主要解决的问题，就是会议的中心。“纪要”要突出这个中心，与会议议题中心较远而又很有价值的材料和意见，可以用其他形式如会议简报、专题报告等向有关部门反映；有些问题，似乎不是会议中心，但却是解决问题的先决条件、有关事项，或是会议权限之内所应涉及的，也要写进纪要。

【例文】

中华中医药学会

20××年全国中医药学会工作会议纪要

（标题：单位名称、会议名称和文种三要素构成）

20××年4月16日，全国中医药学会工作会议在北京召开。来自全国各地专科分会的主任委员、秘书长，地方学会会长、副会长、秘书长及学会主管系列期刊主要负责人共计260余人参加了会议。×××等出席了会议。会议由××主持。现纪要如下：

一、汇报中华中医药学会20××年工作总结及20××年工作要点

×××从党建强会、提能承能、品牌建设、服务大局、能力提升、学术发展、培育精品期刊七方面全面地汇报了20××年的工作，并从发挥学会优势、服务服从发展大局，实施品牌战略、引导学术传承创新，重视人才培养、全面提高队伍素质，加强标准建设、促进学科发展，深化交流合作、促进学会多元发展，助力“一带一路”战略、扩大国际交流合作，加强信息化建设、发挥“互联网+”优势，积极承能提能、拓展学会服务领域，加强组织建设、提升综合服务能力多方位展望20××年工作。

二、听取××重要讲话

×××的讲话肯定了学会过去一年所做的工作，认为过去一年来，各级中医药学会组织紧紧围绕中医药工作大局，日常工作稳中有提升，重点工作创新有亮点。在工作中，学会贯彻落实中央精神行动迅速、服务中心工作成效显著、深化自身建设持续推进等方面取得了令人满意的成绩，并在讲话中指出新的历史时期，学会工作面临着前所未有的有利机遇，要认清发展形势，不断明确新时期学会工作的思路，加强政治引领，切实担起团结凝聚中医药科技工作者的政治责任，深化内部改革，着力提升学会治理能力，创新工作机制，着力在推动中医药振兴发展中有所作为。

三、学习中国科协学会学术部领导专题报告

……

四、介绍中华中医药学会秘书处有关部室工作

1. 加强分支机构管理，推进规范化办会

……

2. 增强学会服务能力，加快信息化管理进程

……

3. 创新驱动学会发展，完善学会发展模式

……

五、交流学会工作经验

……

（正文　纪要的主体，写明会议主要内容）

最后，由×××总结本次会议，指出本次会议得到科协领导及国家中医药管理局领导重视，与会专家的支持，会风良好，会议内容丰富详实，参会代表反映良好，会议完成了目标，达到了预期的目的，取得了圆满成功。

（结尾　对会议进行了总结）

知识链接

会议记录

会议记录是当事人记录会议情况以供备查的一种文体。一般会议记录包括两部分：一部分是会议的组织情况，要求写明会议名称、时间、地点、出席人数、缺席人数、列席人数、主持人、记录人等。另一部分是会议的内容，要求写明发言、决议、问题。这是会议记录的核心部分。对于发言的内容，一是详细具体地记录，尽量记录原话，主要用于比较重要的会议和重要的发言。二是摘要性记录，只记录会议要点和中心内容，多用于一般性会议。会议结束，记录完毕，要另起一行写“散会”二字，如中途休会，要写明“休会”字样。

会议记录与纪要的主要区别是：①性质不同，会议记录是讨论发言的实录，属事务文书。纪要只记要点，是法定行政公文。②功能不同，会议记录一般不公开，无须传达或传阅，只作资料存档；纪要通常要在一定范围内传达或传阅，要求贯彻执行。

目标检测

答案解析

一、单项选择题

1. 下列公文中适用范围最广的文体是（　）。

A. 公告　　B. 通知

C. 报告　　D. 请示

2. ××医药公司要表彰工作业绩突出的营销人员，应选用的公文是（　）。

A. 通报　　B. 通知

C. 公告　　D. 布告

3. 公文的附件应（　）。

A. 只写名称　　B. 可写名称

C. 只写件数　　D. 写清具体名称和附件顺序

4. 纪要的成文日期应以（　）为准。

A. 会议通过日期或签发日期　　B. 会议开始日期

C. 会议结束日期　　D. 撰写日期

5. 在公文中正确标明文种，主要是为了（　）。

A. 规范格式　　B. 突出主旨

C. 维护公文的权威性和有效性　　D. 便于阅读和执行

二、多项选择题

1. 写请示应避免（　）。

A. 内容单一　　B. 多头主送　　C. 越级请示

D. 抄送下级机关　　E. 逐级请示

2. 报告可用于（　）。

A. 汇报工作　　B. 请求批准　　C. 提出建议

D. 答复上级询问　　E. 反映情况

三、改错题

指出下列公文文稿的错误之处，并根据公文写作与处理的要求，改写为一份正确的公文。

请示

因工作需要，我县急需购买小轿车一辆，请批准调拨经费××××× 元。另：我县尚缺专业对口技术人员××名，请在制定明年人员编制时一并考虑。上述意见与要求如无不妥，请批复。

此致

敬礼

××县人民政府

××年××月

四、写作题

××省教育委员会于20××年6月6日收到了一份关于××大学设立开设管理文秘专业的请示，现对此撰写一份批复。

书网融合……

重点小结　　微课　　习题

第四章　常用事务文书写作

第一节　条据、启事

PPT

学习目标

知识目标： 通过本章的学习，掌握撰写计划、总结、简报、合同、规章制度的结构和技能要求；熟悉撰写条据、启事、计划、总结、简报、合同的的基本内容和结构；了解启事、规章制度的概念、用途、特点和计划、总结、简报、合同对工作的重要性。

能力目标： 能正确书写常用条据、启事，掌握条据、启事的“零、壹、贰、叁、肆、伍、陆、柒、捌、玖、拾、佰”等特定字词；能从格式、内容、语句上辨别计划、总结、简报、合同、规章制度的正误；能根据工作需要写作规范的计划、总结、简报、合同、规章制度。

素质目标： 树立文明和谐的社会主义核心价值观和正确的职业观；培养人文精神，传承中华优秀传统文化，学会感恩。

条　据

情境导入

情境： ××医学院20××级药学专业1班的张珊，早晨起床后发现自己发烧、咳嗽，实在无法坚持到校上课，经医院诊断为甲流，需卧床休息，她想向辅导员李老师请假一天。由于看病所带的钱不够，她又向陪同自己前往医院的室友王梧借了500元钱，打算一周内归还。于是张珊写了一份请假条给辅导员李老师，又写了一份借条给王梧。

思考： 你知道规范的请假条和借条应该怎样写吗？

知识要点

一、条据的概念

人们在日常的工作和生活中常常需要使用一些书面凭据方便办事，这些凭据内容简短但重要，常以一张字条的形式存在，被统称为条据，它是日常生活中最常见而又最简便的应用文。常用的条据有请假条、留言条、收条、借条、领条等。

二、条据的特点

（一）说明性

条据内容涉及钱物的名称、用途、时间、数目、去向等重要信息，或是对有关事项具有说明事实的性质，其语言要遵守说明文语言的规范，做到清晰明白。

（二）凭证性

条据的主要功能就是凭证作用，如借条、收条等，可以作为钱物借还的重要凭据，应该善加保管以供日后核对，有些重要的条据甚至应当作为档案保存。

（三）简便性

条据一般在熟悉的人员之间或是单位内部经常性的事务流程中使用，命名为“条”就明确了这是一种内容简短、使用灵便、文小功能大的文种。

三、条据的分类

根据内容和性质可以分为两类。

（一）说明类条据

说明类条据，又称便条。说明类条据主要用作告知某项信息、说明某件事情，一般不具有法律效力，如留言条、便条、请假条。

（二）凭证类条据

凭证类条据，又称单据。凭证类条据用作证据、凭证，具有法律效力，如收条、领条、借条、欠条、代收条。

四、条据的构成要素及格式模板

（一）构成要素

条据的结构形式包括标题、称谓、正文、结尾和落款。

（二）格式模板

构成要素	模板 1（说明类条据）
标题：写在第一行正中 **称谓：**收条人的姓名和称呼 **正文：**写明要告知、说明的事项 **结束语：**致敬语，一般写“此致”“敬礼” **落款：**1. 署名或印章 2. 成文日期（阿拉伯数字）	××条 ________： 　　______________________________ ______________________。 　　此致 敬礼！ 署名（印章） ××××年××月××日

构成要素	模板 2（凭证类条据）
标题：第一行正中写“借条”“收条”“欠条”等，指明性质。 **正文：**写明对方名称或姓名以及涉及的钱、物的名称、数量、金额（大写）等。 **结尾：**一般用“此据” **落款：**1. 署名为立据人姓名或单位名称，单位需加盖印章 2. 成文日期（阿拉伯数字）	借（收、领）条 　　今借（收、领）到________________。 　　此据。 署名（印章） ××××年××月××日

（三）条据各部分的格式、内容和写法要求

1. 说明类条据

（1）标题　在第一行的中间写上“请假条”“留言条”等字样，以表明便条的性质。

（2）称谓　在第二行顶格写收条人的姓名。姓名后加称呼，如“老师”“同志”等，其后用冒号。

（3）正文　内容由条据的性质来决定，如果是写请假条就要写明请假原因及起讫时间；如果是写留言条就要把有关的事情、时间、地点写清楚；如果是托事条就要把托谁，为什么事及要求一一写清楚。

（4）结尾　另起一行空两格写“此致”，另起一行顶格写“敬礼”。

（5）落款　在结尾下一行右方署名，其下写日期。

2. 凭证类条据

（1）标题　在第一行的中间写上“借条”“收条”等字样，以表明便条的性质。

（2）正文　在单据名称的下一行空两格写正文。单据开头有较为固定的惯用语，一般写“今借到”“今收到”“今领到”等。然后写对方名称或姓名。涉及的钱、物的数量、金额要大写，钱的数字末尾要加一个“整”字。数字若写错，改正后必须在改动过的地方盖章，或重写一张。

（3）结尾　正文写完后可以紧接着写上“此据”二字，也可以另起一行空两格写。

（4）落款　在结尾下一行右下方写上立据人的姓名，如是单位，除写明单位名称外，还应写明经办人的姓名，表明对单据内容负责。署名下写日期。

五、条据的写作技能要求

1. 说明类条据具有较强的礼仪规范，措辞要谦恭、礼貌。写请假条时，请假的理由要充分且符合有关规章制度；写留言条时，一般不用标题，也不必写颂语；写托事条时，要注意所托之事必须是对方比较容易办到的，不要强人所难。

2. 在写凭证条据时，要注意以下几点。

（1）钱和物的数目字要大写，要与前面的字紧相连，不能有空格，总数目如果在拾和贰拾之间等，要写为壹拾元（个、件）、壹拾叁万元（个、件）等。

（2）数字后面要写量词，如“元”“个”“双”“斤”等，“元”“角”之后，应写“整”或“正”字，以防涂改，但在“分”后面切记不写“整”或“正”字。

（3）条据最好不要涂改，如果确实需要改动，必须在改正后的地方加盖当事人双方的图章或手印。

【例文1】

请假条

（标题：由文种构成）

李老师：

今天早晨我发烧咳嗽，上午去附属医院看病，诊断为甲流，医生建议卧床休息，特请假一天，请予批准。

（正文写明请假的原因及时间，简洁明了）

此致

敬礼！

20××级药学1班 张珊
20××年10月6日

（请假人及请假时间明确）

【例文 2】

张珊：

（留言条一般不写标题，直接写明具体行文对象）

上次你找我借的《最新实用药物手册》今日给你送来，不巧你不在。现将手册放在你桌上，请查收。

（正文写明留言原因，表述清楚留言内容）

赵陆

20××年 8 月 6 日

【例文 3】

借 条

（第一行正中写明“借条”）

今借到王梧人民币伍佰元整，用于看病买药，于一周内归还。

此据。

（正文写明所借币种、金额及归还日期。金额大写，内容清楚完整）

借款人：张珊

20××年 8 月 6 日

【例文 4】

收 条

（第一行正中写明“收条”）

今收到临床医学系捐赠各类书籍陆佰捌拾册。

此据。

（正文内容清楚完整，数量明确具体）

××医学院工会

经手人：章知礼

20××年 8 月 12 日

（落款写明单位名称，明确指出具体承办人。严谨细致）

【例文 5】

领 条

（第一行正中写明“领条”）

今领到学校实验实训中心发给 2023 级检验 1 班浅绿色春秋季工作服叁拾伍套。

此据。

（正文写明领取的物品名称及数量）

20××级检验 1 班

经手人：何志远

20××年 3 月 6 日

【例文 6】

欠 条

（第一行正中写明“欠条”）

今应向××医学院实验实训中心发放浅绿色春秋季工作服叁仟柒佰陆拾套，因仓储供应不足，实际发放贰仟伍佰套，所欠壹仟贰佰陆拾套工作服约定于 2024 年 4 月 1 日前交付，逾期不交付，××

医学院将永久享有追讨权及向人民法院诉讼追讨的权利。

此据。

（欠条在法律上属于债权凭证，其能够证明双方之间存在债权债务关系，正文写明原应发放物品数量、已发放数量及尚欠数量，最后写清交付日期及如果逾期不交付的后果责任，内容清楚完整，体现了出具方的交付诚意。）

××贸易有限公司
经手人：郑守信
20××年3月6日

启　事

情境导入

情境：××医学院20××级药学专业1班的张珊不慎于20××年3月16日下午在校门口丢失了图书《最新实用药物手册》一本，书内还夹有××医学院饭卡一张。于是她写了一则寻物启事，张贴在校门口的张贴栏内，希望拾得者能与她联系。

思考：你知道寻物启事的写法吗？

知识要点

一、启事的概念

启事是机关、团体、企事业单位或个人，需要向公众说明某事，希望公众协助办理、参与和注意时使用的一种事务文书。

启事是以公开方式广泛传播信息的文字材料，是人们日常生活工作中使用较为普遍的应用文种。“启”是“开”的意思，“启事”，即公开某件事情，所以“启事”不能写作“启示”。

写作启事的主体主要是个人，其应用范围很宽泛，适用于需公之于众的事项；在单位使用时，其使用范围很狭小，因为公务性、管理性较强的事务要告知公众，另有专门对应的文种，比如通告、公告、布告、广告、通知等。

二、启事的特点

（一）发文的公开性

启事多以张贴、通过新闻媒介发表等形式出现。

（二）应用的广泛性

需要公之于众、需要协助办理或引起注意，但又不宜纳入公文写作范围的事项，如征求、寻人寻物、招领、声明等事项，都可以适用启事。

（三）内容的简明性

启事在内容表达上应简洁明了、直陈其事，避免冗长、复杂的句子和过多的修饰语，以方便读者快速理解。

三、启事的分类

按写作目的分类，启事可分为十多种，重要的如下。

（一）寻找类

目的是寻找遗失的物品或走失的亲人，如寻物启事，寻人启事等。

（二）招领类

因发现他人遗失的物品或发现他人走失的亲人而写的启事。目的是希望物归原主或走失人回到亲人身边。

（三）征求类

目的是征收到某种物品或征求到某种人员，如征稿启事、征物启事、招聘启事、征婚启事等。

（四）聚会类

目的是邀集亲友、校友、会友、社会同仁集会到一起共同举行某种活动，如校庆启事、厂庆启事、婚礼启事、祝寿启事等。

（五）告知类

厂家、店铺、机关团体的办公地址，或者个人住址等迁移新址时，常用启事的方式对外宣布；对已公布出的事项作某些文字或表述上的更正，也可使用启事；此外也用于告知社会各界遗失证件、支票，更换厂名、印章，社团成立、新店开张等事项。

（六）礼仪类

有些启事是陈情的，如道歉启事、鸣谢启事、祝贺启事等。用启事公开道歉更为郑重其事，用启事公开道谢更为情深意切，用启事祝贺更为热烈隆重，后二者兼有表彰、宣传之意。

（七）海报类

海报也算一种启事，多用于宣传娱乐性活动，如说书、电影、电视、讨论、演讲、球赛、联欢会、舞会等。其特点是娱乐性、自愿性、集体性、艺术性，一般以张贴的形式发布。

以上七类，可以分作两个类型：前四类为请求协作型，其目的是希望得到别人的帮助和配合，事务性、实用性很强；后三类为声明告知型，其目的仅是让别人知晓某件事或某种心意，不需要别人采取相应的行为，多带有公关宣传性质。

四、启事的构成要素及格式模板

（一）构成要素

启事是由标题、正文、结尾和落款构成的。

（二）格式模板

构成要素	模板
标题：第一行正中写“启事”“××启事”“××单位启事”。	**启事**
正文：交代启事的原因、目的；启事的具体内容、要求等。	____________________， ______________________ __________。
结尾：写“特此启事”“谨此启事”等。	特此启事。
落款： 1. 发布启事的单位名称或发布启事的个人姓名。 2. 日期（阿拉伯数字）	单位名称或个人姓名 20××年8月28日

（三）启事各部分的格式、内容和写法要求

1. 标题　有多种写法：①以文种作标题，如“启事”“紧急启事”；②以事由作标题，如“招聘”；③以启事单位和文种作标题，如“××公司启事”；④以事由和文种作标题，如“招标启事”；⑤由启事单位、事由、文种构成标题，如“××商城开业启事”等。

2. 正文　具体说明启事的内容，交代清楚有关事项。一般包含启事目的、原因、具体事项、要求等。如果内容较多，可分条列项，逐一交代。正文是体现各种启事不同性质和特点的关键部分，应依据不同启事的内容和要求，变通处理，注意突出启事的有关事项，不可强求一律。

3. 结尾　结尾部分常用“特此启事”“谨此启事”“此启”作为结束语，也可以不写。

4. 落款　在正文的右下方写明单位、姓名及时间。凡以机关、团体、单位的名义张贴的启事，应加盖公章，以示负责。必要时还需附上联系地址、联系人、电话号码等，以便联系。有些启事已在内容中写明日期和联系方式等，可不再另行标注。

五、启事的写作技能要求

（一）内容明确，简洁通俗

启事的效果取决于启事的内容表述是否具体明白，因此写启事既要把事情说清楚，文字又要简洁通俗。内容较多的启事可分条列项地写明，使人一目了然。

（二）一事一启，无强制性

启事通常是一事一启。但由于当前启事的大量运用，也出现了一启两事或相关多事的用法。此外，启事不具备强制性和约束性。读者、观众和听众是启事的对象，他们可以参与启事中所要求的事，也可不参与。

【例文 1】

寻物启事

（标题：写明文种）

本人不慎于 2024 年 3 月 16 日下午在校门口丢失图书《最新实用药物手册》一本，书内夹有子虚医学院饭卡一张。如有拾到者请与张珊联系，电话：180××××××××。

（正文：该启事写明了所寻物品丢失时间、名称及特征，最后留下了联系方式。完整清晰）

谨此启事。

20××级药学专业 1 班 张珊
20××年 3 月 16 日

（落款：在右下方写发布启事的个人姓名。成文时间用阿拉伯数字标识，年、月、日俱全）

【例文 2】

招领启事

（标题：写明文种）

本人在学校校门附近拾到教材《医药信息技术基础》一本，内有饭卡一张，请失主前来杏园 304 室认领。

（该启事简单描述了所拾物品的部分特点，既便于失主认领又便于识别真正的失主。简洁明了）

20××级临床医学 6 班 刘彬宇
20××年 3 月 16 日

【例文3】

“我心中的××医学院”征稿启事

（标题：写明事由和文种，便于迅速筛选出有效信息传递对象）

今年10月10日是××医学院建校50周年，为纪念这个特殊的日子，学院特举办“我心中的××医学院”征文活动，相关事项如下：

（启事开头写明了征文的目的、对象、意义等）

1. 参加对象

所有校友和在校教师、学生

2. 具体要求

内容要求：结合自己在校期间受到学校的教育，得到学校的关怀的具体事例，表达自己对学校的真挚感情。

形式要求：体裁不限，篇幅以1000字左右为宜。

时间要求：自即日起至今年9月20日17：00。

（主体部分对征文的具体要求作了清晰的介绍，简洁明了）

收稿单位：党委宣传部

联系人：王星老师

联系电话：130××××××××

20××年9月3日

知识链接

启事、公告与声明

在日常应用中，人们常常把启事和公告、声明混为一谈，这是对文种使用知识不甚了解造成的一种混乱现象。

1. 启事与公告的区别

（1）所属类别不同　公告是国家行政机关的法定公文，依照特定程序制发，具有法定效力；启事只是普通的日常应用文，一般不具有强制性。

（2）使用者不同　公告的制发者通常为国家高层机关和立法机关，有关职能部门和执法机关需经授权才可发布公告，其他组织公布需要广为周知的法定事项需按照法律法规有关规定使用公告。启事则是一般的企事业单位、团体或个人都可以使用的。

（3）公布内容不同　公告是向国内外公布国家的重大事项或法定事项，而启事内容更为宽泛。

2. 启事与声明的区别　应用场合、目的和内容上的显著差异。

（1）应用场合不同　启事通常用于向公众传达信息，寻求公众的协助或响应，例如寻找失物、征集稿件等；而声明则是用于公开表明立场、澄清事实，或对某些事项进行说明，通常不需要公众的响应或协助。

（2）使用目的不同　启事的主要目的是为了获取公众的帮助、支持或关注，比如寻求志愿者、公开征集意见等；而声明的目的主要是明确立场、澄清事实，或者对一些事项进行公开解释，以保护权益、避免误解或消除谣言。

（3）所述内容不同　启事的内容通常比较直接，主要包含需要公众知晓或协助的事项，比如寻人、寻物、征稿等；而声明的内容则更加多样，可以是对事实的澄清，也可以是对立场、权益的声明，还可以是对某些事项的解释和说明。

第二节　计划、总结

PPT

计　划

情境导入

情境：××医学院学生张珊寒假来到××市××药品监督管理部门实习，她的带教老师是办公室主任吴悠。为进一步强化医疗器械生产环节监管，××市要开展20××年医疗器械生产质量监督检查工作，吴老师让张珊想一想，该工作应当如何开展，并写出一份工作计划。

思考：1. 在这项工作中，有哪些重要内容需要考虑？

2. 如果你是张珊，你打算如何写这份计划呢？

知识要点

一、计划的概念

计划是根据党和国家的有关方针、政策以及上级的指示要求，依据本部门的实际情况、对未来一定时期内的工作、生产、学习等拟订目标、内容、步骤、措施和完成期限的一种文书。

计划是落实上级工作要求、保证正常工作秩序、提高工作效率的重要前提；计划也是上级传达布置任务和下级汇报工作情况的重要渠道；并且计划是检查和总结工作的主要依据，是激励团队加强合作的重要手段。

二、计划的特点

（一）预见性

计划是先于要进行的实践活动制定的，必须对未来工作中可能发生的问题有充分的估计，提出科学的、切实可行的方案。因此，在执行计划时，也必须视实际情况，应对计划进行调整。

（二）可行性

为了实现预期的目标，必须有切实可行的措施和方法，切合实际情况，保证目标的实现。

（三）指导性

计划一经制定，就要对完成任务的实际活动起指导作用和约束作用。工作的开展、时间的安排等都必须按计划执行。

三、计划的分类

计划以不同标准可分为不同的种类。

（一）按内容分类

有学习计划、生产计划、工作计划、科研计划等各种专项计划。

（二）按写作方式分类

有条文式计划、表格式计划、文表结合式计划。

（三）按性质和用途分类

计划可以分为以下类型。

1. 规划、纲要是时间较长、范围较广、内容比较概括的长远计划，其中纲要更原则、更概括，常常是对工作方向、目标提出纲领式的计划。如《四川省儿童发展纲要》《中国教育改革和发展纲要》。

2. 要点是一种粗线条式、提纲式的计划，常用于领导机关，如《四川省人民政府 2003 年工作要点》。

3. 设想、打算一般是初步的、预备性的或者非正式的计划，设想涉及比较长一段时期的工作，打算则是短期的。如《××县小城镇建设初步设想》。

4. 方案是从目的、要求、工作方式方法到工作步骤——对专项工作作出全面部署与安排的计划，如《××市旧城改造方案》。

5. 安排是短期内对范围较小、内容单一的工作进行具体布置的计划。

6. 意见作为一种计划时，它是对下级就某一阶段的工作提出指导性或建议性的计划。

计划则可用于各种情况、各种场合。但从时间角度来区分，长远的（两三年以上）计划用规划；中期的（一年左右）用计划；短期的则用安排。从机关单位的层级区分，领导机关常用要点、意见；基层单位常用计划。从领导机关下达计划的性质来区分，指令性强的计划常用计划、方案；偏重指导性、建议性的则常用意见。

四、计划的构成要素及格式模板

（一）构成要素

一般说来，计划要写明目标和任务、措施和办法、步骤和时间、检查和督促等内容，即做什么、怎么做、什么时候做、检查做得怎样，也就是任务、措施、完成时间、督查要求等四要素。

（二）格式模板

计划可以根据实际情况采用不同的写法。常见的有三种形式：一是表格式计划，即采用纯图表的方式把任务分解，明确责任部门和时限。这种计划适用于时间短、范围窄、变化小、内容单一的具体安排，如销售计划、月度计划；二是文表结合式计划，一般是将各项内容填进表格后，再用剪短文字作解释说明；三是条文式计划，这是最常用的计划写作形式，适用面比较广。

构成要素	模板（条文式计划格式模板）
标题：一般由单位名称、适用时限、计划内容和计划种类四要素组成。	×××××××计划 ________________，________ ________________。特制定如下计划：
正文：首段交代制定计划的目的、依据，以后几段就写计划的目标、措施、步骤。	一、目的任务：××××××××××××××。 二、措施步骤 措施：________，________。 步骤：1. ________，________。 2. ________，________。 三、其他事项
落款： 1. 署名为制定计划的单位或个人 2. 制定计划日期（阿拉伯数字）	署名 ××××年××月××日

（三）计划各部分的格式、内容和写法要求

1. 标题 一般由四个要素组成：单位名称、适用时限、计划内容和计划种类，如《××大学 20

× ×年招生工作计划》。有时候，标题也省略其中的某些要素，或省略时限，或省略单位，或省略单位和时限，例如，《× ×公司接待方案》《20× ×—20× ×年城市规划》《毕业生分配工作的计划》。若计划是还不成熟或未经批准的，则在标题后加“草案”“讨论稿”等字样，并加上圆括号。

2. 正文　是计划的主体部分，是具体内容，一般由前言、目标和任务、措施和步骤以及结尾构成。

（1）前言　简要概括基本情况，并指出制定计划的政策依据以及要努力达到的目标。

（2）目标和任务　是计划的核心内容，提出工作任务以及要达到的数量和质量的指标。写法一般采用分条列项的方式，用小标题或者序号标明层次，然后逐项写出具体任务和具体目标。

（3）措施和步骤　是完成任务的保证，措施要具体，分工要明确，步骤要有序，条理要清楚。

（4）结尾　这部分应根据需要决定写不写，怎样写。可以提出号召和希望，激励大家为实现计划而努力；可以简要强调任务的重点和工作的主要环节；可以说明注意事项，分析实施计划中可能出现的问题和遇到的困难，提醒大家防患于未然。有的计划也不写上述内容，而把督促检查的要求写为结尾部分。

3. 落款　写明制订计划的单位（标题中已标明单位的这里也可不写）和日期。有的还在落款之后注明报送单位。

五、计划的写作技能要求

（一）从实际出发，统筹兼顾

计划必须从实际出发，充分分析客观条件，既要有前瞻性，又要留有余地，使计划执行者通过一番努力就能够完成。事关全局性计划，还应该考虑周全，计划分解到部门，要处理好大计划与小计划、整体与局部的关系，做到统筹兼顾。

（二）突出重点，主次分明

一段时间内要完成的事情很多，必须有重有轻，有先有后，点面结合，有条不紊，这样才有利于工作的全面开展，达到事半功倍的效果。

（三）目标明确，步骤具体

计划的目标必须明确，才会使撰写者明确努力的方向、步骤和进程具体，才有利于实施和检查。

【例文1】

20× ×年医疗器械生产质量监督检查工作计划

为进一步强化医疗器械生产环节监管，切实落实医疗器械注册人、备案人主体责任和监管部门监管责任，确保产品质量安全有效，推动医疗器械质量安全水平实现新提升，根据《医疗器械监督管理条例》《医疗器械生产监督管理办法》《国家药监局综合司关于加强医疗器械生产经营分级监管工作的指导意见》等规定，结合我市实际，制定本计划。

（介绍计划的缘由和依据，有理有据，要言不烦，展现出务实的作风）

一、工作目标

全面贯彻“四个最严”要求，督促企业落实医疗器械质量安全主体责任，严厉打击整治违法违规行为，科学配置监管资源，强化疫情防控、集中带量采购以及无菌和植入类等高风险医疗器械安全监管，确保医疗器械产品质量安全、有效。

（介绍计划的总体目标要求，表述清楚、详细，工作重点突出）

二、日常监督检查工作

（一）分类分级做好日常监督检查

根据《国家药监局综合司关于加强医疗器械生产经营分级监管工作的指导意见》文件要求，各检查局、承担第一类医疗器械生产企业监管职责的区县市场监管局对辖区医疗器械生产企业实施分级监管。对实施四级监管的企业，负责日常监管的药品监督管理部门每年至少组织一次全项目检查；对实施三级监管的企业，每年至少组织一次检查，其中每两年全项目检查不少于一次；对实施二级监管的企业，每两年检查不少于一次；对实施一级监管的企业，每年随机抽取本行政区域25%以上的企业进行监督检查，并对新增的第一类医疗器械生产企业在生产备案之日起3个月内开展现场检查。

（二）切实强化风险管理

各检查局和承担第一类医疗器械生产企业监管职责的区县市场监管局要按照聚焦风险、聚焦产品、聚焦企业、聚焦处置的要求，每季度对检查情况、投诉举报调查情况、抽检情况等监管信息开展风险会商工作。要强化监督检查的实效性和针对性，督促企业落实整改，做好跟踪检查，对问题和风险实行清单销号制，形成有效运行机制。

（三）做好抽检时检查核查工作

以问题为导向，增强监督抽检的靶向性，集采在产产品做到全覆盖抽检。监督抽检时应安排必要的监督检查，查清所抽样品的生产情况。要强化监督抽检后处置工作，控制问题产品，加强产品召回工作。

（四）加强不良事件监测工作

各检查局、承担第一类医疗器械生产企业监管职责的区县市场监管局、市药审中心在日常检查、体系核查、许可检查时应将注册人、备案人医疗器械不良事件监测和再评价工作开展情况作为重要检查内容。

（五）扎实开展飞行检查

重点组织对风险较高、问题较多、使用量较大以及多次抽检不合格医疗器械、投诉举报和舆情频发涉及质量问题等产品开展飞行检查。飞行检查方案另行通知。

（六）完善日常监管档案

实行一企一档，完善纸质档案和平台系统电子档案，做好国家药监局医疗器械生产企业监管信息平台的使用工作，及时录入检查情况，开展全项目检查录入时请勾选“全项目”字段，确保监管信息平台中有关企业的基础数据准确、无误。国家药监局医疗器械生产企业监管信息系统已开发医疗器械质量管理体系年度自查报告模块，各单位要严格督促辖区注册人、备案人、受托生产企业落实年度自查报告主体责任，指导企业做好填报工作。

（介绍计划的日常监督检查具体工作，分条列项，对计划执行内容表述明确、安排合理）

三、工作要求

（一）有序开展监督检查。各单位要高度重视，理清工作思路，做到日常检查与重点产品检查相结合，日常监督检查与专项整治相结合，企业自查与现场检查相结合，确保医疗器械监管工作有力开展。

（二）增加日常监督检查的靶向性和实效性。各检查局和承担第一类医疗器械生产企业监管职责的区县市场监管局要将“注册人委托生产”“不良事件风险评价报告”及其他风险警示（如来自不同部门和环节的风险提示等）纳入日常监管重要关注内容，对原材料的采购、关键工序和特殊过程识别控制、过程检和成品检的落实、成品放行等环节予以重点关注。对检查和其他渠道发现的问题要督促企业查找原因落实整改。

（三）督促企业落实主体责任。各单位要采取多种方式有效督促医疗器械注册人、备案人落实医疗器械质量安全主体责任，强化医疗器械注册人、备案人、受托生产企业质量安全关键岗位人员责任落实。

（提出执行计划的工作要求，突出计划落实路径）

××市药监局
××××年×月×日

（落款写明制定计划单位名称和时间，如单位名称及计划时间在标题中已出现，此处可省略落款）

【例文2】

××药业有限公司20××年度安全生产工作计划

一、指导思想

为进一步贯彻落实“安全第一、预防为主、综合治理”的安全生产方针，强化安全生产目标管理和本质安全管理；结合公司安全生产实际，特制定20××年度安全生产工作计划，将安全生产纳入公司重要议事日程来抓。围绕公司20××年安全生产计划的工作目标，深入贯彻落实各项安全生产规章制度及安全职责，使安全工作做到“职责明确，警钟长鸣，常抓不懈”，为实现公司安全生产目标管理而努力奋斗。

（介绍计划的指导思想、缘由和依据，有理有据，要言不烦，展现出务实的作风）

二、2024年度安全生产目标

1. 重大设备事故为零，设备检修率100%，各格率100%。
2. 重大人身安全事故为零。
3. 较大环境、职业健康事件为零。
4. 隐患排查治理率100%。
5. 员工教育合格率100%。
6. 人员轻伤率≤1%。

三、重点工作

（一）管理转型升级统筹协调好各级部门，以落实和坚决执行“严精细恒，勤准快实”的工作方针和“标准化、规范化、程序化、制度化、科学化”五化标准为总抓手，全面提升企业管理水平，创新管理模式，摒弃落后的传统思维、管理方法和行为习惯，落实真正意义上的管理转型升级。

（二）健全安全管理的组织考核体系，完善安全管理网络，夯实基础工作。

1. 督促安全管理部门认真做好安全管理制度的制定以及修改。
2. 按时审核公司的安全操作规程，并对执行情况进行督导检查。
3. 逐步完善安全管理工作制度，明确分工，责任到人，确保消防设施的齐全有效。对消防器材不定期检查，保证消防器材齐全有效，并使工人熟悉如何使用灭火器及消防栓。
4. 财务部门保证专款专用，加大安全经费投入，提高本质化安全水平。完善安全基础设施建设，对安全消防设施、天然气管道、安全通道、转动部位安全防护、电路电气设备、特种设备、厂内道路、安全警示、工作人员防护用品等重点部位进行完善，确保公司重点部位实施有效监控。
5. 修订完善责任制，签订《安全生产责任状》，明确各自部门职责，有关部门负责监督责任落实情况。
6. 加强学习，全面提高员工整体素质，为做好各项工作打下牢固坚实的基础。

（三）加强职工思想教育，帮助职工树立主人翁意识，提高职工的责任感、使命感、危机意识。积极做好员工安全知识和技能培训工作，提高员工整体安全素质。

1. 加强对新入公司员工的安全知识培训，从源头把好安全教育关。对新入厂职工，统一进行安全培训，培训内容主要分为：厂区概况、厂区主要危险源、公司安全管理制度、基本防护措施、安全操作规程等，对于考核不合格的员工不予安排岗位。

2. 抓好在岗员工的专业安全技能培训。组织安全管理人员、电工、焊工、起重工等特种操作人员接受专业培训机构进行培训，牢固树立红线意识、高压线意识，在守法经营、安全生产、环境保护等事关企业生死存亡的大是大非面前绝不踏红线，不角碰高压线。

（介绍计划的总体目标要求和重点工作，表述清楚、详细，工作重点突出）

四、工作要求

1. 加强隐患排查，明确检查工作的重点部位。一是查全公司各级危险源及区域的规范管理，责任落实，按规程操作，排查隐患，及时整改等情况；二是查车间、班组领导安全监护是否到位，组织、技术、安全措施是否制定落实，查基层班组安全自保落实情况；三是查“三违现象”，主要设备和重点区域的安全防护设施，警示标志是否齐全，严禁岗外人员停留和通行；四是针对季节变化，查冬季“四防”（防寒、防冻、防滑、防火）和夏季“四防”（防中暑、防雷电、防雨、防风）；五是查特种设备的证件审验，特种工种的持证上岗。

2. 加大整改督办力度，明确检查的主要内容针对形成安全事故的四大因素。一是查人的不安全行业，以“三违”为代表的违章现象；二是查物的不安全状态，以防护设施残缺，设备带病作为为主的硬件缺失；三是查制度缺陷，以操作规程不完善，工序点检查确认制度不健全，考核制度不落实为主的制度不到位；四是查作业环境不良，现场杂乱无章；五查安全操作规程及各项安全管理制度考核办法是否健全，落实到位；六查遵章守纪、按章操作、杜绝“三违”；七查防护设施齐全完好状态，运行设备处于安全状态，备用设备处于完好状态，检修设备处于计划状态；八查作业环境是否定置管理，物放有序，人行有道，工作有场；九查及时整改，落实责任，签字齐全。

3. 立足生产现场，明确检查方法。公司安全检查小组每月两次深入各生产厂区，针对现场防护设施、现场卫生、主要设备等事故易发、频发部位，以及危险源管理情况，危险因素标识表填写情况等进行监督检查，发现问题予以处罚并及时督办整改。各分厂负责人每周对生产车间进行检查，发现问题督促及时整改。车间、班组每天自检，确保交接班无事故。

4. 加强职业健康管理，保障员工生命、财产安全，促进企业安全发展。除了必要的防护设施（除尘设施、防尘口罩等）还要加强对作业人员的教育与培训：安委会要结合生产实际，至少举办一次培训或学习讲座，对管理人员进行职业卫生专业知识与法律法规的教育培训，提高管理人员的业务水平和管理水平。让各级管理人员和岗位职工必须熟悉本岗位职业卫生与职业防治职责，掌握岗位及管理范围内的职业病危害情况、治理情况和预防措施。

（介绍计划的工作要求，分条列项，对计划执行要求表述明确、安排合理，确保落实到位）

公司安委会负责安全事故的应急处置及参与事故的调查、统计、分析和上报工作。根据国家法律法规及时修改安全管理制度和操作规程，整理有关资料并存档，按要求保持好现场工作，持续改进。

（明确计划牵头责任部门，有助于计划的执行）

20××年公司将继续本着“安全第一、预防为主，综合治理”这个核心思想落实到每一项工作当中，提高员工的安全意识，切实防范事故的发生，确保公司年度安全安全生产目标的实现。

（结尾进一步表明执行计划的决心和目标）

××药业有限公司

安委会安全责任人：×××

20××年1月6日

（落款写明制定计划单位名称和时间，如单位名称及计划时间在标题中已出现可省略落款。本文涉及安全生产，落款署名，能起到强调责任的作用，企业安全责任计划中常用到这种落款方式）

总　结

情境导入

情境： 20××年马上结束了，为了今后的工作能更好地开展，子虚市中医院对过去这一年在工作中的成绩和不足要做一个详尽而又客观的总结，院长把这项工作交给了实习生赵陆来完成。

思考： 赵陆需要为写作这份总结做哪些方面的准备？最终应如何完成这份总结？

知识要点

一、总结的概念

总结是单位或个人对前一阶段的实践活动进行回顾、检查、分析和研究，找出经验教训和规律性的认识，以指导今后实践的一种事务文书。日常使用的小结、体会等，也属于总结。

总结与计划相比较而言，如果说计划是对未来的展望与构想，那么总结则是对过去的回顾与思考。

二、总结的特点

总结的目的就是要通过实践，提高认识，掌握事物的发展规律，去指导今后的实践活动。因此，总结的主要特点如下。

（一）实践性

总结是人们自身实践的本质的反映。它要求内容真实，完全忠实地反映自身的实践活动。总结中的材料，只能来自自身的实践，不能东拼西凑、添枝加叶；总结的观点不能是外加的漂亮标签、任意拔高的思想，只能是从自身实践运动中抽象出来的认识和规律；总结一律采用第一人称写作。

（二）理论性

总结是人们对客观事物规律的认识的反映，是一种理论认识，是对实践的本质的概括。它不只反映工作做得“怎么样”，而且还阐明“为什么做得这样”。它注重把感性认识上升为理性认识，提炼出规律性的东西，以便正确认识，把握客观事物。

（三）指导性

指导性是总结的生命。通过总结以把握事物的规律性，从而提高对今后工作、学习等活动的预见性与主动性，使工作、学习上一个新台阶。

（四）群体性

除个人总结外，总结必须有群众基础，无论哪一个部门、单位的总结，都要集中群众的意见，依靠群众的智慧来写；要反映群众的工作实践，反映群众创造的成绩、经验。

三、总结的分类

总结一般有以下几种分类方法。

1. 按照性质分类　有综合性总结和专题性总结。综合性总结又称全面总结，是对本组织一定时期内工作的全面总结。专题性总结也称单项总结，是对某一项工作或某一个问题的总结。

2. 按照内容分类 有工作总结、思想总结、学习总结、生产总结等。

3. 按照范围分类 有地区总结、部门总结、班组总结和个人总结等。

4. 按照时间分类 有年度总结、季度总结、月份总结等。

四、总结的构成要素及格式模板

（一）构成要素

总结的结构由标题、正文、落款三部分组成。

（二）格式模板

构成要素	模板
标题： 1. 四项式 2. 新闻式 3. 公文式 **正文：** 前言 主体 1. 基本情况 2. 取得成绩 3. 存在问题 4. 设想与安排 **落款：** 1. 单位的总结一般写在标题下，个人总结通常在正文右下方署名。 2. 日期（阿拉伯数字）	**总结** ________________，________。 现将具体情况总结如下： 一、基本情况 ________________，________。 二、主要措施 1. ____________。 2. ____________。 3. ____________。 三、存在问题 ________________。 四、对今后工作的设想与安排 ________________。 ××中医院 ××××年××月××日

（三）总结各部分的格式、内容和写法要求

1. 标题

（1）四项式标题即单位＋时限＋事项（事由）＋文种，如《××医院20××年度护理工作总结》；也可以省略单位或时限，成为三项式或两项式标题，如《20××年全国文明城市创建工作总结》《××县民政局乡村振兴工作总结》《××专项工作总结》。不能将标题写为《××公司总结》《20××年总结》《总结》之类。

（2）新闻式标题常用于专题总结。可以是单标题，如《放手发展多种经营，努力增加农民收入》。但更多地采用双标题，正题突出中心，副题说明单位、时限、事由、文种，如《振兴中药，以药富农——××中药研究院科技扶贫工作总结》《一本书一页纸一句话——职业技能考证学习方法浅谈》。

（3）公文式标题少数总结特别是专题总结也采用了这种标题形式，如《××市人民政府关于抓好“创卫”工作的总结》《××医院关于20××年开展岗前培训工作的总结》。

2. 正文 由开头、主体、结尾三个部分组成。

（1）开头 总结的开头要简明扼要，紧扣中心，有吸引力。常采用以下几种方式。

1）概述式 概括介绍基本情况，简要交代工作的背景、时间、地点、条件等。不要求全求详，与中心无关的不写。

2）结论式 先明确提出总结出的结论，使人了解经验教训的核心所在，然后再引出下文。

3）提示式 对工作的主要内容作提示性、概括性的介绍，但不概括经验，只提示总结的工作内

容范围。

4）对比式　开头对有关情况进行比较，以说明成绩，表明优劣，引出下文。

5）提问式　开头先设问，提出问题，点明总结的重点，引起人们的关注。

还有一些其他方式。也可综合运用几种方式写开头，以增强表达效果。

（2）主体　一般由基本情况、经验和教训、设想和安排等内容组成。

1）基本情况　要叙述事情的经过和结果，包括相关环境背景、具体任务、实施步骤等。

2）经验和教训　包括两方面内容，经验指总结工作成效和提炼经验体会。此外，对工作中曾出现的失误也应实事求是地说明，这是教训。要做到既不一味铺陈优点，也不有意回避缺点。当然，二者相比，经验是重点。

3）设想和安排　是在总结经验教训的基础上，针对工作中实际存在的问题，提出解决办法或建议。

主体部分的结构形式通常可采用“情况—经验—问题—建议”的顺序，分成四大部分进行总结，这是写总结的传统方法。

根据需要还可以用其他的形式，如阶段式，用于对周期长、阶段性显著的工作进行总结，把整个工作过程按时间顺序划分为若干阶段进行总结；并列式，以具体的工作项目为顺序，把要总结的内容按性质逐条排列，夹叙夹议，这种形式较适用于专题性总结。此外，也可按时间的顺序、围绕的中心、突出的重点等进行总结，还可以按文章的自然段落安排行文的层次。

（3）结尾　是今后的工作设想和努力方向。这是在总结经验教训的基础上，针对工作的实际问题，提出改进措施、今后打算、努力方向，或者说明工作发展趋势、展望工作前景、提出新的目标。

3. 落款　写明总结单位和成文时间。以单位名义作的总结一般不在文尾署名，而是写在标题下。个人所作的总结，通常在正文右下方署名。

五、总结的写作技能要求

（一）材料要充分

充分占有材料是写好总结的前提和基础。必须尽可能地收集概况材料、典型材料、背景材料、数字材料和群众反映。同时，应对所得材料加以核实，以确保总结的真实性。

（二）分析要客观

包含三层意思：一是要立足客观现实，从事实中分析归纳出观点，观点要有材料支撑。二是要把握客观规律，总结不是“材料汇编”“工作流水账”，应把握普遍性、必然性、规律性的东西。三是要进行辩证思考，既要总结成绩，又要正视问题，为今后工作找到动力和方向。

（三）语言要得体

总结的语言以平实朴素为上，尽可能用事例、数据说话，切忌华而不实。总结采用第一人称写作，是自我评价，语气要恰当。人们常以谈“体会”替代介绍“经验”，用“一定”修饰已取得的成绩等，可资借鉴。当然也不能谦虚过度，给人“作假”之感。

【例文】

××市中医院20××年工作总结

（标题：此处采用了“单位＋时限＋事项（事由）＋文种”的写法）

在上级党委的领导下，20××年市中医院紧紧围绕医院改革发展总体目标，一手抓纠风，一手抓医疗，一手抓安全，圆满完成了20××年各项工作目标任务，收到了良好的社会效益和经济效益。门诊人次增长11%，住院人次增长9%，业务收入增加5%。20××年医院招商引资任务225万元，实际完成295万元，科技投入120万元，引进研究生6名，开展新技术、新项目8项，均填补医院空白。进一步完善和深化了“一日清单制”、药品集采、社区服务等工作，被××市评为“人才建设先进单位”。

（先总体情况介绍，下面就分项总结各个方面的工作）

一、深入开展民主评议行风工作，努力创建“廉医、诚信、为民”医院

20××年医院按照省卫生厅、市政府、市卫健委的统一部署，在全院深入开展以创建“廉医、诚信、为民”医院为目标的民主评议行风活动。按照“谁主管，谁负责”和“管行业必管行风”的原则，成立了行风评议领导小组和工作机构，制定了评议行风实施方案，推行了“一岗双责”制，建立了个人、科室、医院三级承诺制，先后3次对2000种医疗服务项目和750余种药品，56种耗材进行了重新核对。医护人员填写了《个人廉洁情况自查登记表》、医院与各临床科室签订了《廉洁行医目标管理责任书》，召开了患者和群众座谈会，先后发放调查问卷1200份，并走访了有关服务单位，对发现的不足和问题，进行了认真整改，把上级行风评议的各项要求落到了实处，医院的服务水平、服务质量进一步得到了提高，评议工作受到市人大和市政协领导及卫生局的肯定。

二、强化内涵建设，提升适应医疗市场的竞争能力和生存能力

今年全市又有几家私立医院成立，面对国家国退民进的大政方针，面对蓬勃发展的私有经济，面对本市医院多、经济相对落后、患者相对少的局面，医院的生存和发展面临着严峻的挑战。本着强素质、求生存、求发展的目的，医院进一步强化了内涵建设，积极应对医疗市场的变化，进一步提升竞争力，加快医院发展。

（一）抓纪律，变作风（略）

（二）狠抓医护质量，进一步落实卫生部《关于应用临床技术操作规范》的要求，提高服务水平（略）

（三）加强引才引智工作，提升医院核心竞争力（略）

（四）开展新技术、新项目，拓宽服务面，满足患者需求（略）

三、加强“120”急诊工作，保证生命救护绿色通道畅通

根据《××省院前急救医疗工作管理办法（试行）》和《××省中医医院规范化服务考核标准（试行）》的精神，医院加强了对院前急救的培训和业务学习，并对急诊科内部运行中存在的问题进行了整改，制定了新的《司机班管理规定》和《急诊科工作过错惩罚制度》，推出了送出院产妇的新举措。“120”急诊服务意识、服务质量、服务水平得到明显提高。20××年“120”急救719车次，救治率达100%。在市卫生部门进行的“120”网络院前急救模拟演练测试中名列全市第一。在连续两次“三警联动”模拟演练中，出车及时，着装整齐，受到了市卫生局领导的好坪，在市“卫生系统院前急救竞赛”中有两人名列全市前十名。

（正文：分条列项总结工作中取得的成绩）

总之，本年度在上级党委的正确领导下，在全院职工的共同努力下，圆满地完成了全年任务，取得了良好的社会效益和经济效益。但在工作中也有不足之处，一是竞争意识不强，面对日趋激烈的医疗市场竞争认识不够，有求稳怕乱思想，改革力度需进一步加大。二是专科专病建设需进一步加强，有些科室技术含量低，新技术的引进不快，需进一步加大人才的 培养和引进力度。三是基础设施差，跟不上业务发展的需要，影响了医院的整体效益。

（正文：存在问题及今后工作方向。）

××中医院

××××年××月××日

（落款：写明制定总结的单位名称和写作时间，如果单位名称在标题中已出现，此处可省略）

知识链接

计划与总结的关系

在实际工作与生活中，总结与计划是使用频率最高的两个应用文文种，掌握这两种文种，对于我们非常重要。

同时，这两种文种之间又有着密切的关系。简单来讲，就是事前写计划事后写总结。计划是总结的依据，总结是计划的检验和提高；总结是为检查计划的落实情况而写，计划是在总结过去工作的基础上所订；总结以计划为依据，计划以总结为基础；计划是始，总结是终，同时又是下一步计划的始，计划又是总结的进一步发展。

第三节　简　报

微课

PPT

情境导入

情境：为贯彻落实党中央、国务院“稳就业”“保就业”决策部署，指导毕业生实现高质量充分就业，××医学院联系了多所边疆地区事业单位招聘团队到校开展专场招聘工作。活动结束后，学校就业促进办公室老师将写作活动简报的工作交给了实习学工干事张珊。

思考：你认为张珊应该如何进行这份简报的写作呢？

知识要点

一、简报的概念

简报是政府机关、企事业单位、社会团体等组织用来汇报、反映、沟通情况和交流经验的一种内部刊物。它不能代替正式公文，也不公开出版。

日常工作中常见的党政机关、企事业单位、部队、学校以及各种生产、经营、服务机构等的通信、动态、情况反映、信息通报、内部参考资料等都属于简报的范围。

二、简报的特点

简报就是简要的调查报告、简要的情况报告、简要的工作报告、简要的消息报道等。具体来说，简报具有以下特点。

（一）真实性

简报中所反映的材料必须真实、可靠，对事物的分析解释，必须坚持实事求是的科学态度，符合实际、事件，材料、数据要仔细核实。

（二）准确性

准确性体现在三个方面：①内容选择准，能找到具有价值、值得重视的情况和问题；②材料使用准，要经过调查研究，仔细核实；③语言表达准，表述准确、规范，符合实际。

（三）及时性

简报要写得快、印得快、发得快，以便使有关人员根据情况及时地处理问题，制定政策。重要的情况要一日一报，甚至可以一日数报，以便更好地发挥简报的作用。

（四）新颖性

简报是报道新情况、新经验，并且内容要有较大的参考价格。如果失去了新鲜的特点，简报就失去了其应有的作用和意义。

（五）简明性

简报的篇幅通常比较短小，因此，内容力求简明，行文平实，不需作艺术描述和理论阐述，只将“是什么，怎么样”写明即可。

（六）保密性

简报是内部传阅，未经批准不得公开，有的还严格限制阅读范围并按涉密公文保密规定确定密级期限。这是简报与消息的重要区别。

三、简报的分类

简报的形式多样，内容繁多，按内容分为情况简报、动态简报、会议简报；按编录容量分为综合性简报、专题性简报；按刊出期限分为定期与不定期简报。常用的简报有以下三种。

（一）情况简报

情况简报也叫工作简报，主要用于反映工作中的动态和一般工作进展情况。一般有两种常见的形式。

1. 综合性情况简报 是在明确的主题贯穿下，综合反映工作情况和问题，这类简报既有广度，又有深度，不是有闻必录，而是抓住主要问题，反映最有价值的情况。

2. 专题性简报 主要是将某一项专门工作的动态、进展、问题向主管部门反映或向有关部门、下属单位作通报，借以传播信息、推动工作。

（二）动态简报

动态简报就是迅速及时地、简明扼要地反映新近发生的事情、情况的文体形式。这种简报内容新、反应快、动态性和时效性强。动态简报一般也有两种。

1. 工作动态简报 主要反映本系统、本部门内部工作的正反两方面的新情况和新动向。

2. 思想动态简报 主要反映公众对政府重大方针、政策的反应和认识，社会上的某种思潮或思想倾向，各行各业各阶层的思想状况等。这类简报多见于单位编发的“内部参考”，一般都具有内部参考和保密性质。其流通、阅读范围有较严格的限定。

（三）会议简报

主要是报道会议概况，会上交流的情况和探讨的问题，反映会议形成的决议和精神。既可以综合报道会议各阶段的情况，也可以摘登大会发言或小组讨论发言。在编发发言摘要时，要力求准确、全面、如实地反映出发言者的基本观点和思想倾向，并且尽可能送交发言人或大会秘书处有关负责人审阅后再编发。

四、简报的构成要素及格式模板

（一）构成要素

简报由报头、报身（报核）、报尾三个部分构成。

（二）格式模板

构成要素	模板
报头：报头约占1/3的篇幅，用横线与正文部分隔开。简报名称用大号字体印刷，位置居中。期号写在简报名称下一行。左顶格列编印单位，右顶格表明印发日期。	（密级与紧急程度） **简报** **（第×期）** ××××××　　　　　　××××年×月×日
报身： 1. 按语（也可没有） 2. 标题 3. 正文	编者按：×××××××××××××××××××××××××××××。 **×××××××（标题）** ××××××××××××××××××××××××××××××，×××××××××××××××××××××××××××××××××××××，××××××××××××××××××。
报尾： 用横线与正文隔开。横线下方左侧注明报、送、发单位。右侧还应写清本期简报的印刷份数。	报：×××××× 送：×××××× 发：×××××× 共印：××份

（三）简报各部分的格式、内容和写法要求

1. 报头　报头设在始页上方，约占1/3的篇幅，下边用横线与正文部分隔开，通常报头有五方面的内容：一是简报名称，用大号字写在报头正中部位，如“财经快讯”。二是期号，在简报名称下居中写明期号，用括号括起来。三是主编单位，写在期号之下，间隔横线之上的左侧。四是印发日期，写在期号之下，间隔横线之上的右侧。五是密级程度，写在简报名称的左上方标明。

2. 报身　即简报行文部分。若一期简报含若干篇文章，宜设“目录”一栏，并标明每篇起始页码；若需加按语的，按语排在该篇文章标题之上，并注明“按语”“编者按”字样。

按语是简报的编者针对简报的内容所写的说明性文字或评论性文字。转发式简报一般要加编者按语，重要简报也要加编者按语，有些简报可以不写按语。按语分两类：一是说明性按语，这类按语是对简报的内容、作用所作的简短说明；二是评价性按语，它常常是领导机关针对简报所涉及的内容而作的评论和对下级的要求。

（1）标题　简报的标题类似新闻的标题，要揭示主题，简短醒目。可以采用单标题或双标题。双标题即正副标题的写法，正标题提示全文的思想、意义，副标题写出事件与范围，起到补充说明作用。

（2）正文　通常由开头、主体、结尾三部分构成。

1）开头　有三种方式：一是叙述法，直接把要反映的事件的时间、地点、人物、原因、结果写出来，使读者一目了然；二是结论式，先写出事情的结果或因此而得出的结论，然后再作具体说明，或得出结论的理由；三是疑问式，即提出几个重要问题，引起读者的注意，然后再在主体部分做出具体回答。

2）主体　应写得翔实、充分、有力。通常采用以下几种写法：一是按时间顺序写，即按照事情发生、发展、结束的顺序来写，这种写法比较适合报道一个完整的事件，称之为新闻式写法；二是按空间变换的顺序写，这种写法适合报道一个事情几个方面的情况；三是按逻辑方法分类、归纳，即把所有材料归纳为几个部分，按序号或小标题归纳为几个部分、几个方面，按序号或小标题分别叙述；四是夹叙夹议法，即边叙述、边评述，这种方法适合反映某种带有倾向性问题的简报；五是对比法，即在对比中展开论述。

3）结尾　常以议论深化主题，或呼应开头，归结全文；或表达的愿望，制定目标。也可无专门

结尾。

3. 报尾 在简报末页的下方，也用横线与正文隔开，在版尾左方写清发送范围——简报的报、送、发单位。报，指简报呈报的上级单位；送，指简报送往的同级单位或不相隶属的单位；发，指简报发放的下级单位。如果简报的报、送、发单位是固定的，而又要临时增加发放单位，一般还应注明“本期增发××（单位）”。在版尾右方还应写清本期简报的印刷份数，以便于管理、查对。

五、简报的写作技能要求

（一）选材精准

简报不能有事就报，它作为加强领导和推动工作的重要工具，要注意从党的中心工作和单位阶段工作的需要出发，在众多的事件中选取最有指导意义或必须引起重视的经验、情况和问题，予以全面的、实事求是的报道。简报一是要准确，所选用的材料，都准确无误。特别在估计成绩和宣传先进时，更要严格把握分寸。二是强调真实性，不弄虚作假，不赶“浪头”追时髦，不歪扭写作角度，不搞事态发展的“提前量”，保证符合事物本来面貌。

（二）简明扼要

简报必须简短、明快，用尽可能少的文字说清楚必须说明的问题。一是注意主题集中，一稿一事，不贪大求全。如果简报所涉及的内容较多，也可以将可写的几个问题，各写一期简报分期介绍。二是注意精选材料，围绕主题挑选最能反映事物的本质典型事例。

（三）追求时效

简报是领导对一些问题作出决策的参考依据之一，也是单位推动工作的一个重要手段。简报也是一种“报”，它有新闻性。这就要求编写者要及时捕捉工作中、会议中出现的新动向、新经验、新问题，并用最快的速度予以报道。

【例文】

简 报

（第 17 期）

（报头：简报名称和期号）

××医学院就业中心（发简报单位） 20××年 3 月 15 日（日期）

（此篇无按语）

到祖国最需要的地方去

——××医学院举办边疆事业单位专场招聘活动

3 月 15 日下午，新疆生产建设兵团××师等多所边疆事业单位面向应届毕业生招聘事业单位工作人员系列活动走进××医学院。相关单位高度重视医学人才专项招聘工作，多所单位领导亲自率队莅临我校开展交流合作座谈会，举行专场宣讲招聘会。

座谈会上，学院副院长×××简要介绍了我校办学特色、毕业生就业等基本情况。各招聘单位人事工作分管领导分别介绍了招聘单位情况。参会单位围绕人才培养进行深入交流，并就校院人才供需事宜与我院签订合作协议。各学院、学生处相关负责人参加座谈交流。

为让前来应聘的同学们更全面地了解，专招组在学生活动中心 210 举办现场招聘宣讲会，就招聘地区发展现状和医疗卫生机构人才需求作推介说明，毕业生们通过宣讲会详细了解了岗位要求、薪资待遇及职业发展情况。

宣讲会结束后，用人单位直接同毕业生“面对面”交流，考核合格即当场签订三方协议。在面试环节，毕业生们积极向用人单位展示自己的专业能力和综合素质。本次活动共有12家公立医院前来招聘，提供岗位276个，四百余名毕业生踊跃参会。各专业院系领导现场办公，收集用人单位人才培养建议，对线下参会的毕业生进行就业指导，鼓励大家扎根基层。

此次专场招聘活动为用人单位和应届毕业生面对面交流、精准化对接提供了平台和机会。××医学院将进一步做好就业宣传工作，深入挖掘宣传扎根边疆就业校友典型案例，鼓励毕业生们将个人理想融入家国事业，到西部去，到边疆去，到祖国最需要的地方去建功立业！

知识链接

简报与消息的联系与区别

1. 简报和消息都要求反映真实的情况。但消息仅仅局限于客观的报道，而简报则允许对客观的事实加以评论。

2. 简报和消息在编发时都要求快速及时。但消息在编发的速度上要求更高。追求的是快速反应。而简报在编发的时间上有一定的弹性，允许一定程度的滞后性。

3. 简报和消息的内容都要求新。但消息侧重于新闻性，而简报则侧重于经验性，两者的侧重点是有所区别的。

4. 简报和消息在篇幅上都要求短。由于消息仅需报道事件的本身即可，而简报还需对事件所反映出的问题加以评论和分析，所以简报的篇幅相对来说要长于消息。

5. 简报在一定程度上具有保密性，通常只用于内部交流，而消息则具有公开性。

第四节　合同（协议书）

PPT

情境导入

情境：××医院为了拓展业务，增强医院的竞争实力，需要进行医用供气系统安装工程，该医院委托恒发医用工程有限公司进行设备安装，现需与恒发医用工程有限公司签订医用气体安装工程经济合同书。

思考：你知道怎么书写医药经济合同吗？

知识要点

一、合同的概念

合同是契约的一种，《中华人民共和国民法典》第三编规定：“合同是民事主体之间设立、变更、终止民事法律关系的协议。”

合同的本质，是当事人之间通过自由协商，决定其相互权利义务关系，并且根据其意志调整他们相互之间的关系。

合同对于保护当事人的合法权益，维护社会经济秩序，促进社会主义现代化建设，都具有重要作用。

二、合同的特点

合同具有合法性、约束性、对等性、一致性和双向性等特点。

（一）合法性

合同要求按国家的法令政策签订，签订后即具有法律效力，受到国家法律的承认和保护。

（二）约束性

合同是制约性文书，是为保证双方权益的实现而制定的双方必须遵守的协议，一经签订，双方就必须如约执行，不得随意违反。否则，就要承担法律责任。

（三）对等性

签订合同的双方，不论单位的大小、级别的高低，在协商时是平等的，在承担法律责任时，其法律地位也是平等的。

（四）一致性

合同中的一切条款，都必须在当事人双方经协商达成一致的意愿后才能写入，未取得一致意见的条款不能写入。决不允许一方将自己的意志强加给另一方，其他组织和个人无权非法干预。

（五）双向性

为了达到双方各自的目的，双方都必须享有要求对方的权利，同时也应该承担保证对方权利实现的义务，且明显表现为甲方的权利就是乙方的义务，反之亦然，如收货交货、付款收款等。

三、合同的分类

（一）从内容上分类

《中华人民共和国民法典》（以下简称《民法典》）规定了 19 种典型合同，以下作一个简单的介绍。

1. 买卖合同 是出卖人转移标的物的所有权于买受人，买受人支付价款的合同。

2. 供用电、水、气、热力合同 是供电人向用电人供电，用电人支付电费的合同。

3. 赠与合同 是赠与人将自己的财产无偿给予受赠人，受赠人表示接受赠与的合同。

4. 借款合同 是借款人向贷款人借款，到期返还借款并支付利息的合同。

5. 保证合同 是为保障债权的实现，保证人和债权人约定，当债务人不履行到期债务或者发生当事人约定的情形时，保证人履行债务或者承担责任的合同。

6. 租赁合同 是出租人将租赁物交付承租人使用、收益，承租人支付租金的合同。

7. 融资租赁合同 是出租人根据承租人对出卖人、租赁物的选择，向出卖人购买租赁物，提供给承租人使用，承租人支付租金的合同。

8. 保理合同 是应收账款债权人将现有的或者将有的应收账款转让给保理人，保理人提供资金融通、应收账款管理或者催收、应收账款债务人付款担保等服务的合同。

9. 承揽合同 是承揽人按照定作人的要求完成工作，交付工作成果，定作人支付报酬的合同。承揽包括加工、定作、修理、复制、测试、检验等工作。

10. 建设工程合同 是承包人进行工程建设，发包人支付价款的合同。建设工程合同包括工程勘察、设计、施工合同。民法典明确要求建设工程合同应当采用书面形式。

11. 运输合同 是承运人将旅客或者货物从起运地点运输到约定地点，旅客、托运人或者收货人支付票款或者运输费用的合同，包括客运合同、货运合同、多式联运合同。

12. 技术合同　是当事人就技术开发、转让、许可、咨询或者服务订立的确立相互之间权利和义务的合同，包括技术开发合同、技术转让合同和技术许可合同、技术咨询合同和技术服务合同。《民法典》要求订立技术合同应当有利于知识产权的保护和科学技术的进步，促进科学技术成果的研发、转化、应用和推广。

13. 保管合同　是保管人保管寄存人交付的保管物，并返还该物的合同。

14. 仓储合同　是保管人储存存货人交付的仓储物，存货人支付仓储费的合同。

15. 委托合同　是委托人和受托人约定，由受托人处理委托人事务的合同。

16. 物业服务合同　是物业服务人在物业服务区域内，为业主提供建筑物及其附属设施的维修养护、环境卫生和相关秩序的管理维护等物业服务，业主支付物业费的合同。

17. 行纪合同　是行纪人以自己的名义为委托人从事贸易活动，委托人支付报酬的合同。

18. 中介合同　是中介人向委托人报告订立合同的机会或者提供订立合同的媒介服务，委托人支付报酬的合同。

19. 合伙合同　是两个以上合伙人为了共同的事业目的，订立的共享利益、共担风险的协议。

（二）从形式上分类

合同可以分为书面合同、口头合同和其他合同。书面合同是指合同书、信件以及数据电文（包括电报、电传、传真、电子数据交换和电子邮件）等可以有形地表现所载内容的形式。书面合同常见的有以下几种：文字叙述合同，表格合同，车票、保险单等合同凭证，合同确认书，定式合同。

四、合同的构成要素及格式模板

（一）构成要素

合同一般由标题、约首、正文、附则、签署五个部分组成。

（二）格式模板

构成要素	模板
	合同（或×××合同）
标题：可以仅写上“合同”二字，也可以写明合同的种类，如“房屋租赁合同”。 **约首**：订立合同双方或多方的基本信息。	甲方： 乙方：
正文： 1. 开头部分写明订立合同的依据、目的。 2. 主体部分载明签约的内容。	甲乙双方就事项经平等协商，自愿签订合同如下： 第一条。 第二条。 第三条。 第四条。 第五条。 ……
附则： 附则是关于所订合同有效性的说明，如果有附件，也可在此说明。	附则： 。
签署： 1. 订立合同双方或多方签字、盖章。 2. 合同双方或多方的联系信息。 3. 签约日期及地点。	甲方：（盖章）　　乙方：（盖章） 身份证号码：　　身份证号码： 电话或传真：　　电话或传真： 通信地址：　　通信地址： ××××年××月×日　××××年××月×日

（三）合同各部分的格式、内容和写法要求

1. 标题 也即合同的名称。一般有四种写法。一是以合同种类作为标题，如《委托合同》；二是内容 + 种类，如《商品房买卖合同》；三是时间 + 内容 + 种类，如《2024 年厂房租赁合同》；四是签约单位 + 内容 + 种类，如《华通公司、宜健生化研究所航空货物运输合同》。

2. 约首 位于标题之下，包括签订合同当事人的名称、合同编号及签约地点、时间等。当事人名称是必须项。其他项目和项目位置可以选择和调整。为使正文叙述方便，当事人名称通常用“甲方、乙方”“供方、需方”等代称，全称写在代称的后面，或者相反，注以“以下简称 × ×”字样。

3. 正文 一般包括开头和主体两部分。开头部分写明订立合同的依据、目的。主体部分载明签约的内容。《中华人民共和国民法典》规定，合同应写明当事人的姓名或者名称和住所，并应具备以下主要条款：标的；数量和质量；价款或者报酬；履行期限、地点和方式；违约责任；解决争议的方法。

（1）标的 是合同各方当事人共同发生权利义务所指的对象，如货物、货币、劳务、工程项目、科研成果等。它集中反映了当事人订立合同的目的和要求，是合同成立的前提条件。所以签约双方必须首先对合同标的达成一致协议，并在合同中作出明确具体的规定。根据合同的不同，标的可以是货物，可以是劳务，也可以是工程项目。如购销合同中的各种商品；货物运输合同中承运方提供的劳务；建设工程承包合同中承包人所完成的工程项目。必须是国家准许的流通物，否则不能作为合同的标的物。标的不明或无标的，合同就不能成立。

（2）数量和质量 数量是标的量的规定，是以计量单位和数字来衡量标的的尺度，确定合同权利义务的大小。没有数量规定，合同无法履行。数量规定必须准确具体，计量单位也要明确规定。

质量是标的内在素质和外观形态的综合，是指产品或劳务、完成工作的优劣程度，包括品种、规格、型号的要求。对产品规格与质量要标准化。当前我国使用的产品规格与标准包括国家标准、部颁标准、企业标准和协商标准。

（3）价款或报酬 亦称价金，是取得标的一方向对方支付的表现为货币量的代价。合同应具体规定价金的数额，包括币种、单价和总额，并明确它们的计算标准、估算方式和程序。

（4）履行期限、地点和方式

1）合同履行期限 是交付标的和支付价金的时间。到期不履行即为逾期，要承担违约责任。凡要提前或延期履行的，应事先达成协议。履行期限的规定必须具体明确。

2）合同履行地点 是指合同规定的义务履行地。合同标的为实物的，一般是指标的交付地。合同履行地点直接关系到履行合同的费用和时间，因此必须明确加以规定。

3）合同履行的方式 是交付标的的方式，是指当事人用什么方式履行合同义务。包括一次履行、分期履行，采用送货制、代运制、提货制等多种形式。

（5）违约责任 指合同双方如不能执行合同时的责任和处罚方法及条件，这是保证合同履行的重要条款之一。当事人订立合同时，应写明一方违约时所应支付的违约金额数和对损失的赔偿。

“违约责任”是履行合同的重要保证，也是解决合同纠纷的可靠依据。

（6）解决争议的方法 《中华人民共和国民法典》第五百零七条合同不生效、无效、被撤销或者终止的，不影响合同中有关解决争议方法的条款的效力。本条所说的有关解决争议方法的条款包括仲裁条款、选择受诉法院的条款、选择检验鉴定机构的条款、法律适用条款。

4. 附则 是关于所订合同有效性的说明，如何时生效，有效期期限，如“本合同由双方签订，从盖章之日起生效，有效期一年”。写明合同正本、副本份数，由谁保管。通常是当事人双方各持一份，鉴证或监督单位各持一份。如“本合同一式三份，由甲方、乙方和鉴证单位各执一份。”监督单

位通常是市场银行部门或双方的主管机关。如果合同有附件，也可在此说明，如工程承包合同，往往附上图纸、材料项目、工程进度表等。还要写明未尽事宜，变更条件等。

5. 签署 内容包括签订合同的当事人双方各自单位的名称、单位地址、法定代表人姓名、委托代理人姓名或自然人姓名、电话、电报挂号、开户银行、账号、邮政编码等。需要鉴（公）证的合同，将有关部门的鉴（公）证意见写在署名的下方，并签署有关部门的全称，加盖公章。

五、合同的写作技能要求

（一）合同的内容必须合法

合同所涉及的内容必须符合国家的有关法律、法规和有关职能部门或行业的管理规定，这样，合同的内容才可能建立在合法的基础上。同时，合同的内容应是当事人意愿的共同体现。

（二）合同的格式必须规范

可向当地市场监督管理机关或业务主管部门购买合同纸，也可按照示范文本格式自行印刷使用。撰写合同时，一定要按规定的文本格式和要求进行。合同的撰写，要严肃认真，不得随意涂改。合同如有错误或遇到特殊情况确需修改时，应将双方同意的意见作为附件附上。如在原件上修改，应加盖双方印章。

（三）合同必须结构完整、条款完备

合同无论采用哪种书面表达形式，结构都应完整；正文中的条款应完备，标的、数量和质量、价款或酬金、履行期限地点和方式、违约责任以及其他条款都应考虑周详。

（四）合同的语言必须准确

合同中使用的概念只能有一种解释，不能因为语词表达不明而引起误解或歧义。对容易引起误解或歧义的词语，要专门规定它的意义，以避免留下隐患。经济合同的语义应该准确，应避免使用“希望”“尽可能”“争取”等模糊性用语，不说空话、套话。经济合同的数字应核对无误，金额应大写。同时还要注意要防止由于错字、别字、漏字、标点符号使用不当等，造成合同的解释分歧和执行障碍。

【例文】

医用气体安装工程经济合同书

建设单位： （以下简称甲方）

施工单位： （以下简称乙方）

（签订合同的当事人的名称、单位名称或个人姓名）

甲方现将医用供气系统安装工程委托乙方施工。为明确甲乙双方责任，加强双方协作，根据《中华人民共和国民法典》等有关法律规定，经双方协商，经双方协商一致，达成条款如下：

（签约的依据和目的）

一、工程项目及范围：

安装一幢住院部楼供氧吸氧系统（详细见表）。

二、施工地点：××县人民医院。

三、承包方式：（全包）包工、包料，其余一切费用由建设单位承担。

四、工程质量：（合格），由乙方提供的施工图纸及有关技术资料，经双方确认后，作为工作质量依据。

五、工程造价：________________，不含税（开票另加8万元）。

六、合同价款的确定：

本工程实行一次性包干，工程合同条款一次性包死，设备材料单价不变，如工程量发生增减，以双方出具工程联系单为准，价格按照原工程报价单中价格计算。

合同自签订生效后，即预付工程总价款15%，即____________整；乙方材料进场后，即付总价款40%，即____________；管线安装完毕付总价款30%，即____________；工程竣工后付总价款10%，即____________；满一年的第一周付总价款5%，即____________。

七、验收：工程质量符合国家行业标准要求，甲方如不能按约定日期组织验收，应从约定最后一天的次日起承担义务工程保管费用。如需有第三方参与验收，检验费根据国家有关规定列入建设单位管理费用。

八、工程保修期限：保修期限从验收合格之日起免费保修一年。终身维修。

双方协作条款：甲方为乙方免费提供施工用电、水及施工人员住宿、工作间和材料仓库，免费提供压力试验用氧和施工后墙洞补修。接地和管道地沟的一切电源线由甲方负责。甲方负责协调其他安装方的配合工作。

乙方须服从甲方的统筹安排，接受甲方的管理，根据国家有关规定和设计方案进行施工，乙方施工安全自行负责。

九、开工日期：____________年________月________日

竣工日期：____________年________月________日

十、违约责任：本合同签字生效后，如有一方违约，违约方应承担一切经济损失及法律责任。本合同未尽事宜，双方协商解决。

本合同一式二份，甲方、乙方双方各执一份。

（正文是经济合同的核心部分，它包括前面介绍的经济合同的“基本内容”条款和其他条款）

甲方代表签字：	乙方代表签字：
单位名称（盖章）：	单位名称（盖章）：
单位地址：	单位地址：
开户银行：	开户银行：
账号：	账号：
邮编：	邮编：

[落款包括当事人双方（或多方）单位（个人）名称、代表姓名，所有具名都要加盖印章。为联系方便，还应注明当事人的地址、电话、邮政编码等。具名右下方要写明签约的年、月、日]

知识链接

合同与协议书的联系与区别

合同和协议书的相同点是：两者都是明确当事人权利义务关系的法律文书；在形式和格式上基本是相同的，都可以称为契约。

合同和协议书的区别如下。

1. 使用范围不同 合同主要用于经济领域。协议书的使用范围比合同广泛。当事人可以用协议书的方式来确定政治、经济、科技、法律、文教、民事等的各种关系。

2. 规范程度不同 虽然协议书和合同都是规约性文书。合同对双方的权利义务以及违约责任也规定得比较明确、具体，具有正式法律效力。但协议书的规范程度比合同低。协议的内容则比较简单、原则、概括，一般不涉及违约责任，而口头协议一律无效。

3. 时效规定不同　合同的时效明确而具体，协议书的时效则有所不同。有些协议书的时效就很长，有的甚至是永久的，如赡养协议书、国家之间的条约等。

4. 订约主体不同　合同的主体只限于平等地位的法人、其他经济组织以及个体户、农村承包经营户；协议的主体可以说是非常广泛的，只要具有行为能力的任何组织、个人都能够成为其主体。

第五节　规章制度

PPT

情境导入

情境：××医院为了使医院的各项工作更加规范有序，需要一份简明的医院规章制度。院办在全院进行内容征集。

思考：1. 如果你也是医院一员，该如何参与起草这份规章制度？

2. 这份制度又将给你带来什么影响？

知识要点

一、规章制度的概念

规章制度是党政机关、人民团体和企事业单位，为了建立正常的工作、学习、生产、生活秩序，依据法律、法令和政策，在自己的权限范围内，制定的大家必须共同遵守的行政法规或行为准则。规章制度也称规章文书。

规章制度是对国家法律、法规的补充，是要求人们共同遵守的准则，具有较强的制约、规范作用。

二、规章制度的特点

（一）广泛性

规章制度是各行各业、各部门都普遍应用的一种文体，上至领导机关，下至科室班组，都可以用它规定有关人员应遵守的事项、职责或应达到的标准等。

（二）约束性

规章制度是为规范人们行为而制订的，是党和国家的方针政策的具体化，在特定范围内具有法规效力，一旦颁布，对适用范围内的所有单位或个人的言行举止具有约束性乃至强制力。

（三）周密性

规章制度的内容要求能面面俱到，细致而周到，不能有遗漏和疏忽；内容要清晰明确，不能有歧义，不能含混不清、似是而非或自相矛盾；具有逻辑的严谨性，无懈可击。

（四）长期性

规章制度一旦形成，将保持较长时间的稳定性，不能朝令夕改，如需修改必须经过严格的修订程序。

三、规章制度的分类

规章制度包括行政法规、章程、制度、公约四大类。不同的类别，反映不同的需要，适用于不同的范围，起着不同的作用。

（一）行政法规类

1. 条例 是具有法律性质的文件，是对有关法律、法令作辅助性、阐释性的说明和规定；是对国家或某一地区政治、经济、科技等领域的某些重大事项的管理和处置作出比较全面、系统的规定；是对某机关、组织的机构设置、组织办法、人员配备、任务职权、工作原则、工作秩序和法律责任作出规定或对某类专门人员的任务、职责、义务权利、奖惩作出系统的规定。它的制发者是国家最高权力机关、最高行政机关（国务院各部委和地方人民政府制定的规章不得称“条例”）。例如《失业保险条例》《中华人民共和国人民币管理条例》。

2. 规定 是为实施贯彻有关法律、法令和条例，根据其规定和授权，对有关工作或事项作出局部的具体的规定。主要用于明确提出对国家或某一地区的政治经济和社会发展的某一方面或某些重大事故的管理或限制。规定重在强制约束性。它的制发者是国务院各部委、各级人民政府及所属机构。例如《××市关于制止低价倾销工业品的不正当价格行为的规定》《新闻出版总署关于出版物上数字用法的试行规定》。

3. 办法 是对有关法令、条例、规章提出具体可行的实施措施；是对国家或某一地区政治、经济和社会发展的有关工作、有关事项的具体办理、实施提出切实可行的措施。办法重在可操作性。它的制发者是国务院各部委、各级人民政府及所属机构。例如《四川中医药高等专科学校班主任工作考核办法》《四川省普及九年制义务教育实施办法》。

4. 细则 是为实施“条例”“规定”“办法”作详细、具体或补充的规定，对贯彻方针、政策起具体说明和指导的作用。它的制发者是国务院各部委、各级人民政府及所属机关。例如《<对外汉语教师资格审定办法>实施细则》《审批个人外汇申请施行细则》。

（二）章程类

章程是政府或社会团体用以说明该组织的宗旨、性质、组织原则、机构设置、职责范围等的纲领性文件，具有准则性与约束性的作用。它的制发者是政党或社会团体。例如《中国共产党章程》《中国写作学会章程》。

（三）制度类

1. 制度 是有关单位和部门制订的要求所属人员共同遵守的准则，是机关单位对某项具体工作、具体事项制订的必须遵守的行为规范。它的制发者是机关团体、企事业单位及其部门。例如《安全生产制度》《××地区环保局廉政制度》。

2. 规则 是机关单位为维护劳动纪律和公共利益而制定的，要求大家遵守的，关于工作原则、方法和手续等的条规。它的制发者是机关团体、企事业单位及其部门。例如《全国安全生产委员会专家组工作规则》《××大学图书馆借书规则》。

3. 规程 是生产单位或科研机构，为了保证质量，使工作、试验、生产按程序进行而制订的一些具体规定。它的制发者是机关团体、企事业单位及其部门。例如《车间操作规程》《计算机操作规程》。

4. 守则 是机关团体、企事业单位要求其成员遵守的行为准则，它倡导有关人员遵守一定的行为、品德规范。它的制发者是机关团体、企事业单位及其部门。例如《全国职工守则》《汽车驾驶员守则》《高等学校学生守则》。

5. 须知　是有关单位、部门为了维护正常秩序，搞好某项具体活动，完成某项工作而制订的具有指导性、规定性的守则。它的制发者是有关单位、部门。例如《观众须知》《参加演讲赛须知》。

（四）公约类

公约是人民群众或社会团体经协商决议而制订出的共同遵守的准则。是人们为了维护公共秩序，经集体讨论，把约定要做到的事情或不应做的事情，应该宣传的事情或必须反对的事情明确写成条文，作为共同遵守的事项。它的制发者是人民群众、社会团体。例如《居民文明公约》《北京市各界人民拥军优属公约》。

四、规章制度的构成要素及格式模板

（一）构成要素

规章制度的种类繁多，内容和适用范围各异，但都应包括标题、正文、落款三部分。

（二）格式模板

构成要素	模板
标题：由制定颁发单位名称、事由、文种三项构成。	×××××××××××× （××年××月××日发布） 或（××年××月××日批准）
正文： 1. 总则	第一章　总则 第一条。 第二条。 ……
2. 分则	第二章　分则 第×条。 第×条。 ……
3. 附则	第三章　附则 第×条。 第×条。 第×条　本章程自公布之日起生效。
落款：在正文的右下方写明制定规章制度的单位名称和日期。如果在标题中已出现或在标题下面已注明的无须再写。	××（单位名称） ××××年××月××日

（三）规章制度各部分的格式、内容和写法要求

1. 标题　一般由制定颁发单位名称、事由、文种三项构成，如《××卫生院一次性医疗用品管理办法》。也有的是两项构成的，如《X线计算机断层摄影技术与磁共振成像设备使用规范》。如果制定的规章制度是暂行或试行的，要在标题内或标题下加括号注明“暂行”“试行”。

2. 正文　各类规章制度的结构安排与写法不尽相同，常见的正文有章条式、条款式两种形式。

（1）章条式（或章断条连式）　适用于表述内容比较复杂的规章制度，如条例、章程、办法等。其内容可分为总则、分则、附则三部分。每一部分均可按内容的多少分列若干章或若干条款，用序号表明。

1）总则　是文章的开头部分或第一章，一般用小标题写明“总则”。其主要内容有制定依据、制定目的（宗旨）和任务、适用范围、有关定义等。总则部分类似于文章的前言，对全文起统领作用。

2）分则　是规章制度的主要内容，通常按事物间的逻辑顺序，或按各部分内容的联系，或按工作程序分条列项编排。“分则”二字一般不写出来，但分则的每章要设小标题。

3）附则　是对中心内容的补充和说明，放在最后一章，以小标题注明“附则”，下面可分若干条。附则的主要内容有实施程序与方式、有关说明（该文书与其他文书之间的关系、附件的效用及数量等）、施行日期。

（2）条款式　适用于表述内容相对简单的规章制度如规则、守则、公约等。开头说明缘由、目的、要求，主体部分不分章节，只分条列出规章制度的具体内容。第一条相当于章条式写法的总则，最后一条相当于其附则。

3. 落款　在正文的右下方写明制定规章制度的单位名称和日期。如果在标题中已出现或在标题下面已注明的，就无须再写。由上级领导机关随公文发送的规章制度，落款也可省略。

五、规章制度的写作技能要求

（一）符合法律法规

规章制度是人们工作、学习、生活的准则和依据，具有一定的行为约束力。因此，它必须符合国家政策法令的基本原则，不能与之抵触和矛盾。

（二）密切联系实际

这指的一是针对性强，二是所订的规章制度合情合理，在实际生活中用得上、行得通。

（三）具有稳定性与适应性

规章制度对群众行为具有指导作用，一旦制订应保持相对稳定，便于群众理解、掌握、贯彻执行。同时也应当实事求是，当现实情况发生变化时，也要在充分论证的前提下作出适应调整。

（四）格式规范，层次分明

规章制度多采用逐章逐条的写法，一般分为章、条、款三层。内容很多的规章制度，条款层次由大到小依次可分为编、章、节、条、款、目、项七级。

【例文】

××医院规章制度（讨论稿）

（标题：写明单位，本案例注明为讨论稿，这是因为规章制度一旦形成定稿，就需要执行，对相关人员影响重大，因而需要慎重讨论后再定稿）

第一章　行政管理制度

第一条　全体员工在医院办公室的领导下从事日常医疗工作，一切以病人为中心，树立全心全意为患者服务的良好医风。

1. 服务至上（微笑服务）。做到细心、热心、耐心、关心、贴心、确保医疗质量。

2. 在任何情况下不得与患者发生争吵，违者给与相应的处罚，情节严重者给与开除。

……（略）

第二条　团结务实，发扬敬业精神。

1. 服从组织、关心集体、坚守岗位、团结互助；以人为本，挖掘潜力，集思广益、开拓业务、共创辉煌。

2. 发扬主人翁精神，维护辩论医院形象和利益，不说不做有损医院的话或事，违者停止一切工作，由办公室处理。

……（略）

第三条　遵纪守法，严格遵守各项诊疗规则。

1. 每位医护人员应服从医院办公室领导的统一管理和调配。

2. 工作积极负责，严格执行规章制度和操作常规，严格消毒制度，严格无菌操作。

……（略）

第四条　作息时间规则

1. 各科室医护人员必须按照排班表按时上、下班及参加值班，不得无故迟到、早退。

2. 每天上、下班值班执行打卡制度，不得代他人打卡，如发现，代打卡人及被代打卡人按当天旷工处理！

……（略）

第二章　辞职与辞退制度

第一条　辞职

1. 员工因工作不适应、回家或其他原因需要离职者，需填写离职申请书，经部门负责人同意、签字后报主任审批后方可生效，审批后交办公室备案。

2. 辞职末生效之前，应正常上班，否则以旷工或自动离职处理。不予结算工资。

……（略）

第二条　移交手续

1. 移交事宜：相关的工作事务、办公用品、生活用品等应移交清楚。员工离职，工衣、工帽、鞋子、头花、工牌、钥匙（宿舍、办公室）及床上用品等须交还，末提供移交清单或归还不全拒付工资。

2. 工作移交：原有的职务上保管的账册、文件、技术资料等相关职务的有关事项均应列入《移交清单》中，并移交指定的接替人员或相关部门，将已办或末了结事项交等清楚。

……（略）

第三条　款项结算

1. 离职、辞退和除名人按规定办完离职手续后，按当月实际工作天数结算工资，但不计发当月所有奖项。如特殊原因，需要立即辞职者，将扣除当月十五天出勤工资，财务结算只计基本工资。

2. 员工因严重违反劳动纪律或医院规章制度而被辞退者接到辞退通知后立即办理手续，医院不作任何补偿，若造成医院经济损失，应赔偿经济损失，严重者将追究其法律责任。

……（略）

第三章　工作服、工牌、帽子的管理规定

工作服、工牌、帽子的管理规定亦是医院对员工工作确认的一种形式，为了树立良好的医院形象和发挥工作服、工牌、帽子应有的作用，特制定本规定：

1. 本医疗机构工作人员除医院另有规定外，必须按医院要求穿工作服，任何员工在医院所属范围内（除了宿舍以外）工作时必须佩戴工牌，否则不能进入工作场所。工牌戴于左胸侧。

2. 工作服、工牌、帽子由医院统一制作，总务科负责保管与发放；员工在办理入职手续后，立即到总务科领取工作服、帽子、工牌。

……（略）

第四章　卫生管理规定

1. 医疗机构及办公场所．必须保持整洁有序，环境宜人。

2. 认真搞好室内外环境和个人卫生，认真执行隔离消毒制度，搞好污水、污物垃圾处理，防止污染和交叉感染。

……（略）

第五章 保密制度

1. 严守医院内部秘密，如发现泄露或出卖医院人事、工资、财务、技术机密及计算机程序或知情不报者，视情节严重给予批评、警告、记过或开除。

2. 如因泄露医院秘密，致使医院蒙受经济或信誉损失者，视情节予经济处罚，除名。必要时通过法律手段以维护医院的利益和名誉。如医院受到经济和名誉损失，追究法律责任，给予赔偿!

本制度自即日起实行，希望大家互相监督，共同遵守。

不听劝阻的违章行为可向上级检举投诉。

备注：本制度从20××年12月1日正式实施，如有违反本院规定者，按上书规定处罚。（备注也可以作为附则单独列出）

知识链接

规章制定程序条例（节选）

（2001年11月16日中华人民共和国国务院令第322号公布　根据2017年12月22日《国务院关于修改〈规章制定程序条例〉的决定》修订）

第一章　总则

第一条　为了规范规章制定程序，保证规章质量，根据立法法的有关规定，制定本条例。

第二条　规章的立项、起草、审查、决定、公布、解释，适用本条例。

违反本条例规定制定的规章无效。

第三条　制定规章，应当贯彻落实党的路线方针政策和决策部署，遵循立法法确定的立法原则，符合宪法、法律、行政法规和其他上位法的规定。

没有法律或者国务院的行政法规、决定、命令的依据，部门规章不得设定减损公民、法人和其他组织权利或者增加其义务的规范，不得增加本部门的权力或者减少本部门的法定职责。没有法律、行政法规、地方性法规的依据，地方政府规章不得设定减损公民、法人和其他组织权利或者增加其义务的规范。

第四条　制定政治方面法律的配套规章，应当按照有关规定及时报告党中央或者同级党委（党组）。

制定重大经济社会方面的规章，应当按照有关规定及时报告同级党委（党组）。

第五条　制定规章，应当切实保障公民、法人和其他组织的合法权益，在规定其应当履行的义务的同时，应当规定其相应的权利和保障权利实现的途径。

制定规章，应当体现行政机关的职权与责任相统一的原则，在赋予有关行政机关必要的职权的同时，应当规定其行使职权的条件、程序和应承担的责任。

第六条　制定规章，应当体现全面深化改革精神，科学规范行政行为，促进政府职能向宏观调控、市场监管、社会管理、公共服务、环境保护等方面转变。

制定规章，应当符合精简、统一、效能的原则，相同或者相近的职能应当规定由一个行政机关承担，简化行政管理手续。

第七条　规章的名称一般称“规定”“办法”，但不得称“条例”。

第八条　规章用语应当准确、简洁，条文内容应当明确、具体，具有可操作性。

法律、法规已经明确规定的内容，规章原则上不作重复规定。

除内容复杂的外，规章一般不分章、节。

第九条　涉及国务院两个以上部门职权范围的事项，制定行政法规条件尚不成熟，需要制定规章的，国务院有关部门应当联合制定规章。

有前款规定情形的，国务院有关部门单独制定的规章无效。

目标检测

答案解析

一、单项选择题

1. 写条据时，下列说法错误的一项是（　）。

A. 对方名称要写全称

B. 要写明物品名称数量或金额

C. 条据一经签订，一般对签约的各方就有了约束力

D. 条据中的文字不得涂改

2. 计划的“措施和步骤”是具体回答“怎么做”“什么时候完成”，这部分要注重（　）。

A. 操作性　　B. 指导性

C. 原则性　　D. 条理性

3. 简报报头的构成要素有名称、期数、编印日期和（　）。

A. 编印机关　　B. 抄送机关

C. 主送机关　　D. 报送机关

4. 规章制度的引言一般要写明制定文件的（　）。

A. 目的依据　　B. 基本内容

C. 生效时间　　D. 解释权

5. 合同条款中的“标的”指（　）。

A. 当事人双方权利和义务的共同指向

B. 合同买卖中的货物

C. 合同中劳务

D. 合同中的价款和酬金

二、多项选择题

1. 对外使用条据对财物的写作要求是（　）。

A. 阿拉伯数字可以只用小写

B. 数字前不留空白

C. 数字后面要写量词

D. 金钱要写明金额，必须用大写

E. 物品要写明名称、规格、数量

2. 以下关于法定公文和事务性文书的区别，理解正确的是（　）。

A. 法定公文的实用性不如事务文书

B. 法定公文更具权威性

C. 法定公文较事务文书涉及的面广泛

D. 法定公文较事务文书的格式要求严格

E. 法定公文一般都需要标明发文字号，并需要在秘密等级紧急程度上加以区分，而事务文书则一般没有这方面的要求

三、改错题

下边是张贴在校内的“招领启事”，请认真阅读，指出其中的错误并改正。

> 招领启事
>
> 昨天中午，本人在从教室到校礼堂的路上拾到一个书包。书包是白色帆布面料，上面还挂着一只毛绒小熊猫，里面有一本《诊断学》教材和两支黑色中性笔。
>
> 望失主速来认领。
>
> 吴明仕

四、写作题

1. ××医学院校团委举办元旦庆祝活动，届时将有多项活动，包括举行篮球比赛、读书报告会、文艺联欢会、电影专场、书画展等。请拟一个条款式活动计划，计划名称、内容及说明均要求具体明确，有关内容如时间、地点、负责人等可以虚拟。

2. 根据你所在学校宿舍的实际情况，拟写一份宿舍文明公约。

书网融合……

重点小结　　微课　　习题

第五章　公关礼仪文书写作

第一节　感谢信、慰问信

PPT

学习目标

知识目标： 通过本章的学习，掌握各个文种的构成要素；熟悉撰写本章各个文种的技能要求；了解本章各个文种的概念、用途、特点、分类等。

能力目标： 能从格式、内容、语句上辨别本章各个文种的正误；能写规范的感谢信、慰问信、贺信、祝词、欢迎词、答谢词、演讲稿、解说词、请柬、海报。

素质目标： 树立文明和谐的社会主义核心价值观，增强正确的自我意识和践行传统文化的意识，体现人文精神，学会感恩；培养较高的思想修养和高尚的道德品质；培养良好的心理素质、创新、想象和应变能力；掌握一些社交技巧，善于倾听，关心和理解别人，对别人的成功或喜悦体现出由衷的祝贺，做文明表率，传播正能量。

感谢信

情境导入

情境： ××医学院××级药学专业的毕业生小刘和几位同学被安排在××二级甲等综合性医院药剂科进行了为期六个月的实习，现已实习结束。在实习期间，他们在工作、学习、生活诸方面得到了医院领导和药房主任及各位老师的极大帮助。小刘和同学们通过实习不仅巩固了所学的专业知识，进一步提高了专业技能，更是从老师们身上学到了爱岗敬业、救死扶伤、团结协作等高尚精神和优秀品质，为今后的工作奠定了坚实的基础。

思考： 1. 学生们在离开实习单位之前，是否需要对医院领导、老师们表达感激之情呢？

2. 同学们委托小刘写一封感谢信。如果你是小刘，怎么写这封感谢信呢？

知识要点

一、感谢信的概念

感谢信是在得到有关单位或个人给予的关心、支持或帮助后，向对方表示感谢的专用书信。感谢信对于弘扬正气、树立良好的社会风尚，促进社会主义精神文明建设有着重要意义。它广泛应用于个人与个人之间、个人与组织之间、组织与组织之间，用以向给予自己帮助、关心和支持的对方表示感谢。

二、感谢信的特点

1. 确指性被感谢者是特定的单位或个人。

2. 事实性缘由为已成事实，时间、地点和事情真实。

3. 感激性言语里充满对对方的感激之情，感动和致谢的色彩强烈鲜明。

4. 公开性对感谢的对象进行公开感谢和表扬。

三、感谢信的分类

（一）根据被感谢对象的不同分类

1. 普发性感谢信　对众多的单位或大众表示感谢。

2. 专指性感谢信　被感谢者为特定的单位或个人。

（二）根据按感谢信的存在形式分类

1. 直接寄送给感谢对象。

2. 寄送对方所在单位有关部门或在其单位公开张贴。

3. 寄送给广播电台、电视台、报社、杂志社等媒体公开播发。

4. 通过网络平台播发。

四、感谢信的构成要素及格式模板

（一）构成要素

感谢信是由标题、称谓、正文、结语、落款构成的。

（二）格式模板

构成要素	模板
标题：只写文种；也可加上感谢对象；还可再加上感谢者。 **称谓**：单位名称或个人姓名。 **正文**： 1. 感谢对方的理由 2. 表达感谢之意 3. 感谢信结语 **落款**： 1. 单位名称或个人姓名 2. 日期（阿拉伯数字）	**感谢信** ×××××： 　　×××××××××××××××××××××× ×××，×××××××××××××××××× ×××。 　　×××××××××××××××××××××× ×××××××××××××××××××××××。 　　此致 敬礼 单位署名（加盖印章） ×××年××月××日

（三）感谢信各部分的格式、内容和写法要求

1. 标题　一般有三种写法：第一种即写文种“感谢信”；第二种由受文单位和文种组成，如“致×××的感谢信”；第三种由发文机关、受文单位和文种组成，如“×××全家致×××市×××医院的感谢信”。

2. 称谓　写被感谢的单位名称或个人姓名，根据情况可以在名称或姓名前加“尊敬的”“亲爱的”等修饰语，以表敬重；后缀“先生（女士）”或职务（职称）。如“×××制药厂”“尊敬的×××先生”，称呼之后加冒号。

3. 正文　其内容一般要写明两方面的内容：一是写感谢对方的理由，二是表达感谢之意。

（1）感谢理由　即“为什么感谢”，首先准确、具体、生动地叙述对方的帮助，交代清楚人物、

时间、地点、事迹、过程、结果等基本情况；然后在叙事基础上对对方的帮助作恰当、诚恳的评价，以揭示其精神实质、肯定对方的行为。在叙述和评价的字里行间要自然渗透感激之情。

（2）表达谢意　在叙事和评论的基础上直接对对方表达感谢之意，根据情况也可在表达谢意之后表示以实际行动向对方学习的态度。

4. 署名与日期　在感谢信的右下方写感谢者的单位名称（加盖单位印章）或个人姓名。用阿拉伯数字标识成文时间，年、月、日俱全，如××××年××月××日。

五、感谢信的写作技能要求

（一）内容要真实，用语要适度

感谢信的内容必须确有其事，不可夸大溢美。感谢信以感谢为主，兼有表扬，所以表达谢意时要真诚，说到做到。感谢信叙事要精练，以主要事迹为主，详略得当，篇幅不能太长，点到为止。用语要求是精炼、简洁，遣词造句要把握好一个度，不可过分雕饰，评誉对方时要恰当，不能过于拔高，以免给人一种不真实、虚伪的感觉。

（二）揭示意义

在叙述事实的基础上指出对方的支持和帮助对整个事情成功的重要性以及体现出的可贵精神，同时表示向对方学习的态度和决心。

【例文1】

感谢信

（标题：由文种构成）

尊敬的××医院的领导、老师：

（称谓：写感谢的对象，可以用尊称或敬语）

您们好！

我们是××医学院××级药学专业的实习生，在贵医院为期半年的实习已接近尾声。在此，诚挚地感谢贵医院给我们在这实习的机会！也诚挚地向各位关心、指导我们的老师说声：“老师，您们辛苦了！谢谢您们！”

参加实习是我们从学校踏入社会的第一步。回忆实习期间的点点滴滴，心里充满着感激和快乐！在这里，我们不仅巩固了知识，提高了专业技能，也获得了很多快乐！在药剂科实习的近半年里，老师们教我们知识、与人交流与人沟通的能力以及处事道理，关心我们的生活！药剂科的每位老师都对我们很好！药库、票据管理室、窗口服务的老师们也对我们很好！在这里我们感觉到一种大家庭的温暖！

（感谢的理由，写明在什么时候得到对方什么关心、支持和帮助，对此表示感谢，叙述事实真实清楚）

各位老师严谨的工作作风，精湛的专业技能，崇高的敬业精神让我们受益匪浅，这也是我们今后努力的方向。

在此，我们药学专业的实习生再次向您们说声：“谢谢您们！”感谢您们给我们的教导、关心和帮助！也感谢教育科的老师让我们的实习进行顺利！也感谢师兄师姐们在生活上给我们的关照！衷心地祝福每一位领导、老师：身体健康、天天开心、合家幸福！祝贵院的医疗和教育事业蒸蒸日上！

（得到对方关心、支持和帮助后，有什么效果，在今后将起什么作用。再次向对方表示感谢）

（这是一篇专指性写给有关单位的感谢信，感情真挚，语言简洁，表达清楚）

此致

敬礼

（使用规范的结语）

××医学院××级药学专业实习学生

××××年××月××日

（在右下方写感谢者，由于是不是以个人名义写的，所以不用署名。成文时间用阿拉伯数字标识，年、月、日俱全）

【例文2】

致××市中心医院的感谢信

（标题：由受文单位和文种构成）

××市中心医院各级领导、医护人员：

（称谓：被感谢的对象）

我是×××患者的家属，我母亲患有严重的心脏病，同时还有糖尿病、高血压等系列疾病，多次入住贵院，在医护人员的精心治疗和护理下，几次都转危为安。在此，我代表全家人向贵医院表示衷心的感谢，向心内科的×××等医生及全体医护人员表示衷心的感谢！

在我母亲长期住院期间，心内科的全体医护人员，以高度负责的精神，不辞劳苦，一次又一次进行检查、治疗，及时缓解、稳定了母亲的病情。她们爱岗敬业的精神和对家母的关心体谅都让我们深受感动。

特别是主治医生×××大夫，针对家母的病情，制订了适当的治疗方案；不厌其烦地一次次询问家母的感受，还详细地把病情的进展解释给我们听，叮嘱我们日常注意事项，让我们感到非常亲切。×××医生对待患者耐心细致，治疗处方严谨、全面。她想患者之所想，急患者之所急，待患者如亲人，其和蔼的态度，贴心的话语使我们得到了很大的宽慰。

（写明了感谢的理由）

作为患者的家属，一句简单的“谢谢”已不足以表达我们的感激之情；作为患者能遇到这样一位医术精湛、医德高尚的医生真是莫大的欣慰！

最后，请允许我代表全家，再次向贵医院及心内科全体医护人员表示真诚地感谢！并致以深深地敬礼！在此新春之际，恭祝医院各位领导及全体医护人员事业畅达、身体健康、阖家欢乐！

（表达了谢意）

（正文：叙述了感谢的缘由和对方事迹，清楚明白，在阐述基础上对对方的帮助作恰当、诚恳的评价，颂扬了品德，情感由衷真挚）

此致

敬礼

（结语规范）

×××家属

20××年12月8日

（落款位于正文左下方，成文日期下一行排列）

慰问信

情境导入

情境： 小刘毕业后应聘到××省××药业有限公司工作。两年后，小刘由于能力突出，被调入公司办公室工作。春节临近，因为病毒横行，社会用药量急剧增加。××省××药业有限公司为了满足大众用药需求，广大员工在做好安全防护的情况下，放弃假期，返回工作岗位加班加点地工作。全体员工齐心协力舍小家顾大家，使公司在产品质量、新厂建设、市场营销、科技研发、企业管理等方面取得辉煌的成绩。在春节来临之际，董事长×××先生想从精神层面表达对员工及其家属的感谢和慰问，主任安排小刘完成文字工作。

思考： 1. ××省××药业有限公司的广大员工体现出了什么精神？

2. 小刘想通过慰问信表达对员工及其家属的感谢和慰问，他该怎么写呢？

知识要点

一、慰问信的概念

慰问信是以组织或个人的名义，向在某方面作出特殊贡献、遇到意外损失和遇到巨大灾难的集体或个人表示热情关怀和亲切问候的一种专用书信。

慰问的对象可以是节假日坚守岗位的人员（如军人、科研工作者、服务行业的人员等）；可以是各条战线上取得显著成绩，作出重大贡献的个人或集体；可以是灾区人民和抗灾官兵；也可以是海外同胞或留学生等。慰问信能体现组织的关怀及亲友、同志之间的情谊，给人以精神上的慰藉。也具有宣传、鼓励的作用，鼓励人们无论是在成绩还是在困难面前都应勇往直前。

二、慰问信的特点

1. 发文的公开性　慰问信可以直接寄给本人，但大多是以张贴、登报，在电台、电视上播放的形式出现的。

2. 情感的沟通性　人与人之间最珍贵的就是相互理解、同情和关怀，它可以使人摆脱孤独和无助，获得信心和力量。慰问信就是一种精神关怀方式，不仅表达关切和问候，也常常提出希望，发出号召，激励情绪，鼓舞斗志。

3. 书信体的格式　慰问信采用的为书信体格式。

三、慰问信的分类

从慰问的对象内容上看，慰问信可分为三种类型。

（一）表彰性的慰问信

这是对在重大斗争中取得胜利，在重要工作中取得成就，在重大活动中获得成果的集体或个人所发的慰问信。

（二）安慰性的慰问信

这是对遭受灾难袭击或不幸事故的集体或个人发出的慰问信。发生地震、洪灾、旱灾等自然灾害，政府等有关部门就需要向灾区的民众进行慰问；意外事故造成了伤亡，有关单位需要向受伤者及死亡者家属表示慰问；烈士为人民的利益捐躯，政府和人民也都会对他们的亲属表示慰问。

（三）节日慰问信

在重要的节日，如元旦、春节、国庆节、教师节等，党政机关、社会团体、企事业单位等，也需要对群众或特定人员进行慰问。

四、慰问信的构成要素及格式模板

（一）构成要素

慰问信通常由标题、称谓、正文、结尾、落款五部分构成。

（二）格式模板

构成要素	模板
标题：只写文种；也可由慰问对象和文种组成；还可由慰问双方和文种名组成。 **称谓**：单位名称或个人姓名。 **正文**： 一般由发文目的、慰问缘由或慰问事项等部分构成。 慰问信结语 **落款**： 1. 单位名称、姓名 2. 日期（阿拉伯数字）	**慰问信** ×××××： 　　×××××××××××××××××××××× ×××，×××××××××××××××××××× ×××。 　　×××××××××××××××××××××× ××××××××××××××××××××××××。 　　××××××××××××××××××××。 　　祝节日愉快！ 单位名称或个人姓名 ××××年××月××日

（三）慰问信各部分的格式、内容和写法要求

1. 标题　一般有三种写法：第一种单独由文种名称组成，如“慰问信”；第二种由慰问对象和文种共同组成，如“致中国人民解放军驻××省部队全体指战员的春节慰问信”；第三种由慰问双方和文种共同组成，如“×××致中国援非全体医疗队员的慰问信”。

2. 称谓　标题下空一行，要顶格写上受文者的名称或姓名称呼。如果是写给个人的，应在姓名之后，加上“同志”“先生”等字样，后加冒号，如“郑州市人民政府：”“鲁迅先生：”。

3. 正文　需另起一行，空两字写慰问的内容。一般包括三方面的内容。

（1）简要叙述因何事向对方写慰问信　该部分要开宗明义，写清楚发此信的目的是代表何人向何集体表示慰问。如“中共杭州市委慰问驻杭部队军烈及转业军人”的开头：“值此新春佳节即将到来之际，中共杭州市委、市人大常委会、市人民政府、市政协代表全市人民，真诚地向你们及亲属表示亲切的慰问，并致以崇高的敬意。”

（2）详细叙述对方的业绩或所遭受的困难　本部分要概括地叙述对方的先进思想、先进事迹，或战胜困难、舍己为人、不怕牺牲的可贵品德和高尚风格；或者简要叙述对方所遭受的困难和损失，以示发信方对此关切的程度。要表现出发信方的钦佩或同情之情。

（3）结合当前形势，提出希望、号召或对慰问对象予以鼓励。

4. 结尾　表示共同的愿望和决心。如“让我们携手并进，为早日实现祖国的四个现代化而共同奋斗”，又如“……困难是暂时的，最后的胜利一定属于我们！”等。接着写祝愿的话，如“祝你们取得更大的成绩”“祝节日愉快”等，但“祝”字后面的话应另起一行，空两格写，不得连写在上文

末尾。

5. 落款　署名与日期。慰问信的落款要署上发文单位或发文个人的称呼，并在署名右下方署上成文日期。如2025年1月18日。

五、慰问信的写作技能要求

1. 向对方表示出无限亲切、关怀的感情，使对方有一种情谊深厚、温暖如春的感觉。

2. 在较全面地概括对方可贵精神的同时，并提出殷切希望，勉励他们继续努力工作，刻苦奋斗，取得胜利。

3. 行文要诚恳、真切，文字朴实、精炼，措辞要恰当，篇幅要短小。具体叙述对方的先进事迹时务必交代清楚人物、事件、时间、地点、原因和结果，尤其重点叙述关键时刻对方给予的关心和支持。

【例文】

××省××药业致全体员工及家人的慰问信

（标题：由慰问双方和文种共同组成）

亲爱的××药业全体同仁及家人：

你们好！

（称谓：写慰问的对象，可以用尊称或敬语）

金鼠辞年去，吉牛献岁来！值此新春佳节来临之际，我谨代表公司向坚守岗位、辛勤工作的全体员工，向长期默默奉献、支持公司发展的家属同志们，表示衷心的感谢和诚挚的问候！恭祝大家在新的一年万事如意、阖家幸福！

（正文：简述因何事向对方写慰问信）

过去的一年，是××药业在新一轮经济转型背景下，加快发展方式转变的关键之年。面对市场竞争的严峻挑战和同行业竞争发展的巨大压力，公司积极适应市场环境，拓展新市场，公司不仅扩大了经营规模，而且新的生产基地建设即将竣工。面对公司的蓬勃发展和壮大，相信每个海润人都无比欣慰和自豪。

××药业的成绩离不开您的付出、您的汗水和您的努力。在此，我代表公司对您的付出表示衷心的感谢和诚挚的祝贺！您的成绩背后是您家人的理解和大力支持，请您向他们捎去我诚挚的问候和衷心的感谢！

××药业“心怀苍生大爱，用心经营健康”的企业理念让我们肩负着将民族传统中医药发扬光大、开创人类生命健康事业的时代责任和神圣使命，同时也让我们倍增无限荣光。它让我们清楚地认识到了我们的事业的伟大之处，让我们认识到自己的人生价值所在，并促使我们在产品质量、新厂建设、市场营销、科技研发、企业管理等方面取得如此辉煌的成绩。为此我们无比骄傲和自豪，因为我们从事的是人类的健康事业，我们所做的事业将帮助天下黎民苍生摆脱病痛的纠缠，我们要吸收汲取一切古今中外的人类自然科学和社会科学的文明营养，心系万众健康，立志医药济世，成就百年大业。

（慰问的缘由，详细叙述由于大家的努力给公司带来的业绩）

在此前提下，有我们累积多年的坚实基础，有我们大家的共同努力，相信我们公司的前景也必将更加美好。让我们以更大的热情，以加倍的努力，同舟共济，开创××药业辉煌灿烂的明天！

（结尾：结合当前形势，提出希望、号召）

诚挚地祝您阖家团圆，生活美满，万事顺意，幸福安康！

××省××药业有限公司董事长×××
××××年×月×日

（落款：在右下方写单位名称和个人姓名。成文时间用阿拉伯数字标识，年、月、日俱全）

（这是一篇节日慰问信，向对方表示出了感谢和关怀，感情真挚。在较全面地概括公司成绩的同时，提出希望，勉励大家继续努力取得更大成绩。）

知识链接

慰问信与感谢信的异同

1. 相同点 感谢信与慰问信都是书信体文书，发送方式一样，书写格式也一样。二者都有表扬的成分。

2. 不同点

（1）内容侧重点不同 感谢信重在表示谢意，多讲对方对自己的帮助和支持，而慰问信则重在表示慰问，多讲对对方的勉励和激励。

（2）写作对象略有不同 感谢信可以是感谢单位的，也可以是感谢个人的，而慰问信则多是对某些单位、集体或群众表示慰问。

第二节 贺信、祝词

PPT

贺 信

情境导入

情境： 今年是××医药技师学院建校五十年，学院党委决定于九月十日举办庆祝活动。小刘所在的××省××药业有限公司与该校进行了多年的校企合作，建立了深厚的友谊。××医药技师学院为公司输送了大批人才，为企业的升级和发展作出了很大贡献。为此，××省××药业有限公司要发一封贺信，主任安排小刘完成贺信的写作。

思考： 1. 在××医药技师学院庆祝建校五十年的活动中，××省××药业有限公司为什么要表示祝贺？

2. 如果你是小刘，你该怎么完成这封贺信？

知识要点

一、贺信的概念

贺信是指行政机关、企事业单位、社会团体或个人向其他集体单位或个人表示祝贺的一种专用书信。如对科研任务的完成，重要工程的开工、竣工，重大会议的开幕、闭幕，国家首脑的任职，企事业单位的成立或庆典，重要人物的寿辰等都可写信表示祝贺。贺信对于双方沟通感情、增进友谊、促进团结、相互激励有着重要作用。

二、贺信的特点

1. 以祝贺为主，兼有激励、赞扬、表彰、希望等作用。
2. 通过人工投递或电子邮件送抵受贺者。
3. 感情热烈。

三、贺信的分类

1. 按作者类型分类　国家贺信、单位贺信、个人贺信。

2. 按内容分类　重要节日祝贺、取得工作成绩祝贺、获得重大成就祝贺、有重大喜事祝贺。

四、贺信的构成要素及格式模板

（一）构成要素

贺信一般由标题、称谓、正文、结尾和落款五部分构成。

（二）格式模板

构成要素	模板
标题：文种或由受贺对象和文种组成或由慰问双方和文种组成。 **称谓**：单位名称或个人姓名。 **正文**： 1. 开头 2. 主体 **结尾**： “此致敬礼”，或鼓励或希望或表示良好的祝愿。 **落款**： 1. 单位名称、姓名 2. 日期	**贺信** ×××××： 值此×××××××之际，谨代表××××向×××××表示热烈的祝贺！×××××××××××××××××××××××××，××××××××××××××××××××××。 ××××××××××，×××××××××××××××××××××××。 祝×××××××！ 单位名称或个人姓名 ××××年××月××日

（三）贺信各部分的格式、内容和写法要求

1. 标题　通常有四种：第一种只写文种名称“贺信”二字。第二种由祝贺单位名称或个人姓名和文种构成，如“××县人民政府贺信”“××同志的贺信”。第三种由受贺单位名称或个人姓名和文种构成，如“致××大学建校 50 周年的贺信”“致××教授从教 60 周年的贺信”。第四种由祝贺单位名称或个人姓名、受贺单位名称或个人姓名和文种构成，如“××省人民政府致××大学建校100 周年的贺信”“×××同志致×××先生 80 寿辰的贺信”等。个人之间的贺信也可不写标题。

2. 称谓　顶格写受贺单位名称或个人姓名与尊称，如“××医药公司”“×××先生”。

3. 正文　一般分两层。

（1）开头　一般简要交代背景和有关情况，并表示祝贺，以营造热烈的气氛。如“值此……之际，谨代表……向……表示热烈的祝贺！并致以崇高的敬意！”

（2）主体　应根据受贺对象而写。如是祝贺对方完成科研任务，就充分肯定并热情赞扬对方取得的重大成就或突出贡献，以及根本原因和重要意义；如是祝贺工程的开工，就重点写该工程开工的重要意义；如是祝贺会议，就重点写会议的主要内容和重要意义；如是祝贺单位的成立，就重点写该

组织成立的重要意义和作用；如是祝贺寿辰，就重点写对方的突出贡献和高贵品质。主体的字里行间应表达对对方的赞扬、表彰之意。

4. 结尾 一般以“此致敬礼”作结。也可表示热情的鼓励和殷切的希望或表示良好的祝愿，如“祝争取更大的胜利”“祝您健康长寿”等。

5. 落款 署名与日期。写祝贺单位名称或个人姓名和写信时间。

五、贺信的写作技能要求

1. 贺信要体现的是自己真诚的祝福，是加强彼此联系、增强双方交流的重要手段。所以贺信要写得感情饱满充沛，冷冰冰的陈述、评价是表达不出贺者心愿的。

2. 贺信内容要真实，评价成绩要恰如其分，表示决心要切实可行。不可空发议论，空喊口号。

3. 语言要求精炼、简洁、明快，不堆砌华丽辞藻。篇幅要短小精悍。

【例文 1】

××医药集团有限责任公司致××学院五十周年校庆贺信

（标题：由双方单位名称加文种构成）

××学院：

（称谓：顶格写受贺单位名称）

适值教师节，欣闻贵院隆重举行建校50周年庆典，谨向贵院全体师生员工及广大校友致以诚挚而热烈的祝贺！

（正文：交代背景和有关情况，并表示祝贺）

五十年来，××学院秉承“明德厚能、敬业乐群”的职教理念，将保障人类健康的医药与百年大计的教育相结合，遵循“就业才是硬道理”的指导思想，精心施教，保证每位莘莘学子能够学有所长、学以致用、学有所成。贵院始终紧跟时代步伐，锐意进取，砥砺耕耘，励精图治，自强不息，坚持教育创新，突出办学特色，为医药战线培养了大批优秀人才，为我国医药事业的发展作出了重要贡献！

回顾往昔，多年来××学院与我公司全方位、多层次精诚合作、携手共进，取得了丰硕的合作成果，结下了珍贵的深厚友谊，堪称校企合作的典范。展望未来，××医药技师学院与我公司科研与人才等方面交流合作的前景更加广阔。站在新的历史起点上，我们真诚希望贵院与我公司交流合作的规模进一步扩大，合作的内容进一步拓宽，合作的水平进一步提高。

值此庆典之际，祝××学院以此为契机，不断抓住新机遇，迎接新挑战，构筑新优势，赢得新发展，创造新辉煌，建设成为特色鲜明、国内一流的职业院校，为我国医药教育与科研事业再谱新篇章！

（正文：肯定并热情赞扬对方取得的重大成就及重要意义，字里行间表达了对对方的赞扬和对美好未来的展望）

预祝××学院50周年庆典圆满成功！

（结尾：表示良好的祝愿）

××省××药业有限公司

××××年×月×日

（落款：在右下方写单位名称和成文日期）

【例文 2】

贺信

（标题：只写文种）

尊敬的××公司×××董事长并全体同仁：

（称谓：顶格写受贺单位名称）

欣闻××药业公司成功改制为××公司，这是××发展历程中具有里程碑意义的大喜事。值此××公司揭牌之际，××公司董事长兼总经理×××携全体员工向××公司×××董事长及全体同仁致以最热烈的祝贺！

（正文：开头，交代背景和有关情况，并表示祝贺）

××公司诞生于革命战争年代，发展壮大于改革开放的新时代。具有××年革命光荣历史的××公司秉承“××”的企业精神，解放思想，更新观念，抢抓机遇，求真务实，开拓进取，创造了一个又一个药业奇迹，为我国医药工业的发展和现代化建设做出了突出的贡献，成为国内医药界学习、尊敬和推崇的楷模。

××药业有限公司改制为××公司掀开了企业发展崭新的一页，也标志着××公司向着现代化、国际化大公司又迈出了更加坚实的一步。我们坚信，在×××董事长及董事会的正确领导下，通过经营层和全体员工的不懈努力，贵公司必将迎来更加辉煌和灿烂的明天！

最后，借××公司揭牌之际，衷心希望我们同心携手，进一步增进相互间的友谊，不断加强双方的合作，用智慧和双手创造我们更加美好的未来。

（正文：主体，肯定受贺单位的发展历程，热情赞扬对方取得的重大成就及重要意义，字里行间表达了对对方的赞扬和祝贺之意）

衷心祝愿×公司蒸蒸日上，兴旺发达！

衷心祝愿贵公司全体员工身体健康，生活更加美好！

（结尾：表示良好的祝愿）

（全文简洁明快，热情有力）

×××公司

××××年×月×日

（落款：在右下方写单位名称，成文时间）

祝　词

情境导入

情境：我们已经进入了一个全面公共关系时代，经营管理效能体现企业的公共关系水平。春节将至，××省××药业有限公司总经理×××先生为了感谢公司全体员工，表达对大家的新春祝福，鼓励大家在新的一年取得更大成绩，为公司的发展作出更大贡献。公司安排办公室秘书小刘写一篇新年祝词。

思考：1. 在每年重大的节日里，为什么企事业单位的领导要为员工们送祝福？

2. 如果你是小刘，该如何写这篇新春祝词？

知识要点

一、祝词的概念

祝词，也写作“祝辞”，是指对人或对事表示祝贺的言词或文章。它主要用于机关、团体、组织、企事业单位或个人对某个会议、某项事业、某种事物或个人的某个特定日子、事件等表示祝愿、希望。

二、祝词的特点

祝词具有三个显著特点。

1. 主题先行。向谁祝贺什么，开篇就写明。
2. 表述直白。既然是祝贺就不需要过多的含蓄，直来直去，有啥说啥。
3. 现场感十分强，语言通俗、精练。

三、祝词的分类

（一）事业祝词

这是常用的一种祝词，多用于祝贺会议开幕、工程竣工、剪彩、新年伊始，以及某社团、机构、报刊创办或节日、纪念日等。

（二）寿诞祝词

寿诞祝词的对象主要是老年人。祝词的主要内容：①庆祝、祝愿某人幸福、健康、长寿；②赞颂其品性、功德。

（三）祝酒词

祝酒，在现代社会已发展成为一种招待宾客的礼仪。客人初到，设宴洗尘，宴会伊始，主人和客人都要致祝酒词。酒并不是祝的对象，而是人们交往中的一种媒介，一种祝愿形式。祝酒词的写法与事业祝词的写法基本相同，只是开头、结尾略有区别，结尾时一般都要提出为参加宴会及与之有关人员的健康、为与宴会有关的事业的发展干杯。

四、祝词的构成要素及格式模板

（一）构成要素

祝词通常有标题、称谓、正文、结语、落款几部分。

（二）格式模板

构成要素	模板
标题：只写文种；也可不写。	祝词
称谓：一般要用全称，称谓要得体。	×××××：
正文： 先表示祝贺或欢迎；介绍形势、背景及重要意义；给予适当的评价并给以鼓励。	××××××××××××××××，××××××××××××××××××××××××××××××。××××××××，××××××××××××××××××××××。××××××××，×××××××××××××××××××××。
结语	我们衷心地祝×××××××！
落款：署名和日期	××× ××××年××月××日

（三）祝词各部分的格式、内容和写法要求

1. 标题　不要标题或通常只写文种，但也有“××××年新年祝词”等标题形式。

2. 称谓　一般要用全称，称谓要得体；有时还要注意具体场合，尽可能在称呼中包括全部在场

的人。

3. 正文　首先应根据具体情况，或对会议的召开、活动的举行、工厂的开工，或对对方的喜庆、事业有成，或对贵宾的来访等表示祝贺或欢迎。对重要会议或重大事件，还要用相当的篇幅介绍形势、背景及重要意义；对重要人物，还要概括其主要功绩，给予适当的评价；对某人的事业有成，也可以简要介绍一下其成就，分析一下取得成就的原因并给以鼓励。

4. 结尾　一般都有固定的语言。当然，也可以根据双方的特殊关系，根据不同的场合、不同的事件，另拟更为合适的祝词。

5. 落款　一般情况下，正式的、较为隆重的祝词，都要完整地在正文结尾后署上名字（是单位要写明全称）、日期，有的还注明具体地点，也有的把日期写在标题下。

五、祝词的写作技能要求

写好祝词，最重要的一点是要有公关意识。具体要注意以下几个方面。

1. 动笔之前，要尽可能完整地了解祝贺对象的基本情况，这样写来的祝词就会切人切事，言之有物。

2. 表达祝贺之意。祝贺是祝词的核心，虽然在阐述、评价中体现了祝贺之意，但是还必须有直接的祝贺语言。这种祝贺词，既要热情、诚恳，又要简洁、自然，要说到客体心坎上。

3. 要注意彼此的关系，切合双方的身份。

4. 祝词要有真挚的感情，写得热情洋溢。标题要醒目、新颖、简洁，最好是能在一瞥之间就把人的兴趣和注意力紧紧抓住。

【例文 1】

祝　词

（标题：只写文种）

各位朋友：

（称谓：顶格）

大家好！

非常荣幸，我受各位委托，代表大家向我们共同的朋友×××先生祝贺生日。

（正文：先表明目的是受委托专程来祝贺）

相信大家和我一样，之所以专程赶来参加×××先生的生日晚会，是为了向他表达我们的敬重与谢意。

能够成为×××先生的朋友，是我们的一大幸事。他不仅具有出众的才干、令人景仰的成就，而且是我们可以患难与共、推心置腹的挚友与知己。

尊敬的×××先生，愿您永葆青春，永远精神抖擞，事业与生活都永远顺心如意。年年有今日，岁岁有今朝。

（正文：称颂、赞扬对方）

亲爱的×××先生，我们衷心地祝您生日快乐！

（结尾：表示祝愿）

×××

××××年××月××日

（落款：署名和日期）

（这篇祝词结构完整，语言精炼、简洁，感情真挚，文字里行间充满着热烈、喜悦、愉快的气息。）

【例文 2】

××省××药业有限公司××××年新春祝词

（标题：由内容和文种组成）

尊敬的公司全体员：

（称谓：顶格，尽可能包括接受祝词的所有人）

梅花映春晖，金龙报喜来。在这个举国同庆的日子里，我谨代表××公司领导班子，向过去一年来努力工作、辛勤付出、无私奉献的全体员工，致以诚挚的问候、新春的祝福和美好的祝愿！

（正文：先表明祝词的目的是对新年的到来表示祝福）

过去的一年，由于全体员工的辛勤努力与奉献，公司保持着健康、稳步、持续的发展势头。面对市场风云变化，全体员工精诚合作，兢兢业业，谱写了公司发展的新篇章。公司改变了经营策略，和国内外客户建立长期稳定合作关系，启用规模化新厂房、引进现代化设备、增强新药品开发实力、借鉴推行成功企业的管理成果等，从而较好地提升了企业的竞争力，为公司的发展夯实了基础。这些成绩的取得，是全体员工集体智慧、汗水和奉献的结晶，充分展现出公司员工的创业精神和拼搏作风，实践着员工与企业的和谐进步！

新的一年，公司将进一步深入体制改革，推进多元化药品经营，寻求更大的发展空间。同时，公司把人才战略放到更加重要的位置，努力引进更多的管理人员、技术人才，并提供更为广阔的发展舞台。展望××××年的奋斗目标与发展蓝图，我们坚信：新的一年、新的希冀、新的耕耘，通过全体员工的共同努力，公司一定能实现新的飞跃、新的辉煌！

（正文：对过去一年的成就进行了肯定和评价并分析了取得成就的原因；对新的一年提出了鼓励和希望）

最后再一次祝大家在新的一年里身体健康、阖家欢乐、工作顺利、心想事成！

（结尾：再次表示祝愿）

×××

××××年××月××日

（落款：署名和日期）

（这是一篇新年祝词。格式完整，内容要紧扣祝词的背景和内容，抓住重点，善于概括，充分揭示了祝词内容的意义。感情热烈而真诚，富有鼓舞人心的力量。）

知识链接

贺（信）词与祝词的区别

贺（信）词与祝词都是用于喜庆祝贺的文书，在某些场合可以互用，既表示庆贺、道喜，又提出祝愿、祈求。但二者所包含的意义并不完全相同。

1. 贺（信） 词一般用于对事物有了结果表示庆贺、贺喜、赞美。例如某项科研成果通过了国家鉴定。

2. 祝词 是对特定的对象表示良好祝愿，是对预期结果的祝愿、祈求、祝福。例如某合资企业开业典礼。

第三节　欢迎词、答谢词

PPT

欢迎词

情境导入

情境： 今年是××省××药业有限公司成立30周年，公司领导决定于××××年××月××日举行庆典活动。为此特意邀请了与本公司有长期合作关系的单位及业内同仁参加。为了欢迎和感谢大家的到来，届时××省××药业有限公司总经理×××先生要致辞欢迎。

思考： 如果你是公司办公室秘书小刘，应该怎么写这个欢迎词？

知识要点

一、欢迎词的概念

欢迎词是行政机关、企事业单位、社会团体或个人在举行隆重庆典、大型集会、欢迎仪式或洗尘宴会上，主人对友好团体或个人的来访表示欢迎的讲话稿。

简言之，对来宾表示欢迎的讲话稿。

二、欢迎词的特点

1. 欢愉性　中国有句古话是“有朋自远方来，不亦乐乎”，所以致欢迎词当有一种愉快的心情，言词用语务必富有激情和表现出致词人的真诚。

2. 口语性　欢迎词本意是现场面向宾客口头表达的，所以口语化是欢迎词文字上的必然要求，在遣词用语上要运用生活化的语言，即简洁又富有生活的情趣。口语化会拉近主人同来宾的亲切关系。

3. 篇幅短小，简洁精练。

三、欢迎词的分类

（一）现场讲演欢迎词

一般由欢迎人在被欢迎人到达时在欢迎现场口头发表的欢迎稿。

（二）报刊发表欢迎词

这是发表在报刊或公开发行刊物之上的欢迎稿。它一般在客人到达前后发表。

（三）私人交往欢迎词

私人交往欢迎词一般是在个人举行较大型的宴会、聚会、茶会、舞会、讨论会等非官方的场合下使用的欢迎稿。通常要在正式活动开始前进行。私人交往欢迎词往往具有很大的即时性、现场性。

（四）公事往来欢迎词

这样的欢迎词一般在较庄重的公共事务中使用。要有事先准备好的得体的书面稿，文字措辞上的要求较私人交往欢迎词要正式和严格。

四、欢迎词的构成要素及格式模板

（一）构成要素

欢迎词一般由标题、称谓、正文、结语、落款五部分构成。

（二）格式模板

构成要素	模板
标题：只写文种；由活动内容和文种构成；三要素齐备。 **称谓**：顶格写，可用尊称或泛称。 **正文**：一般由欢迎的事由和欢迎词的主要内容组成。 **结语**：再次表示欢迎 **落款**：致辞单位名称、致辞者的身份、姓名，成文日期。	**欢迎词** ×××××： ××××××××××××××××，××××××××××××××××××××××××××××。××××××××，××××××××××××××××××××××××。 再一次对你们的光临表示热烈欢迎！ 单位名称或个人姓名 ××××年××月××日

（三）欢迎词各部分的格式、内容和写法要求

1. 标题 写法一般有三种：①只写文种；②由活动内容和文种共同构成；③三要素齐备。

2. 称谓 有两种，可用尊称，即写明宾客个人姓名，在姓名后加上职务或头衔；也可采用泛称。有的在前面加上表示亲切程度的修饰语，如“尊敬的”“敬爱的”等。

3. 正文 一般包括以下几方面内容。

（1）开头 写明事由，通常介绍来宾访问的背景情况，对客人的来访表示欢迎、问候或致意。

（2）主体 即欢迎词的主要内容，阐述和回顾宾主双方在共同的领域所持的共同立场、观点、目标、原则等内容，同时要指出来宾本次到访或光临对增加宾主友谊及合作交流所具有的现实意义和历史意义。

4. 结语 以简短话语，再次表示欢迎，并进一步表达对今后合作的良好祝愿。如“再一次对你们的光临表示热烈欢迎”“祝你们的来访取得圆满成功”“祝你们访问期间过得愉快”等。

5. 落款 致辞单位名称、致辞者的身份、姓名，成文日期。落款可酌情简化。

五、欢迎词的写作技能要求

（一）感情要真挚

欢迎词的言辞用语务必富有激情，表现出致词人的真诚，给客人一种“宾至如归”的感觉；运用口语化、生活化的语言，在简洁又富有生活情趣的言语中拉近主人同来宾的关系，为下一步各种活动的圆满举行打下良好的基础。

（二）措辞要慎重

措辞要能较得体地表达自己的原则立场，同时要注意尊重对方的风俗习惯，应避开对方的忌讳，以免发生误会。

（三）篇幅短小，言简意赅

作为一种礼节性的外交或公关辞令，欢迎词宜短小精悍，不必长篇大论。

【例文 1】

欢迎词

（标题：由文种组成）

女士们，先生们：

（称谓：顶格写欢迎的对象，用了泛称）

值此××省××药业有限公司成立30周年之际，请允许我代表××省××药业有限公司向远道而来的贵宾表示热烈欢迎。

（正文：先写欢迎的原因以及对客人表示热烈欢迎）

朋友们不顾路途遥远专程前来贺喜并洽谈合作事宜，为我公司30周年庆典更添了一份热烈和祥和，我由衷地感到高兴，并对朋友们为增进双方友好关系做出努力的行动，表示诚挚的谢意！

今天的各位来宾有许多是我们的老朋友，我们之间有着良好的合作关系。我公司成立30年能取得今天的成绩，离不开老朋友的真诚合作和大力支持。对此，我们表示由衷的钦佩和感谢。同时，我们也为有幸结识来自全国各地的新朋友感到十分高兴。在此，我谨代表××省××药业有限公司再次向新朋友们表示热烈的欢迎，并希望能与新朋友们密切合作，发展相互间的友好合作关系。

（其次阐明宾客来访的意义、作用，并对来访宾客在相互合作中所作出的努力与贡献表达感谢之意，表示对今后双方交往的期望）

“有朋自远方来，不亦乐乎”。在此新朋老友相会之际，我提议：为今后我们之间的进一步合作，为我们之间日益增进的友谊，为朋友们的健康幸福，干杯！

（最后再次表示良好的祝愿和希望。文章言辞情真意切，友善礼貌，营造出一种友好的气氛）

××省××药业有限公司：×××
××××年××月××日

（落款：致辞者的身份、姓名，成文日期）

【例文 2】

欢迎董事长亲临指导

（标题：由欢迎对象和文种组成）

尊敬的×××董事长先生，尊敬的贵宾们：

（称谓：顶格写欢迎的对象）

×××董事长先生与我们合资建厂已经两年，今天亲临我厂对生产技术、经营管理进行指导，我们表示热烈的欢迎。

（正文：首先，写欢迎的原因以及对董事长的亲临指导表示热烈欢迎）

两年来我们感到高兴的是，我们双方合资建厂、生产、经营管理中的友好关系一直稳步向前发展。

我们欣喜地看到，我们友好关系能顺利发展，是与我们双方严格遵守合同和协议、相互尊重和平等协商分不开的，是我们双方共同努力的结果。

我相信，通过这次×××董事长亲临我厂进行指导，能进一步加深我们双方相互了解和信任，更能进一步增进我们双方友好合作关系的发展，使我厂更加兴旺发达。

（其次，写双方合资建厂、生产、经营管理方面取得的成绩以及董事长亲临指导的意义和作用）

最后，让我们再次以热烈的掌声，向董事长表示欢迎！

（最后，再次表示欢迎）

×××

××××年××月××日

（落款：在右下方写姓名，成文时间）

答谢词

情境导入

情境：××制药厂因其生产的药品制作技术先进、疗效显著和慷慨捐助社会公益活动而闻名全国。位于西北的××药厂组织参观团慕名来参观学习，得到了××制药厂公关部的热情接待。

思考：为了表达谢意，增进友谊，××参观团团长×××先生要致词答谢，你了解答谢词的格式吗？

知识要点

一、答谢词的概念

答谢词是指特定的公共礼仪场合，主人致欢迎辞或欢送词后，客人所发表的对主人的热情接待和关照表示谢意的讲话。答谢词也指客人在举行必要的答谢活动中所发表的感谢主人的盛情款待的讲话。

二、答谢词的特点

1. 讲究客套，充满真情。
2. 注重照应，尊重习惯。
3. 篇幅简短，气氛热烈。

三、答谢词的分类

依据不同的致谢缘由和致谢内容，答谢词可分为以下基本类型。

（一）“谢遇型”答谢词

“遇”，招待，款待。“谢遇型”答谢词，即用来答谢别人招待的致词，它常用于宾主之间，既可用于欢迎仪式、会见仪式上与“欢迎词”相应，也可用于欢送仪式、告别仪式上与“欢送词”相应。

（二）“谢恩型”答谢词

“恩”，受到的好处，即别人的帮助。“谢恩型”答谢词，即用来答谢别人帮助的致词。它常用于捐赠仪式或某种送别仪式上。例如，1998 年长江中下游地区的灾民在接受全国各地捐赠物品的仪式上，在洪水退后为抗洪抢险的解放军战士送行的仪式上，就都使用了这种答谢词。

四、答谢词的构成要素及格式模板

（一）构成要素

答谢词一般由标题、称谓、正文、结语、落款组成。

（二）格式模板

构成要素	模板
标题：只写文种。	答谢词
称谓：致辞对方的姓名、头衔。	×××××：
正文： 一般由表示感谢、畅叙情谊和提出愿望等内容构成。	××××××××××××××××，××××××××××××××××××××××××××××。××××××××，××××××××××××××××××××××××。
结语：再次表示感谢。	再次感谢东道主的盛情！谢谢！！
落款：署名和日期	××× ××××年××月××日

（三）答谢词各部分的格式、内容和写法要求

1. 标题　有两种形式：①只写“答谢词”；②由致词人姓名（有时还加其职务）、会议（或仪式）名称、文种三部分构成，这种标题使用较普遍。

2. 称谓　另起一行顶格写致辞对方的姓名、头衔，既可以是广泛对象，也可以是具体对象。称呼后加冒号以引领全文。

3. 正文　一般包括以下几个方面内容。

（1）对主人的盛情表示感谢，表达出自己的荣幸与感激。这是答谢词的写作重点。

（2）畅叙情谊，或表明自己来访的意图、诚意、效果意义，或褒扬对方的成就贡献。

（3）应提出与对方进一步发展关系的强烈愿望。

4. 结语　再一次用简短的语言表示感谢。

5. 落款　致词人的姓名和日期。有的也可省略。

五、答谢词的写作技能要求

（一）客套话与真情

在礼仪场合，必要的客套话是不能省略的，比如“感谢”“致敬”之类热情洋溢、充满真情的词语。

（二）尊重对方习惯

在异地做客，要了解当地的民情、风俗、尊重对方习惯。

（三）注意照应欢迎词

主人已经致词在前，作为客人不能“充耳不闻”。答谢词要注意与欢迎词的某些内容照应。这是对主人的尊重。即使预先准备了答谢词，也要在现场紧急修改补充，或因情因境临场应变发挥。

（四）篇幅力求简短

礼仪“仪式”毕竟不是开大会，致词一般应尽量简短些，绝不可冗长。作为“答谢词”，千字文即可。

【例文 1】

××药厂参观团团长×××先生的答谢词

（标题：由答谢人和文种组成）

××部长××制药厂公关部的同志们：

（称呼：写致辞的具体对象）

我们今天初临贵厂，刚下飞机就得到你们的热情接待。刚才××部长还给我们详细介绍了情况和经验，给我们周到地安排了参观和吃饭、休息，使我们感到就像回到家里一样亲切、温暖，我谨代表参观团的全体同志向你们——并通过你们向厂领导和全体职工致以衷心的感谢！

（正文：对东道主的盛情表示感谢）

××制药厂因其生产的药品制作技术先进、疗效显著和慷慨捐助社会公益活动而闻名全国。我们虽然远在千里之外的大西北，××制药厂的名声早已如雷贯耳。我们这次远道慕名而来，不仅想看看你们是怎样生产、学习和生活的，而且想学习你们改革开放的新思想、新观念、新技术和宝贵的管理经验。刚才××部长介绍的 3 条经验已经使我们感到耳目一新。在今天的参观访问中，我们一定能够学到更多的东西。你们的宝贵经验对我们会有极大的帮助和启发。

（充分肯定对方取得的成绩，表明了来访的意图与效果）

再次感谢东道主的盛情！谢谢！

（结语：最后再次表达谢意）

（这篇答谢词结构上完全按照答谢词的格式来写，是一篇不错的答谢词，语言简洁，感情真挚。）

【例文 2】

答谢词

（标题：只写了文种）

女士们、先生们：

（称呼：写致谢的对象，用了泛称）

首先请允许我感谢你们的盛情邀请及款待，今天能够出席你们的招待会，我感到十分荣幸，能够有机会与在场的中国朋友畅谈，感到非常高兴。

（正文：先对主人的热情款待表示感谢）

随着中国改革开放的进程不断深入，我们两国之间的交往越来越频繁，许多政府官员、科学家、艺术家、体育代表团和商人的互访，更加深了我们的友谊。多年来，我一直盼望着能有机会来中国，现在终于圆了我中国之行的梦。

这次在华一年时间的访问学习是卓有成效的，我能够有机会见到许多知名人士，聆听许多专家、学者的教诲，我们之间互相探讨、学习，并向中国专家、学者请教，收获很大。

我的到访，得到了热情好客的中国朋友的热情接待，我深深感受到了勤劳、善良的中国人民的热情、友好，我们彼此之间的深情厚谊，令我终生难忘！

（概写自己多年来一直要来中国的愿望，表明了自己访问的收获和感受）

借此机会请允许我再一次向大家表示衷心的感谢！

祝愿我们两国人民世代友好下去！

（结语：再次感谢和祝颂）

×××

××××年××月××日

（落款：署名和日期）

（全文情感真挚、感人，语言简练，结构完整，是一篇比较典型的答谢词。）

知识链接

欢送词

欢送词的结构形式和写法、要求与欢迎词类似，其正文内容略有不同，主要有三个部分：①写热情欢送的意愿；②简要介绍欢送对象的工作、学习情况、参观指导情况等；③展望双方未来的合作关系，或者对单位成员提出希望和要求。结语表示美好的祝愿和希望，如“祝××一路顺风”“祝××在新的环境中生活愉快”等。

第四节 演讲稿、解说词

PPT

演讲稿

情境导入

情境：××电视台《谈话》节目《全球大调查问卷》中有这样一个问题：“您认为在未来十年中最有竞争力，最有希望成功的人应具备哪些素质？”令人惊奇的是，有26位商界巨子无一例外地选择了交际能力、交流能力、公关能力等与口才密切相关的词汇。可见，随着社会的发展，口才与演讲能力已经成为衡量创造型人才的重要标准之一，也成为当代大学生必备的重要技能之一。

思考：1. 当代大学生除了应具备专业知识和专业技能之外，必备的另一重要技能是什么？

2. 学生会正在竞聘本届学生会主席，如果参加竞聘，该如何写这篇演讲稿呢？

知识要点

一、演讲稿的概念

演讲稿是在群众集会、公众场合或专门会议上发表个人见解的口头演讲的文稿，也称“讲演稿”或“演说词”。它是人们在工作和社会生活中经常使用的一种文体。它可以把演讲者的观点、主张与思想感情传达给听众以及读者，使他们信服并在思想感情上产生共鸣。

二、演讲稿的特点

（一）主题明确，有很强的针对性

演讲是针对某个问题、某种现象发表讲话。目的是启发听众的思考，帮助听众弄清某个问题复杂的社会现象，提出一个问题加以分析论证。因此，有了明确的主题和目的，演讲才能争取听众、感染听众，进而产生影响听众的力量。

（二）内容的鼓动性

演讲要以理服人，以情感人。演讲者要以自己的炽热情感之手去拨动群众的心弦，与听众产生强烈的心理共鸣，从而达到影响、感染、征服听众的目的。因此，鼓动性是演讲的主要特征，是取得成功与否的关键。

（三）表达的传声性

演讲稿主要在于“讲”，而讲是为了听众“听”，就要考虑到把无声的文字变成有声的语言。要调动声音技巧，以姿势协助说话来表情达意。句子要简洁、句式要变化、语言要明白、语气要自然，声调要抑扬顿挫，这样才能产生极强的说服力和感染力，达到演讲的目的。

三、演讲稿的分类

1. 按性质分类 宣传性演讲稿、工作性演讲稿、辩论性演讲稿和吊唁性演讲稿等。

2. 按内容分类 政治性演讲稿、经济性演讲稿、军事性演讲稿、外交性演讲稿、学术性演讲稿和社会礼仪性演讲稿等。

3. 按形式分类 个人演讲稿和多人辩论性演讲稿。

4. 按演讲的要求和性质分类 即席演讲稿、专题演讲稿和报告演讲稿三种。

（1）即席演讲稿 是到某些会议、集会或某些活动场所发表演说的文稿，也叫即兴演讲稿。这种演讲往往是无准备的。

（2）专题演讲稿 是在专门召开的“专题演讲会”或“演讲比赛”上所作演讲的文稿。

（3）报告演讲稿 是在专门召开的“事迹报告会”或“学术报告会”上所作演讲的文稿。

四、演讲稿的构成要素及格式模板

（一）构成要素

演讲稿的结构可分为标题、称谓、正文三部分。

（二）格式模板

构成要素	模板
标题：一般有主旨式和公文式两种。 **称谓**：演讲的对象不同、场合不同称谓也就不同。 **正文**： 1. 开头，揭示演讲的主题；吸引听众。 2. 主体部分主要是叙事、说理、抒情。 3. 结尾，要力求做到简洁明快，有力有味，妙趣横生，鼓舞人心，催人奋进。	**在开学典礼上的演讲** 尊敬的×××××： 　　××××××××××××××××，××××××××××××××××××××××××。××××××××，××××××××××××××××××××××。 　　××××××××，×××××××××××××××××××××××。 　　谢谢大家！

（三）演讲稿各部分的格式、内容和写法要求

1. 标题 形式很多，常见的演讲稿标题有以下几种。

（1）概括式 概括演讲的核心内容，如《劳动，是神圣的》。

（2）设问式 通过设问来提示演讲涉及的内容，用演讲来回答标题的提问，如《人生的价值何在》。

（3）警句式 引用名言警句设置标题，如《忧劳可以兴国，逸豫可以亡身》。

（4）比喻式 运用修辞手法把抽象的哲理具体化，如《扬起生命的风帆》。

（5）抒情式 具有强烈的感情色彩，达到以情动人的效果，如《真情，让我一生守候》。

2. 称谓 在正式发表演讲内容之前，需要称呼与会者，以示礼貌和引起注意，如“各位老师、同学们”“女士们、先生们”等。称呼还可在文中多次出现。

3. 正文 演讲稿的正文由开头、主体、结尾三部分组成。

(1)开头 演讲稿的开头有两个作用：一是揭示演讲的主题，让听众知道演讲的内容；二是吸引听众，使听众对演讲主题感兴趣。常见的有以下几种。

1）开门见山式 即在开头直接说明演讲主题。

2）提出问题式 即在开头提出听众关心的问题，引起听众的思考，以此引出演讲主题。

3）引用名句式 即在开头用名言名句引出演讲主题，增强演讲的说服力。

4）实例导入式 以生活事例、故事、数据等开头引起演讲的主题，能增强听众对演讲主题的兴趣。

5）现场引入式 从现场活动说起，引出演讲主题，更能说服听众。

在实际演讲中，演讲稿的开头形式很多，除以上几种外，还有背景介绍式、设置情景式、幽默调节式以及综合式等。

(2)主体 由于演讲的范围很广，所以演讲稿主体的结构形式很多，难以一概而论，这里介绍常见的几种结构形式。

1）并列式 即把演讲内容分成并列的几个部分。如演讲稿《书——开启人类智慧大门的金钥匙》主体部分分为“藏书，我比较求多”“读书，我比较求博”“写书，我比较求精”“用书，我比较求活”四个并列的层次充分论证了主题。

2）递进式 即几个层次之间是一种层层递进、层层深化的关系。如演讲稿《美好的生活从环保开始》开头提出观点：“美好的生活从环保开始”，主体部分先举例批驳“我国地大物博，物产丰富，犯得着环保么”的错误观点；然后分析“不注意环保造成的空气污染、气候恶化、疾病流行等严重后果”；再提出要“要有环保意识”“从我做起”。先提出问题，再分析问题，然后提出解决问题的措施，层层深化地论证了观点。

3）时间顺序式 即按照时间先后安排内容，夹叙夹议。如演讲稿《把目光投向中国》主体部分由“昨天的中国，是一个古老并创造了灿烂文明的大国”“今天的中国，是一个改革开放与和平崛起的大国”“明天的中国，是一个热爱和平和充满希望的大国”三部分构成，按照时间顺序向美国大学生介绍了中国的历史、现状和未来。

主体部分主要是叙事、说理、抒情，写法比议论文、杂文灵活。总的要求是寄情于理，寓理于事，叙议结合，把叙事、说理、抒情结合起来熔为一炉。

(3)结尾 演讲稿的结尾，必须有力有味、妙趣横生、鼓舞人心、催人奋进。结尾常用以下方法。

1）总结全文式 即在结尾总结全文的要点，以加深听众的印象。这是最常见的结尾形式。

2）鼓动听众式 即在结尾提出希望或号召，以饱满的激情鼓动听众。

3）主题升华式 即在结尾进一步揭示所讲事件和主题的深刻意义。

4）表态式 即在结尾进一步表明自己的态度和决心。收拢全篇，深化主题。

五、演讲稿的写作技能要求

(一) 了解对象，有的放矢

演讲稿是讲给人听的，因此，写演讲稿首先要了解听众对象，如了解他们的思想状况、文化程度、职业状况如何；了解他们所关心和迫切需要解决的问题是什么，等等。否则，不看对象，演讲稿写得再好，说得再天花乱坠，听众也会感到索然无味，无动于衷，也就达不到宣传、鼓动、教育和欣赏的目的。

（二）观点鲜明，感情真挚

演讲稿观点鲜明，显示着演讲者对一种理性认识的肯定，显示着演讲者对客观事物见解的透辟程度，能给人以可信性和可靠感。演讲稿观点不鲜明，就缺乏说服力，就失去了演讲的作用。

演讲稿要有真挚的感情，才能打动人、感染人，有鼓动性。因此，它要求在表达上注意感情色彩，把说理和抒情结合起来。既有冷静的分析，又有热情的鼓动；既有所怒，又有所喜；既有所憎，又有所爱。当然这种深厚动人的感情要发自肺腑，就像泉水喷涌而出。

（三）行文变化，富有波澜

构成演讲稿波澜的要素很多，有内容，有安排，也有听众的心理特征和认识事物的规律。如果能掌握听众的心理特征和认识事物的规律，恰当地选择材料、安排材料、也能使演讲在听众心里激起波澜。换句话说，演讲稿要写得有波澜，主要不是靠声调的高低，而是靠内容的有起有伏，有张有弛，有强调，有反复，有比较，有照应。

（四）语言流畅，深刻风趣

要把演讲者在头脑里构思的一切都写出来或说出来，让人们看得见，听得到，就必须借助语言这个交流思想的工具。因此，语言运用得好还是差，对写作演讲稿影响极大。要提高演讲稿的质量，不能不在语言的运用上下一番功夫。

【例文1】

演讲稿

（标题：公文式标题）

尊敬的学校领导、老师、亲爱的同学们：

（称谓：通常使用敬语）

大家好！

我是来自××班的×××。性格活泼开朗，处事沉着、果断，能够顾全大局。今天我很荣幸地站在这里表达自己由来已久的愿望："我要竞选学生会主席。"我在这里郑重承诺："我将尽全力完成学校领导和同学们交给我的任务，使学生会成为一个现代化的积极团体，成为学校的得力助手和同学们信赖的组织。"

我已经在团委会纪检部工作了近一年的段时间，从工作中，我学会了怎样为人处世、怎样学会忍耐，怎样解决一些矛盾，怎样协调好纪检部各成员之间的关系，怎样处理好纪检部与其他部门之间的关系，怎样动员一切可以团结的力量，怎样提拔和运用良才，怎样处理好学习与工作之间的矛盾。这一切证明：我有能力胜任学生会主席一职，并且有能力把学生会发扬光大。

假如我当上了学生会主席，我要进一步完善自己，提高自己各方面的素质，要进一步提高自己的工作热情，以饱满的热情和积极的心态去对待每一件事情；要进一步提高责任心，在工作中大胆创新，锐意进取，虚心地向别人学习；要进一步的广纳贤言，做到有错就改，有好的意见就接受，同时坚持自己的原则。

假如我当上了学生会主席，我要改革学生会的体制。真正地做到"优胜劣汰"，做到"日日清，周周结"，每周都对各部门的负责人进行考核，通过其部门的成员反映情况，指出他在工作中的优点和缺点，以朋友的身份与他商讨解决方案并制定出下阶段的计划。经常与他们谈心，彼此交流对生活、工作的看法，为把学生会工作做好而努力。开展主席团成员和各部长及负责人常作自我批评，自我检讨的活动，每月以书面材料形式存入档案。我还将常找各部门的成员了解一些情况，为作出正确的策略提供可靠的保证。还要协调好各部门之间的关系，团结一切可团结的力量，扩大学生会的影响及权威。

假如我当上了学生会主席，我将以“奉献校园，服务同学”为宗旨，真正做到为同学们服务，代表同学们行使合法权益，为校园的建设尽心尽力。在学生会利益前，我们坚持以学校、大多数同学的利益为重，决不以公谋私。努力把学生会打造成一个学生自己管理自己，高度自治，体现学生主人翁精神的团体。

我知道，再多灿烂的话语也只不过是一瞬间的智慧与激情，朴实的行动才是开在成功之路上的鲜花。我想，如果我当选的话，一定会言必行，行必果。

请各位评委给我一张信任的投票，给我一个施展才能的机会！

谢谢！

（结尾进一步表明自己态度和决心）

（全篇逻辑清晰，观点鲜明）

【例文 2】

难忘历史再创辉煌

（标题：文章式标题，概括演讲稿的主旨）

尊敬的各位领导、老师们：

（称谓：演讲的对象）

下午好！

我今天要演讲的题目是《难忘历史再创辉煌》。

在开始我的演讲之前，我先给大家讲讲我身边的人和事。我的父亲是 19 × × 年生人，他经常说这样一句话：“我们这一代人啊，什么都赶上了。”我想，在座的领导老师们的亲朋好友中都应该有我父亲的同龄人，或许只有他们，才能更真切、更深刻地理解其中的含义，因为他们 × × 多年的人生历程经历了人生的风风雨雨，体验了生活的酸甜苦辣，同时他们也亲眼目睹了中国将近 × × 年的发展和变迁。

（从身边的任何事谈起，与听众拉近了距离，力求吸引听众）

我想，父亲所说的赶上了，应该首先说是赶上了那些苦难的岁月，艰难的日子，连续三年的自然灾害，人们饿得饥肠辘辘，甚至草根、树皮都要拿来填饱肚子。父辈们小时候，经济条件比较差，家里兄弟姐妹多，衣着单薄，在寒冷的冬天只能瑟瑟发抖，过年的时候能吃上白面馒头都成为一种奢望。

苦难的岁月里似乎每个人都不可避免地经历这样那样的磨难，而终于到了 1978 年才赢来了一个崭新而明媚的春天。改革开放之后，党中央作了以经济建设为中心，实行改革开放的决策，而这一决策带给中国的是翻天覆地的转变，在中国，神话般地崛起座座城市，奇迹般聚起座座金山，我们的东方神州，迈开了气壮山河的全新步伐，我们的华夏故园，展开了一幅百年不曾具有的崭新画卷。

中国的政治、经济、军事、文化、体育、航天等事业飞速发展。中国解决了 14 亿人口的温饱问题，基本上实现了小康水平；人民生活水平稳步提高，百姓安居乐业。1997 年 7 月 1 日，香港回归。1999 年 12 月 20 日，澳门回归。从 2003 年我国首次载人航天飞行到 2023 年 10 月 26 日“神舟”十六号顺利完成与空间站组合体对接，谱写了中国航天事业以及整个科技事业绚丽的新篇章。2008 年北京成功举办了第 29 届奥运会。2022 年又成功举办了第 24 届冬季奥运会。凡此之类，不胜枚举。

辉煌的成就背后，还有千千万万的建设者。我们，也是其中的一个，虽然我们的力量有限，但是，我们相信，有限的力量汇聚起来，必定会倒海翻江卷巨澜！

当然在辉煌的成就背后，我们依然会经历这样那样的磨难，虽然有洪涝、有干旱，虽然有冰冻雨雪灾害，虽然有地震，虽然有三年的疫情，但我们坚信，我们有强而有力的领导核心，我们有不屈不挠的人民，我们有敢于开拓的力量，即使有再大的困难，我们一样能勇敢地面对。

（结尾号召大家勇于接受挑战，再创辉煌）

解说词

情境导入

情境：解说词的使用极为广泛，它在我们的日常生活中处处可见，如产品展销、书画展览、文物陈列、园林景观、影视专题片、人物介绍等都要使用解说词。好的解说词，能够弥补实物或画面给人留下的认知空白，帮助人们更好地认识事物。

作为企业形象工程的重要组成部分——企业专题片，随着企业规模扩大、管理提升而日益受到管理层的重视。××药业集团利用地方特产研制成功了具有极大药用价值和保健功能的药酒。企业为了介绍本产品，精心制作了专题宣传片。

思考：1. 专题片《舌尖上的中国》介绍和弘扬了中国传统的饮食文化。它之所以深受欢迎，除了精美的画面和音乐以外，还有一个重要因素是什么？

2. 如果让你给××药业集团新研制出的药酒配以解说词，你该怎么写？

知识要点

一、解说词的概念

解说词是配合具体事物、人物或画面进行解释说明的一种文体。它通过对事物的准确描述、词语的渲染，来感染观众或听众，使其了解事物的来龙去脉和意义，收到宣传的效果。

二、解说词的特点

（一）附着性

解说词必须扣住实物或图画而写作。

（二）顺序性

解说词是按照实物陈列的顺序或画面推移的顺序编写的。

（三）拓展性

解说词补充和增加解说对象的相关信息，主要是知识和情理的扩展，使读者接受到画面和实物本身无法传递和难以表达的含义。

（四）可读性

解说词的语言要求精练、准确、通俗化、口语化。

（五）说明性

解说词要根据解说对象的特点，有明确的主题和说明重点。

三、解说词的分类

（一）影视新闻记录片解说词

这类解说词主要用于专题纪录片、体育比赛等，真实生动的画面，精彩激烈的场面，配以声情并茂的解说词的描述，能使观众身临其境。这类解说词能发挥补充视觉的作用。

（二）文物古迹的解说词

面对着一些古代建筑、文物、古董等，通过导游员的解说，能够带领参观者重温历史，再现昨日的故事，加深参观者的认识和感受。

（三）专题展览的解说词

这类解说词与前一种解说词有相似之处，都是帮助观众在观看实物和形象的过程中加深感受。

四、解说词的构成要素及格式模板

（一）构成要素

解说词的结构分标题、开头、主体、结尾四个部分。

（二）格式模板

构成要素	模板
标题：与文章的标题一样。	×××××××××
开头：	××××××××××××××××，×××× ××××××××××××××××××××××× ×××××。
主体：	××××××××，×××××××××××× ××××××××××××。
结尾：	××××××××，×××××××××××× ××××××××××××。

（三）解说词各部分的格式、内容和写法要求

解说词结构原则与一般文章的结构原则大致一样。主要的写作形式有以下几种。

1. 描述型　以时间的先后作解说的顺序，对说明对象进行内在或外部的描述。人物、产品介绍、生产流程等解说多采用这种方法。

2. 说明介绍型　按照事物空间存在的形式，或从外到内，或从上到下，或从前到后，或从整体到局部，把事物的名称、功用、类型、特点、关系等依次解释明白，使观众、听众了解、熟悉。

3. 分析型　按照事物体的内在逻辑关系安排顺序。这种内在的逻辑关系或为因果，或为递进，或为主次，或为总分，或为并列等。其基本方法是从一般原理到特点结论，或从一系列事实抽提出一般原理。所遵循的写作思维方式是演绎、归纳或对比。

4. 一般认识型　按照人们认识事物的规律和习惯，一般总是由浅入深、由近及远、由抽象到具体对事物体进行解释说明。

五、解说词的写作技能要求

1. 要有明确的主题指向和说明重点。
2. 要针对被解说对象的缺失信息，进行必要的补充和增加。

3. 要强调紧扣实物写作，条理明晰。

4. 要配合具体对象采用不同的解说方法。

解说词除了以说明为最主要的表达方式外，还可以在一定限度内把说明与议论、抒情、描写相结合，以增强解说效果，加深读者对事物的印象和认识。

【例文 1】

枸杞药酒

（这是一篇配合音乐和画面的专题片解说词，有拓展性和明确的主题）

古老的黄河像一位勇士，奔腾不息，穿山越岭，走出黑山峡，来到黄河上游第一河套平原——宁夏香山脚下卫宁平原，一改昔日的威武汹涌变得温柔而娴静，以其九曲回肠的独特经脉，润泽了宁夏香山脚下卫宁平原这块美丽富饶的土地，造就风光旖旎的河套锦绣，绚丽多姿的塞上江南景色。这里土地丰腴，物产丰饶，冬非严寒，夏无酷暑，气候适宜，光热水资源丰富，昼夜温差大，得天独厚的地理、地质、气候条件，使得枸杞名冠塞上，享誉国内外。

“一方水土养一方人”，这里不仅有一片神奇的土地，勤劳的人民、醇厚的黄河水，也孕育了生命之树——红枸杞，一颗颗天生丽质的小精灵，经过大自然神奇的点化，赋予了它更为独特的营养保健功能。这里是枸杞正宗的原产地，早在明朝弘治年间，就开始了人工大面积种植枸杞，至今已经历了近五百年的历史岁月。这里的枸杞以果实颗粒饱满，肉厚籽小味甘，色泽红艳，所含营养成分均高于其他产区而出名，位居宁夏红宝之首，其特有的身价和品质，受到世界的公认。

枸杞浑身都是宝，据《本草纲目》记载：春采枸杞叶为天精草，夏采枸杞花为长生草，秋采籽为枸杞籽，冬采根为地骨皮，它的叶、花、果、根均可入药，是名贵的中药材。长期食用具有润肺、清肝、滋肾、益气、生精、助阳、补虚痨、强筋骨、祛风、明目等功效，并且富含人体所需蛋白质、氨基酸、维生素和微量元素。除此枸杞还可以养颜及预防糖尿病、动脉硬化、冠心病、癌症等疾病，是国际学术界公认的富有营养的植物。另据《本草汇言》记载，食用枸杞能使气可充、血可补、阳可生、阴可长、火可降、风可去，有十全之妙。

长河滔滔，岁月悠悠，近五百年的枸杞种植史，并没有使卫宁枸杞的药用及保健、美容价值得以深度的开发和利用，到目前为止，人们还只是将晾干后的枸杞用以入药、泡酒和煲汤，工艺简单，使得枸杞营养不能完全得以释放和吸收。相传有人以枸杞、熟地、人参等药材外加 7 颗荔枝核，用白酒浸泡 49 天以后作滋补饮料，实乃长寿之秘诀。但如果干枸杞上存有大量的农药残留物同时浸于酒体中，将损害人体健康。

××药业集团有限公司充分利用中国枸杞之乡原产地卫宁枸杞的资源和独特品质，联手国内权威科研院所，引进一系列高科技生产设备和新工艺，开发出具有药用价值和保健功能的枸杞系列酒，使枸杞从单纯的药用向适应时代需求的营养、保健品转化，让古老的宁夏红宝在新的世纪里又一次焕发出了勃勃的生机和迷人的光彩。（推出该企业研制成功的新产品）

（全文有知识性和可读性，对新产品起到了很好的宣传作用）

【例文 2】

《舌尖上的中国》解说词

第一集《自然的馈赠》

中国拥有世界上最富戏剧性的自然景观，高原，山林，湖泊，海岸线。这种地理跨度有助于物种的形成和保存，任何一个国家都没有这样多潜在的食物原材料。为了得到这份自然的馈赠，人们采集，捡拾，挖掘，捕捞。穿越四季，本集将展现美味背后人和自然的故事。

香格里拉，松树和栎树自然杂交林中，卓玛寻找着一种精灵般的食物——松茸。松茸保鲜期只有短短的两天，商人们以最快的速度对松茸进行精致的加工，这样一只松茸24小时之后就会出现在东京的市场中。

松茸产地的凌晨3点，单珍卓玛和妈妈坐着爸爸开的摩托车出发。穿过村庄，母女俩要步行走进30千米之外的原始森林。雨让各种野生菌疯长，但每一个藏民都有识别松茸的慧眼。松茸出土后，卓玛立刻用地上的松针把菌坑掩盖好，只有这样，菌丝才可以不被破坏，为了延续自然的馈赠，藏民们小心翼翼地遵守着山林的规矩。

为期两个月的松茸季节，卓玛和妈妈挣到了5000元，这个收入是对她们辛苦付出的回报。老包是浙江人，他的毛竹林里，长出过遂昌最大的一个冬笋。冬笋藏在土层的下面，从竹林的表面上看，什么也没有，老包只需要看一下竹梢的叶子颜色，就能知道笋的准确位置，这完全有赖于他丰富的经验。

笋的保鲜从来都是个很大的麻烦，笋只是一个芽，是整个植物机体活动最旺盛的部分。聪明的老包保护冬笋的方法很简单，扒开松松的泥土，把笋重新埋起来，保湿，这样的埋藏方式就地利用自然，可以保鲜两周以上。

在中国的四大菜系里，都能见到冬笋。厨师偏爱它，也是因为笋的材质单纯，极易吸收配搭食物的滋味。老包正用冬笋制作一道家常笋汤，腌笃鲜主角本来应该是春笋，但是老包却使用价格高出20倍的遂昌冬笋。因为在老包眼里，这些不过是自家毛竹林里的一个小菜而已。

在云南大理北部山区，醒目的红色砂岩中间，散布着不少天然的盐井，这些盐成就了云南山里人特殊的美味。老黄和他的儿子树江小溪边搭建一个炉灶，土灶每年冬天的工作就是熬盐。

云龙县的冬季市场，老黄和儿子赶到集市上挑选制作火腿的猪肉，火腿的腌制在老屋的院子里开始。诺邓火腿的腌制过程很简单，老黄把多余的皮肉去除，加工成一个圆润的火腿，洒上白酒除菌，再把自制的诺盐均匀的抹上，不施锥针，只用揉、压，以免破坏纤维。

即使用现代的标准来判断，诺邓井盐仍然是食盐中的极品，虽然在这个古老的产盐地，盐业生产已经停止，但我们仍然相信诺邓盐是自然赐给山里人的一个珍贵礼物。

圣武和茂荣是兄弟俩，每年9月，他们都会来到湖北的嘉鱼县，来采挖一种自然的美味。这种植物生长在湖水下深深的淤泥之中，茂荣挖到的植物的根茎叫作莲藕，是一种在湖泊中高产的蔬菜——藕。

作为职业挖藕人，每年茂荣和圣武要只身出门7个月，采藕的季节，他们就从老家安徽赶到有藕的地方。较高的人工报酬使得圣武和茂荣愿意从事这个艰苦的工作。挖藕的人喜欢天气寒冷，这不是因为天冷好挖藕，而是天气冷买藕吃藕的人就多一些，藕的价格就会涨。

整整一湖的莲藕还要采摘5个月的时间，在嘉鱼县的珍湖上，300个职业挖藕人，每天从日出延续到日落，在中国遍布淡水湖的大省，这样场面年年上演。

今天当我们有权远离自然，享受美食的时候，最应该感谢的是这些通过劳动和智慧成就餐桌美味的人们。

（这是一篇美食类纪录片解说词。解说词承担着叙事功能、补充和强化功能、连接结构功能以及抒情答意和提炼升华作用，解说词在表达上占据重要地位。本解说词既言简意赅，又不失文化涵养，既体现主题又体现了文化的魅力，饱含人文情怀，给人以满满的正能量，呈现出更多的文化传承。）

知识链接

演讲中运用幽默法的注意事项

1. 幽默的运用必须服从于演讲的主题，突出演讲的中心。否则就是为幽默而幽默，成了喧宾夺主的单纯笑料。

2. 演讲者如果没有丰富的生活体验和广博的知识，就硬要运用幽默法演讲，其幽默就可能沦为低级趣味的滑稽。

3. 幽默法的运用，还需看场合和演讲的具体情境而定。在庄重悲哀的场合不宜多用幽默的语言，而在喜庆的宴会上发表演讲，则可通篇妙趣横生、诙谐幽默。

第五节 请柬、海报

PPT

请柬 微课

情境导入

情境：××省××药业有限公司要在××国际会展中心3号楼展览大厅举办的医疗器械贸易洽谈会，备有午餐。公司公关部经理安排小刘邀请××市三甲医院药剂科的×××先生参加洽谈会。

思考：1. 小刘通过电话通知×××先生可以吗？

2. 小刘要设计制作一份请柬，假如你是小刘，该如何写这份请柬？

知识要点

一、请柬的概念

请柬又称请贴，是为邀请宾客参加某一活动时所使用的一种书面形式的通知。

请柬在社会交际中用途广泛，在决定比较重大的事项或庄重的场合，如会议、典礼、宴饮、晚会等活动，用请柬邀请宾客，表示举行的隆重以及对宾客的尊重。一般用套红制成帖子形式。请柬其实就是简便的邀请书，但它比邀请书更为正式和郑重。

二、请柬的特点

（一）告知性

发请柬的主要目的是要告知被邀请者有关情况，因此一定要准确写明相关活动的时间、地点、内容和要求等，不能出错或遗漏。

（二）郑重性

请柬具有邀请书的属性，但它比邀请书更为郑重，发请柬能表明对被邀请者的尊敬，也能表明邀请者的郑重态度，即使被邀请者近在咫尺，也须送请柬。凡属比较隆重的喜庆活动，邀请客人均以请柬为准。

（三）艺术性

请柬除了具有一般应用文的实用价值之外，也具有特殊的艺术价值。请柬是邀请客人用的，所以在装帧、款式设计上讲究艺术性。通常可以用书法、绘画、剪纸等来装饰请柬，一帧精美的请柬会使人感到亲切和愉快。

（四）及时性

请柬的发送时间要讲究，如果过早发送，被邀请者容易遗忘，如果过迟发送，被邀请者会来不及准备。

三、请柬的分类

（一）根据请柬的形式

1. 卡片式请柬　是用一张硬卡片，正面印上卡片名称（如生日卡片、宴会卡片）和美术图案，背面空白，用于书写邀请事项。卡片式请柬比较简朴，常用于一般的交际关系。

2. 折叠式请柬　是将卡片折叠起来，分为内外两部分。卡片外面是请柬的名称及精美图案，里面空白，用于书写邀请事项。比较讲究的请柬，在内里常另附一张写作用纸，并用丝带同封面系在一起。折叠式请柬显得更为郑重、精美，加上考究的装帧，更易于形成礼仪气氛。

折叠式请柬根据开启的方式不同，又可以分为左开式、右开式、下开式、镂空式等。

3. 电子请柬　是通过电子邮件、电子贺卡、通信软件告知对方信息（如日期、地点、注意事项等）的请柬。它是用电脑处理软件设计出的非常漂亮、很具个性的请柬。目前这种请柬非常流行，它环保、方便、实惠，符合现在提倡的低碳生活。

（二）根据请柬的书写形式

1. 竖式请柬　由右向左纵向书写的请柬就是竖式请柬，这是传统的请柬形式，被称为中式。

2. 横式请柬　横向书写的请柬就是横式请柬，横式请柬是随着中西文化的融合，人们横向阅读书写习惯的养成而逐渐增多的，被称为西式。在日常交际中，可以根据交际活动的性质及交际对象的特点来选用不同的款式。

（三）根据请柬的内容

1. 喜庆请柬　是指用于婚嫁、寿庆、满月、开张、乔迁、庆典等庆祝活动的请柬。

2. 丧葬请柬　就是一种报丧请柬，它的制作以素雅为根本特征，一般为白纸黑字，即使有美术装饰，也必须采用同丧葬礼仪相协调的图案和颜色，一定要体现出庄严肃穆的气氛。

3. 日常应酬的请柬　是指用于除婚丧嫁娶、节庆礼仪之外的其他活动的请柬，例如社团聚会、学术交流、送别饯行、接风洗尘等活动，也常常需要发请柬邀请与会者到场。

四、请柬的构成要素及格式模板

（一）构成要素

请柬一般有标题、称谓、正文、结尾、落款五部分构成。

（二）格式模板

构成要素	模板
标题：只写文种。	请柬
称谓：单位名称或个人姓名。	×××××：
正文：写明时间、地点、方式等。	×××××××××××××，××××××× ×××××××××××××××××。××××× ××××××，×××××××××××××。
结尾：恭候语。	敬请届时光临。
落款：写单位名称或个人姓名和日期。	××××××× ××××年××月××日

（三）请柬各部分的格式、内容和写法要求

1. 标题　在封面上写的“请柬”（请帖）二字就是标题，一般要做一些艺术加工，可用美术体的文字，文字的色彩可以烫金，可以有图案装饰等。需说明的是，通常请柬已按照书信格式印制好，

发文者只需填写正文而已。封面也已直接印上了名称“请柬”或“请帖”字样。

2. 称谓 要顶格写出被邀请者（单位或个人）的名称或姓名，如“××单位”“××先生”等，称呼后加上冒号。

3. 正文 要写清活动内容，如开座谈会、联欢晚会、生日派对、国庆宴会、婚礼、寿诞等。写明时间、地点、方式。如果是请人看戏或其他表演还应将入场券附上。若有其他要求也需注明，如“请准备发言”“请准备节目”等。

4. 结尾 要写上礼节性问候语或恭候语，如“致以——敬礼”“顺致——崇高的敬意”“敬请光临”等，在古代叫作“具礼”。

5. 落款 标明邀请者（单位或个人）的名称和发柬日期。

五、请柬的写作技能要求

（一）发请柬的目的要明确，时间、地点要准确

如果有需要注意的事项，如联系人、联系电话、食宿或携带物品、文件要求、交通路线等，要在请柬的后面注明。

（二）请柬的措词要简洁、文雅

除用礼貌用语外，语气带有希望、请求之意，以表诚心。

（三）装帧、款式要精美

要精心制作请柬，力求美观悦目，书写工整流畅，把请柬制成一个有珍藏价值的纪念品。若购买制好的现成请柬，要注意字迹必须端正工整，以示尊重对方。

【例文1】

请　柬

尊敬的××先生：

敝公司定于××××年××月××日至××月××日8：00—17：00在××国际会展中心3号楼展览大厅举办医疗器械贸易洽谈会，敬备酒宴恭候。恭候光临。

（内容简洁，时间、地点具体明确）

××省××药业有限公司

××××年××月××日

【例文2】

请　柬

×××女士/先生：

兹定于9月9日晚7：00—9：00在市教育局礼堂举行教师节茶话会，届时敬请光临。

此致

敬礼！

××市教育工会

20××年8月30日

（内容简洁，时间、地点具体明确。由于是邀请参加教师节茶话会，行文显得既庄重又喜庆，体现出对广大教师的尊重之情。全文语言简洁明快，典雅不俗。）

海　报

情境导入

情境：中医药是中华民族智慧结晶，是传统医药的璀璨明珠，是中华文化软实力的重要内涵之一。××中医药大学×××教授对当前中药现代化发展以及中药研究与创新等方面进行了深入研究。为了让大家了解中药研究的现状与发展前景，学校科研处决定举办专题报告会。

思考：如果你是科研处老师，需要写一份海报张贴在学校宣传栏内，你该怎么写这份海报？

知识要点

一、海报的概念

海报是向公众报道或介绍有关电影、戏曲、杂技、体育、学术报告会等消息时所使用的一种招贴性应用文。

海报通常张贴在有关演出的场所，或较为醒目的地方，告知有关活动的事项。一般不在报刊上发表。

二、海报的特点

（一）广告宣传性

海报希望社会各界的参与，它是广告的一种。有的海报加以美术的设计，以吸引更多的人加入活动。海报可以在媒体上刊登、播放，但大部分是张贴于人们易于见到的地方，其广告性色彩极其浓厚。

（二）商业性

海报是为某项活动作的前期广告和宣传，其目的是让人们参与其中。演出类海报占海报中的大部分，而演出类海报又往往着眼于商业性目的。当然，学术报告类的海报一般不具有商业性。

三、海报的分类

海报从内容上可以分为以下几类。

（一）电影海报

这是影剧院公布演出电影的名称、时间、地点及内容介绍的一种海报。这类海报有的还会配上简单的宣传画，将电影中的主要人物画面形象地绘出来，以扩大宣传的力度。

（二）文艺晚会、杂技、体育比赛等海报

这类海报同电影海报大同小异，它的内容是观众可以身临其境进行娱乐观赏的一种演出活动，这类海报一般有较强的参与性。海报的设计往往要新颖别致，引人入胜。

（三）学术报告类海报

这是一种为一些学术性的活动而发布的海报，一般张贴在学校或相关的单位。学术类海报具有较强的针对性。

海报从形式上分为文字海报和美术海报。

四、海报的构成要素及格式模板

（一）构成要素

海报在文字上，一般都有标题、正文、结尾和落款四部分。

（二）格式模板

构成要素	模板
标题：只写文种。	**海报**
正文：活动内容，时间、地点、票价等。	××××××××××××××××××××××××××，××××××××××××××××××××××××××。 时间： 地点： 票价：
结尾：	欢迎参观！
落款：举办单位名称和日期。	主办单位名称 ××××年××月××日

（三）海报各部分的格式、内容和写法要求

1. 标题 对海报来说，是十分重要的，它是海报的主题，是内容的集聚焦点。因此，标题必须醒目、新颖、简洁，能把一瞥之间的人的兴趣和注意力紧紧抓住，要使得人们"一见钟情"，被深深地吸引住，激起要踊跃参加的热情。一般的写法，是在上方正中间写出标题，如"海报""精彩球赛""新电影《×××××》""填补国际空白的科技成就报告会"等。标题的字体一定要大而醒目。

2. 正文 正文的内容，是极为不同的，差别很大，但概括起来，大约有以下几个方面。

（1）活动内容 ①活动性质：是演出、赛事、会议、商品销售等，要明确告诉大家。②情况介绍：活动的具体情况要有简明介绍。如球赛，是什么球队、水平如何；演出，有哪些演员、什么剧种、剧目；报告会，内容、报告人情况等。

（2）时间、地点、票价 举行活动的时间，一定要写得明白而具体，如"本月6日（星期三）下午5点30分"等，切不可只写"6日下午"，因为下午的时间有好几个小时，会让大家弄不清楚。地点，也要明确，如"××大学图书馆三楼报告厅""本市××区××路×××号××商场×楼"，必要时，要写明乘车路线。票价也要明确写出。

（3）参与方式 有特殊说明的应标注。

3. 结尾 在正文之后，另起一行可用稍大的字书写"莫失良机""欢迎参加"等作结语。

4. 落款 结语后另起一行，右下方写落款。即举办单位名称和日期。

五、海报的写作技能要求

1. 海报一定要具体真实地写明活动的地点、时间及主要内容。文中可以用些鼓动性的词语，但不可夸张事实。

2. 海报文字要求简洁明了，篇幅要短小精悍。

3. 海报的版式可以做些艺术性的处理，以吸引观众。

【例文1】

篮球友谊赛

（标题：点明主题、简洁醒目）

本学院篮球队——××护理职业学院篮球队

对抗激烈，扣人心弦。

时间：8月5日下午4时

地点：本学院体育馆

××医药技师学院团委

××××年××月××日

（落款：在右下方写明举办单位名称和日期）

【例文2】

《关于中药事业发展前景展望及中药研究创新》报告会

（标题：主题明确）

国家××奖获得者、我院教授×××先生作《关于中药事业发展前景展望及中药研究创新》的专题报告。

时间：10月26日（星期三）下午3时

地点：学校图书馆二楼学术报告厅

欢迎全校师生踊跃参加。

××中医药大学科研处

××××年××月××日

（落款：在右下方写明举办单位名称和日期）

（内容明确，篇幅短小精悍，能使读者迅速抓住信息的要点。）

知识链接

海报与广告的异同

1. 海报与广告共同点　海报与广告都是传达特写信息。

2. 海报与广告不同点　海报往往是临时性的，对一件具体的事情，因而传达的信息较窄，时效性较强，旨在眼前促动人们做出反应与行动。广告（平面广告）综合了所有平面范畴内的艺术形式，从形式到内容上它更严谨，它的目的是宣传特定的产品（广义的产品）。它旨在促动观者做出反应与行动。

目标检测

答案解析

一、单项选择题

1. 下列对请柬的理解，错误的是（　）。

A. 请柬的正文要交代清楚活动的时间、地点、内容

B. 请柬具有庄重通知、盛情邀请的作用

C. 请柬送达的时间越早越好

D. 请柬的发送可派专人送达也可以通过邮局邮寄

2. 对于欢迎词的理解，错误的是（　）。

A. 是一种应酬性讲话，不必认真　B. 要尊重对方的风俗和习惯

C. 要使用敬语　D. 篇幅要简短，措辞要得体

3. 下列文种中，不需要写祝颂语的是（　）。

A. 开幕词　B. 祝辞　C. 请柬　D. 欢送词

4. 慰问信是向慰问对象表示鼓励、慰劳和问候的书信，信中要表达亲切、热烈的关怀之情，因此慰问信具有（　）。

A. 说服力　B. 艺术性　C. 针对性　D. 情感性

5. 慰问信要向被慰问者表示无限亲切、关怀的真挚感情，使对方感到慰问者的深厚情感，从中得到抚慰，因此慰问信写作时要求（　）。

A. 感情真挚　B. 具有说服力　C. 号召力强　D. 论证充分

二、多项选择题

1. 下列属于讲话稿一类的有（　）。

A. 开幕词　B. 感谢信　C. 欢迎词

D. 演讲稿　E. 海报

2. 感谢信的主要特点是（　）。

A. 事实性　B. 感激性　C. 渲染性

D. 确指性　E. 公开性

三、改错题

下面是一篇病文，请写出修改稿。

请柬

××× 先生（小姐）：

在您的关心、指导和各方的帮助下，我厂研制生产的 ×× 治疗仪获得国家专利，现已全面投放市场，得到患者的广泛认可。现在确定于 20×× 年 6 月 10 日在 ×× 饭店开个庆功会，邀您赴会！

×× 医疗器械厂厂长（签字）

20×× 年 6 月 4 日

四、写作题

（一）根据下述材料，拟写一篇答谢词。

××职业技术学院吕院长带领生物制药系的部分师生到××制药厂参观学习，受到了厂领导和员工的热情欢迎和接待。××制药厂在师生临别时召开了欢送会。请你为吕院长写一篇答谢词。

（二）20××年××护理职业学院元旦文艺晚会准备于元月一日晚 7：30 在学院礼堂举行，晚会邀请了兄弟院校文工团成员同台演出，节目精彩，内容丰富，有小品、相声、歌舞等。学院团委于 20××年 10 月 26 日开始宣传，请你代为出一张海报。

书网融合……

重点小结　微课　习题

第六章 就业文书写作

学习目标

知识目标： 通过本章的学习，掌握求职信、应聘信、简历、创业计划书的写作步骤、格式要求、写作技巧要求和注意事项；了解求职信、应聘信、简历、创业计划书的概念、特点和分类。

能力目标： 能结合岗位需求写出新颖、富有个性的求职信、应聘信；编写具有自己特色的、适合岗位需求的求职简历；能撰写创业计划书。

素质目标： 树立诚实守信的社会主义核心价值观；有效地通过文字展现个人优势、能力、职业目标和求职意愿，提高自我认知能力；培养分析解决问题的能力，敢为人先的创新精神和团队协作精神，激发创新创业意识，强化社会责任感。

第一节 求职信、应聘信

PPT

情境导入

情境： 王畅同学是××医学高等专科学校药学系一名大三的同学，将于今年7月份毕业。一日，他在学校就业指导中心看见了一则招聘信息：瑞通医药有限公司因为业务发展需要招聘医药代表3人，专业基础知识扎实、动手操作能力强、有较强的团队合作意识、勇于承担工作责任、坚守道德底线、社会经验丰富的应届大学生优先考虑。

思考： 看见这则信息之后，要运用已经学到的求职信的知识，给这家公司的人事部门写封信，假如你是王畅，你该怎么写求职信？

知识要点

一、求职信和应聘信的概念

求职信是求职者向用人单位介绍自己以谋求某份工作或职位而写作的一种专用书信，有时也称为自我推荐信、自荐信等。

应聘信是求职者根据用人单位招聘启事而投信竞聘岗位的一种专用书信。

求职信与应聘信属于求职（应聘）者针对用人单位而写的自荐信。求职信是不知道用人单位是否需要聘人。应聘信是获知用人单位公开招聘岗位。求职信对自己的介绍是全面的，可以向多个单位、多个部门投送。应聘信目标明确，针对性强，要根据用人单位岗位需要有侧重地介绍自己专长与优势。

二、求职信、应聘信的特点

（一）态度诚恳

向用人单位表达求职意愿时，一定要态度诚恳，恭敬有礼。

（二）材料齐备

求职信应附上自己的简历或相关材料，以便用人单位对自己有足够的了解，增加被录用的概率。

（三）针对性强

求职者要充分考虑用人单位的不同情况、岗位的不同特点，有针对性地书写。那种千篇一律、不痛不痒的泛泛之谈必会让用人单位失去阅读兴趣。

（四）自荐精准

求职信和应聘信是沟通求职（应聘）者与用人者的一种媒介，在相互不了解的情况下，求职（应聘）者要恰如其分地展现自己，向对方介绍自己的成绩、特长和优势，甚至个性，展示自己胜任工作的能力，用自身的“闪光点”吸引对方，以期引起用人单位的兴趣。

（五）独特新颖

求职信和应聘信的内容和形式不同于一般书信。一个岗位会有许多的竞争者，要想在堆积如山的求职（应聘）材料中脱颖而出，就应该在内容与形式方面另辟蹊径，让人耳目一新。

（六）实事求是

在介绍和推荐自己时，要具有求实性，不能夸大，不能缩小，应以真实和坦诚的态度来赢得用人单位的好感与信任。

三、求职信和应聘信的分类

从格式上分有两种。

（一）条文式

多用于应聘者为了强调自己拥有招聘单位所要求的全部条件，将符合的条件逐条罗列出来，从而让用人单位了解自己对这个岗位的符合程度。

（二）文字式

以完整的书信格式介绍自己。

四、求职信和应聘信的构成要素及格式模板

（一）构成要素

求职信和应聘信通常由标题、称谓、问候语、正文、结尾、署名和日期、附件组成。

（二）格式模板

构成要素	模板
标题：文种名称	**求职信（应聘信）**
称谓：多用敬语	×××××：
问候语	××！
正文： 1. 基本情况及求职职位 2. 自身优势及发展潜力	××××××××××××××××××××× ×××，××××××××××××××××××× ×××××。 ××××××××××××××××××××× ×××，××××××××××××××××××× ×××。 ××××××××××××××××××××× ×××。
结尾：表明非常希望得到面试机会。	此致 敬礼
署名和日期	求职人：××× ××××年××月××日
附件	附件：1. ×××× 2. ×××× 通信地址：××××（邮编） 联系方式：××××

（三）求职信和应聘信各部分的格式、内容和写法要求

1. 标题　是求职信的眉目，要求写得简明、醒目、典雅，一般在首页第一行居中写“求职信”或“应聘信”，字体要略大些。

2. 称谓　是对受信人的称呼，在标题之下第二行顶格书写，后用冒号提领正文。若是求职信，通常称谓写单位名称或单位的人事处，可写××公司领导或人事部负责人；若是应聘信，方向很明确而且知道接收简历的具体人员时，就可以称呼得具体一点，称呼一般是姓名加职务，如××公司××领导、××经理等。为了表示郑重和尊重，可加上“尊敬的”等一类敬语。求职信不同于一般私人书信，受信人未曾见过面，所以称谓要恰当，郑重其事。

3. 问候语　是对收信人礼貌的表示。要简单明了，大方得体。写在称呼下一行，一定要空两格，用感叹号。一般写上“您好”“近好”即可，在称谓下一行空两格开始写起。如果收信方是某单位的话，可省略问候语。

4. 正文　是写作的重点和核心。要用准确简洁的语言将求职（应聘）人的基本情况以及求职的依据和理由充分、具体地表达出来，以便令用人单位信服并据此作出考核录用的决定。正文要另起一行空两格开始写，正文内容较多，可分段写。

（1）求职的原因和目的　通常要简明扼要地说明自己求职的原因和信息的由来。因为求职者一般是看到了哪里登的招聘广告或听到别人介绍后写的。应聘信可以开门见山地写“本人求学期间就十分仰慕贵公司，近日看到《×××报》招聘×××一名，更激发起我到贵公司求职的渴望。”如果不知道目标公司是否需要招聘新人时，你可以写一封自荐信去投石问路，如“久闻贵公司实力不凡，据悉贵公司欲开拓省外市场……故冒昧写信自荐，热切希望早日加盟贵公司。我的基本情况如下……”。

（2）简介基本情况　主要介绍自己的姓名、性别、就读的学校、所学专业和成绩。重点介绍自己学习的深度及广度，包括与求职岗位相关的社会实践、工作经历等。还可概括介绍自己在校期间曾经担任的职务、个人爱好、特长等。

（3）求职的优势、专长和潜力　这部分内容是写作的重中之重。要详细、具体地说明自己能胜任本岗位工作的各种知识、技能以及未来发展的潜力等表达对胜任工作的信心。如是应聘信，可以结合用人单位的具体岗位需求着重介绍自己应聘的有利条件，要特别突出自己的优势和“闪光点”，吸引打动对方。写这段内容，语言要中肯，恰到好处；态度要谦虚诚恳，不卑不亢。达到见字如见其人的效果。另外，还要表达希望被录用的愿望。先说明自己对本工作的喜爱和迫切心情，再谈谈入选后的想法、打算或计划，使用人单位仿佛看到新鲜血液在汩汩流淌，增强用人单位录用你的决心。

5. 结尾　也就是结束语，感谢对方阅读并希望用人单位能予接纳、恳请对方给予回复等。包括自己的态度、决心以及祝颂语等。求职信常用的结束语有“如蒙赐复，不甚感激!”“盼望答复”“敬候佳音”等。最后以简洁的祝颂语结束，另起一行，空两格写“此致”，然后换行顶格写“敬礼”，或“愿贵公司鹏程万里，事业发达”等。

6. 署名和日期　写信人的姓名和成文日期写在信的右下方。姓名写在上面，成文日期写在姓名下面。署名通常要写明“求职者：×××”“应聘者：×××”，可以用“敬上”或“谨呈”等词以示礼貌和谦逊。如用打印机打出，在姓名处使用亲笔签名。日期要年、月、日俱全。

7. 附件　有说服力的附件是对求职者的鉴定的凭证。所以求职信的附件是不可忽视的组成部分。在信的结尾处下一行空两格的位置，写上“附件”或“附”后加冒号，列出附件目录。如：附件1. ××××××；2. ××××××；3. ××××××，然后将附件的复印件单独订在一起随信寄出。附件不需太多，但必须有分量，足以证明你的才华和能力。这样既方便招聘单位的审核，同时也给对方

留下一个“有条不紊、很负责任、办事周到”的好印象。

此外，还要注明求职人的详细通信地址、邮政编码和联系方式等，以方便用人单位联系（在简历里已注明的，在这里可以省略不写）。

五、求职信和应聘信的写作技能要求

（一）确立目标、有的放矢

求职中，很多求职者采用“漫天撒网”的形式。面对堆积如山的求职资料，用人单位根本无暇从庞杂的材料中仔细摘取出求职者对用人单位的价值优势。因此，求职者要确立求职目标，结合用人单位与求职目标实际情况，认真挖掘自身优势，做到有的放矢。

（二）措辞得体、言简意赅，以诚取信

用简洁、平实、自然的言语表达自己求职的想法、专长与优势，措辞要得体，既要讲究礼节，又要不卑不亢，切忌套话连篇、浮词满纸，求职（应聘）信的篇幅要短小精悍，内容要集中明确。同时专长与优势要真实，做到以诚取信，以情感人。只有内容真实、言而有信，才能取信于人，感动用人单位。

（三）佐证材料、翔实具体

求职（应聘）者要想打动用人单位，在介绍自己能力素质、性格特点的时候，要多用生动的事实和准确的数据。例如，在介绍自己社会经验时，可列举社会实践与实习经历的单位名称、具体岗位及取得的成效。当介绍自己良好的专业成绩时，可用具体的考试分数或专业能力大赛获奖的次数等具体数据进行佐证，给用人单位留下客观、真实的深刻印象。

（四）力求新颖、富有个性

面对众多竞争对手，求职（应聘）者必须精心设计、巧妙构思，不拘泥于通俗写法、要立意新颖，以独特的语言及多元化的思考方式，引起用人单位的关注。一封求职（应聘）信，无论内容多么完备，如果吸引不了用人单位的注意，一切都将枉然。

【例文 1】

求职信

（标题：由文种构成，首页第一行居中）

尊敬的××医院负责人：

（称谓：写求职的对象，顶格写，用尊称）

您好！

（问候语：另起一行空两格写）

感谢您在百忙之中阅读这封求职信。

我叫王丽，女，24 岁，是××医学高等专科学校的一名应届专科毕业生，我所学的专业是临床医学。我求职的岗位是医生助理一职。

（正文：介绍自己的姓名、性别、年龄、就读的学校、所学专业和求职的岗位）

作为一名医学生，我怀着对生命的敬畏和对人道主义的坚守，我愿意使自己成为一名优秀的医务工作者，投入巨大的精力和热情，用关爱和耐心为患者减轻痛苦，传递温暖与希望。在校期间，圆满完成了所有课程的学习，并多次获得学校二等、三等奖学金。两年的临床理论学习形成了我严谨的学习态度、缜密的思维方式，培养了良好的学习习惯。一年的临床实习经历更提高了我分析问题、解决

问题的能力。尤其是在××大学第一临床医院实习过程中，实习医院给我提供了许多动手实践的机会，使我对临床各科室的常见病能够作出正确的诊断和最佳的处理。浓厚的学习兴趣、强烈的使命感、动手能力强、接受能力快，能够出色地完成各项工作任务，使我赢得了指导医师的一致好评，更使我信心百倍。

（正文：个人学习、实践、兴趣等，重点介绍求职的优势、专长和潜力）

三年的学习是短暂的，所学的知识也是有限的，作为一名刚刚走出大学校门的我，还缺少更多的工作经验。今后，我会抱着谦虚的态度从优秀的医生身上学习，以真诚的态度和娴熟的技能更好地服务于患者。医学领域不断发展，创新进取是推动医疗进步的关键。我也会积极关注医学前沿动态，培养创新思维，努力为医学事业的发展带来新的思路和方法。

如有幸成为您的职员，我愿意将自己的青春和热情无私奉献给医学事业，不计个人得失，为患者的健康福祉默默付出，将以高尚的医德、热情的服务，不断学习，踏实做好属于自己的这份工作。

殷切期望您的佳音。

此致

敬礼

（结尾：以诚恳的态度表达求职意愿，感谢对方阅读并希望用人单位能予接纳、恳请对方给予回复，最后以简洁的祝颂语结束，另起一行，空两格写“此致”，然后换行顶格写“敬礼”）

求职人：王丽

20××年4月9日

（署名和日期）

附件：1. ××学校毕业证书复印件

2. ××市文明大学生复印件

通信地址：××省××市××医学高等专科学校××级临床医学5班王丽收

（邮编：××××××）

联系方式：155××××××××

邮箱：××××@126. com

【例文2】

应聘信

（标题：由文种构成，首页第一行居中）

尊敬的王经理：

（称谓：写应聘的对象，顶格写，用尊称）

您好！

我叫王畅，男，23岁，是××医药高等专科学校药品经营与管理专业的学生，将于今年7月毕业。我在5月25日学校就业指导中心网站上看到了贵公司的招聘启事，希望应聘医药代表一职。在校期间就得知贵公司在业界有很高的知名度，我一直仰慕许久。今看到了贵公司的招聘启事，更是欣喜至极。

（正文：开头简要介绍姓名、性别、年龄、毕业院校、所学专业、从何处获得应聘信息、求职岗位等）

我深知药品关系着人们的生命健康，我会始终怀揣强烈的社会责任意识，致力于在药品营销与管理领域，确保每一款药品都能以合规、有效的方式到达有需要的患者手中。三年的大学生活，使我熟知了基本的药学理论知识，掌握了营销的相关知识与技能。在完成学业的基础上，丰富的校园实践开拓了我的视野。在校期间，担任社会实践部部长一职，曾组织同学们参与各种社会实践五次，在系里组织各项活动中为其他部门拉过赞助。暑假期间曾兼职做过营销员。在××制药有限公司实习十个月，对药品经营管理的基本技能、药品批发（或零售）的业务工作、药品贮存和应用等具有较强的综合运用和解决实际问题的能力。同时，我也深知，在药品行业，诚信是基石。未来的工作中，我也将秉持诚信为本的理念，坚决杜绝任何虚假宣传和不正当营销手段，以维护行业的公信力和患者的信任。牢固树立法治观念，严格遵守药品营销与管理的相关法律法规，保证所从事的工作合法合规，为行业的规范发展贡献力量。

诚然，在销售领域我还是一名新兵，但是我会凭着坚强的性格和积极的心态，在工作中锻炼并不断积累着，逐步实现自身的价值，与贵公司一起发展、壮大。

（正文：介绍专业与学习、实践情况，重点介绍能胜任本岗位工作的各种能力和今后发展的潜力）

愿贵公司事业蒸蒸日上，热切盼望得到您的回复！

（表示希望获得面试的机会）

此致

敬礼

（结尾：一是表达求职期盼的心情，力求获得一次面试的机会；二是必不可少的礼貌，可以写上简短的表示敬意、祝愿之类的祝词。最后不要忘记加上“此致”“敬礼”）

应聘人：王畅

20××年5月27日

（署名和日期）

附件：1. ××学校毕业证书复印件

2. 英语四级证书复印件

通信地址：××省××市××医药高等专科学校××级药品经营与管理班王畅收（邮编：××××××）

联系方式：156××××××××

邮箱：××××@126. com

第二节 个人简历 e 微课

PPT

情境导入

情境：××制药有限公司正在招聘医药代表。张林想申请该工作，请根据该公司的招聘广告，写一份简历寄给该公司。

思考：1. 张林该如何介绍自身情况，如个人基本信息、学历、工作经历、技能及社会能力等？

2. 她该如何用语言表现出自己的职业道德、社会责任感、诚信品质、服务精神、团队写作意识以及积极进取的学习态度？

知识要点

一、简历的概念

简历，又称履历表，它是对求职（应聘）者工作、学习、生活经历有重点的加以概述的一种应用文书。它包含自己的基本信息：姓名、性别、年龄、民族、籍贯、政治面貌、学历、联系方式，以及自我评价、工作经历、学习经历、荣誉与成就、求职愿望、对这份工作的简要理解等。它与求职信是互相呼应、互为印证的。求职信中提到的重要成绩、经历、能力等重要信息在个人简历里都要具体呈现。

二、简历的特点

（一）针对性

假如 A 公司要求你具备相关行业经验和良好的销售业绩，你在简历中清楚地陈述了有关的经历和事实并且把它们放在突出的位置，这就是针对性。做简历时必须结合不同的单位、不同的岗位有针对性地投递简历，千篇一律的海投简历获得面试的机会非常渺小。

（二）真实性

真实性是指写简历时一定要客观理性地总结自己的经历，做到真实、准确。不要试图编造工作经历或者业绩，大多数的谎言在面试过程中就会被识破，更何况许多大公司（尤其是外企）在提供职位前会根据简历和相关资料进行背景调查。

（三）精炼性

个人简历越短越好，在大多数情况下，是用表格形式填写。工作业绩使用量化数据，职业成功经历应含金量高。如社会实践、实习经历、志愿者服务等。

三、简历的分类

简历按表现形式上可分为表格式、文本式和创新式。

（一）表格式简历

把自己想要呈现给用人单位的重要信息在表格中一一罗列出来，这种形式的简历优点在于能把求职（应聘）者的相关信息一目了然地展示给招聘方，大学应届毕业生通常会选用此种简历。

（二）文本式简历

文本式简历主要是以文章形式记述、罗列应聘者的相关信息。这种简历通常适合已具有一定工作经验的跳槽求职者，它便于求职（应聘）者展示本人丰富的人生阅历，比如，他们的科研成果、社会经验、工作业绩等，更易于引起用人单位的重视。

（三）创新式简历

这种简历强调的是与众不同的个性和标新立异，目的是表现求职者的创造力和想象力。但不是每个人都适用，它适合于广告策划、文案、美术设计、从事方向性研究的研发人员等职位。

四、简历的构成要素及格式模板

（一）构成要素

简历由标题、个人基本信息、求职意向、教育（培训）经历、实习（实践）经历、相关技能与专长、获奖情况、自我评价构成。

（二）格式模版

<table>
<tr><th>构成要素</th><th colspan="5">模板</th></tr>
<tr><td>标题</td><td colspan="5">个人简历</td></tr>
<tr><td rowspan="6">个人基本信息</td><td>姓名</td><td></td><td>性别</td><td></td><td rowspan="4">照片</td></tr>
<tr><td>民族</td><td></td><td>出生年月</td><td></td></tr>
<tr><td>籍贯</td><td></td><td>健康状况</td><td></td></tr>
<tr><td>学历</td><td></td><td>专业</td><td></td></tr>
<tr><td>通信地址</td><td colspan="2"></td><td>邮政编码</td><td></td></tr>
<tr><td>移动电话</td><td colspan="2"></td><td>E－mail</td><td></td></tr>
<tr><td>求职意向</td><td>求职意向</td><td colspan="4"></td></tr>
<tr><td>教育、培训经历</td><td>教育、培训经历</td><td colspan="4"></td></tr>
<tr><td>实习、实践经历</td><td>实习、实践经历</td><td colspan="4"></td></tr>
<tr><td>相关技能与专长</td><td>相关技能与专长</td><td colspan="4"></td></tr>
<tr><td>获奖情况</td><td>获奖情况</td><td colspan="4"></td></tr>
<tr><td>自我评价</td><td>自我评价</td><td colspan="4"></td></tr>
</table>

（三）简历各部分的格式、内容和写法要求

1. 标题　首行居中写上“求职简历”“个人简历”“履历表”等名称。标题要醒目，排版时字要比正文部分文字大一号并且要加粗。

2. 个人基本信息　主要包括姓名、性别、出生年月、民族、籍贯、毕业院校、专业、学历、联系电话、通信地址、邮箱、照片、健康状况等。这一部分放在最前面，便于用人单位取得联系。但需注意防止信息泄漏。

3. 求职意向　包括职位、工作地点、期望薪资等。要求简短清晰，一目了然，可以顺带勾画一下个人的发展方向。要求职业目标精确，忌讳过多；期望薪资初入职者建议合乎行情，或面议，或不写。

4. 教育、培训经历　主要介绍求职（应聘）者的受教育程度和所学主要的、有特色的专业课及学习成绩，如毕业的学校、专业和时间。受教育情况的各阶段时间前后应衔接，且采用倒叙的方法写。要求主次分明，突出重点。

5. 实习、实践经历　主要包括在学校、班级所担任的职务、学校组织的实习、见习、勤工助学、团体活动、志愿服务以及参与的科研、竞赛、社会实践、兼职等经历。注意突出主要才能、成果以及学习、工作、生活中有典型意义的事例，用人单位可以考察求职（应聘）者的团队精神、组织协调能力等。

6. 相关技能与专长　应将自身的技能、特长等核心竞争优势向用人单位展示。其关键在于具体，如团队协作精神、胜任岗位情况、沟通表达能力、人际交往能力等要把自己的某一项技能具体化，尽量详细写具备什么技能，达到什么程度，从之前的工作经验中总结出来。相关技能如计算机、外语等也可一并写入。介绍要恰如其分，语气要坚定，态度要诚恳。

7. 获奖情况　主要指在校期间所获得的各种奖励和荣誉，如院校奖学金、专业荣誉证书、兴趣爱好奖励、计算机技能、外语技能等。可以按照级别从高到低写，也可根据求职目标有所侧重的写。

个人兴趣爱好也可以列上两三项，让用人单位了解求职者的工作、生活情况。

8. 自我评价 是对自我特质、优点、自身能力的综合评价。要求实事求是，最好不要摘抄别人的话，也不要写一些喊口号的话语。叙述要简练、中肯。

五、简历的写作技能要求

（一）目标明确，针对性强

在写意向职位时，一定要在简历最醒目处，明确、清楚表述自己希望的工作岗位、工作地点。企业对不同岗位的职业技能与素质需求各不相同，因此，简历应根据招聘企业的特点及职位要求进行量身定制，切忌一份简历“行走江湖”。

（二）强调优势，突出个性

简历对于个人的能力、成就以及过去经验要突出强调；简历设计应从形式到内容都要与众不同、落落大方、不落窠臼。任何一位招聘者都会对别出心裁的简历感到眼前一亮。例如一位女生将简历设计成了一份精美的小礼品，简历被招聘方细细品味，细心、聪慧的女生得到了招聘方的赏识，求职成功。

（三）内容真实、用词准确

简历内容一定要实事求是，内容具体真实，不能照搬照抄他人的简历。对于简历中的每个词、每句话都要认真仔细推敲，用词准确。

【例文1】

个人简历

（标题：首页第一行居中，标题应简介明了、突出重点，并与求职目标相契合）

姓名	张林	性别	男	照片
民族	汉族	出生年月	2002.7	
籍贯	吉林农安	担任职务	班长 体育部部长	
学历	大专	专业	药学	
通信地址	××医学高等专科学校20××级药学2班		邮政编码	××××××
移动电话	135××××××××		E－mail	××××2002@163.com
求职意向	医药代表（求职目标要明确，岗位要相关，不能通用到每个简历上）			
教育、培训经历	20××.9至今　××大学药品经营与管理专业（自考本科）在读 20××.9至今　××医学高等专科学校药学专业 在读 （从高中到现在的教育或培训经历即可）			
实习、实践经历	20××.9—20××.7 校生命会心志愿者协会　会员（志愿活动） 20××.1—20××.2 吉林农安××大药房　销售员（实践） 20××.7至今　吉林××药业有限公司　医药代表（实习） （实习、实践经历中要详细介绍工作内容及感悟）			
相关技能与专长	外语水平：CET－4　　计算机能力：省二 其他技能：爱好运动，喜欢旅游，善于挑战自我。 （与求职不相关技能及专长可忽略。）			
获奖情况	在校期间获得校“三等奖学金”两次、“优秀班干部”、“优秀学生会干部”、“模拟面试大赛二等奖”、“演讲比赛三等奖”、社会实践“先进个人”、“文体活动积极分子”等荣誉称号。 （获奖情况由高到低依次排序，与求职相关奖项可放前面。）			

续表

自我评价	本人性格开朗、诚实耿直、善于沟通、亲和力强。作为校学生会及班级干部，具有较强的组织能力和活动策划能力，具有较强的团队写作精神；曾多次参加校、系演讲及辩论活动，有较强的语言表达能力和逻辑思维；做事严谨，愿意为同学服务，具有较强服务意识，在同学中威信较高，有良好的人际关系和积极的工作态度。 （自我评价叙述要简练、中肯，表现出自己的诚信品质。）

【例文 2】

简历

（标题：首页第一行居中，也可写求职简历或个人履历表）

姓　　名：王　红　　　　性　　别：女

民　　族：汉　　　　出生年月：2003. 12

籍　　贯：安徽蚌埠　　　　健康状况：优秀

专　　业：中药制药技术　　　　学　　历：大专

毕业院校：××中医药高等专科学校

联系电话：159××××××××　　　　E－mail：××××@163. com

通信地址：××中医药高等专科学校××级中药制药技术班（邮编：××××××）

（个人基本情况介绍，联系电话等重要信息要反复核实，不能出现差错）

求职意向：中药研发、检验、生产管理岗位

（求职目标要明确，一目了然）

教育、培训经历：20××.9 至今××中医药高等专科学校中药专业

20××.12. 23—12. 30　××省“双困生”培训

主修课程：中药学、方剂学、中药炮制学、中药制药工艺、中药制剂分析、中成药学、中医基础理论、制药设备与车间设计、药事管理与法规、中药药剂学等。

（教育、培训情况以大学为主，专升本学习、特色培训、特色课程或专业成绩优异的也可列入）

实习、实践经历：20××.7—20××.8　××大药房医药连锁公司　营业员

20××.7 至今××药检所　药检员

相关技能与专长：了解一般药品的生产流通过程，熟悉药品的质量标准，实习期间对多种药品进行质量检验，熟悉《中国药典》，掌握通用检验操作技巧，熟练掌握了薄层色谱、HPLC 的检测原理与操作方法。能熟练掌握运用 office 办公软件。爱好唱歌。

（重点表明与目标工作相关的实习、实践活动，介绍与求职工作相关的素质和能力）

获奖情况：在校期间获得“国家励志奖学金”、校“二、三等奖学金”、“自强大学生”、“优秀团员”、实验技能操作比赛“二等奖”、校园歌曲比赛“最佳风采奖”等荣誉称号。

（获奖情况由高到低依次排序，与求职相关奖项可放前面）

自我评价：生活中，我性格开朗、自立自强，虽然家庭困难，但勤工俭学减轻家里负担，具有较强的责任感；学习上，我善于钻研、勤奋好学，每年都获得学校奖学金；实习中，我尽职尽责，吃苦耐劳。严格遵守药品营销与管理的相关法律法规，对药品的性能及一般质量要求有了更好的了解，动手能力有了较大的提升。

（自我评价叙述要简练、中肯，表现出自己诚信的品质）

知识链接

简历查错歌

简历首查错别字，语句通顺在其次。
时间经历逻辑通，信息精准要三思。
不做假账讲实事，前后标点要一致。
行距统一外观美，对齐功夫有人知。

第三节　创业计划书

PPT

情境导入

情境：张诚，男，家住吉林省珲春市，20××年毕业于××医学高等专科学校，所学专业为药学。在校期间曾担任校学生会副主席，经常组织各种竞赛、文体活动等。大二迎新时曾与同学卖过耳机、学习用品等。还曾和几名同学一起合伙送过快递。寒暑假做过推销员、售货员。实习时在××医院药房工作。定期参与公益活动，如向贫困地区捐赠药品、为困难家庭提供免费的健康咨询和药品援助等，回馈社会，传递爱心。现为××制药有限公司销售代表，业绩良好。虽然现在已经有了比较稳定的工作，但他一直没有忘记刚上大学时的梦想——创业。现在他想在珲春市创业开设药店，虽然已经有了一定的想法，但是想要找到合作伙伴、获得资金及其他政策的支持。

思考：1. 张诚需要制作一份详细的创业计划书，作为没有任何创业经验的他，该如何撰写创业计划书？

2. 在这份计划书中，如何体现他的社会责任、诚信经营的态度以及使药店能够可持续发展的理念？

知识要点

一、创业计划书的概念

创业计划书是用以全方位描述与拟创办企业有关的内外部环境条件和要素特点，为业务的发展提供指示图和衡量业务进展情况标准的文书。

不同行业的创业书有所不同，不同人写的创业计划书也有所不同。但一般来说，创业计划书包括创业计划概述、产品服务、市场营销、管理、财务、关键风险等。

二、创业计划书的特点

（一）前瞻性

对风险企业项目运作进行的前瞻性分析和运作，通过科学的方法对未来进行科学的预测。这些预测包括国家政策调整、市场预测、消费趋向变动、运营风险预测等。

（二）创新性

创业最鲜明的特点就是创新。这种创新不仅仅提出新的项目、新技术、新的营销模式、新思路，更重要的是把新的想法整合起来，逐步转变为现实。

（三）可行性

创业就是行动，没有具体的行动，创业就是一句空话，所以创业计划要具体，有可操作性。

（四）灵活性

由于受到创业者自身知识结构、信息完备程度、信息质量及人类有限理性的限制，难以准确地预测未来，因而对于不确定的未来，创业计划应具有灵活性，能顺应人们认识的深化而逐步调整。

三、创业计划书的作用

（一）指导作用

创业计划书是创业全过程的纲领性的文件，是创业实践的战略设计和现实指导。

（二）聚才作用

可以吸引创业人才加入，吸引新股东加盟；吸引有志之士参加创业团队；吸引对创业感兴趣的单位赞助和支持。

（三）整合作用

通过编写创业计划书，进行调研，梳理思路，完善信息，找到各种程序之间的衔接点，最终把各种资源有序地调动起来、围绕着创造和形成商业利润，进行最佳要素的组合。

（四）争取资金支持的作用

创业企业要获得风险投资的支持，其中一个重要的途径就是从审验创业计划书开始。

四、创业计划书的制定过程

（一）基础准备阶段

1. 市场调研。
2. 确定创业模式。
3. 搜集意见与建议。
4. 组建创业团队与分工。

（二）讨论构思阶段

1. 市场机遇与开发 通过了解，确定现有市场中的问题。考虑如何利用市场机会来解决这个问题，潜在顾客有多少，销售额有多大，市场开发潜力有多大等。

2. 产品与服务构思 在确定产品和服务领域后，下一步就是要针对真正的顾客需要，帮助解决他们面临的实际问题。大致确定如何销售产品和推销服务，确定企业的利润来源。

3. 竞争策略 在确定了竞争对手之后，需要进一步了解竞争对手的具体情况。比如，和竞争对手相比，自己的产品或服务在成本、使用价值、外观设计、技术创新等方面有何长处。

五、创业计划书的构成要素及格式模板

（一）构成要素

创业计划书由封面、摘要、市场环境、产品服务、人员及组织机构、营销策略、生产企化、财务规划、风险与风险管理、附录构成。

（二）格式模版

构成要素	模板
封面由标题、公司名称、公司性质、负责人、联系电话等构成。	××××创业计划书 公司名称：××××××××××××× 公司性质：××××××××× 负责人：××× 联系地址：××××××××××× 联系电话：××××××××××× 电子邮件：
正文： 一、摘要：介绍新企业的思路、创新点、竞争优势、潜在远景、企业规划、拟经营范围等	一、摘要 ××××××××××××××××××××××××
二、市场环境：明确产品或服务市场的现有情况和态势，详细了解竞争对手及客户、供应商状况等	二、市场环境 ××××××××××××××××××××××××，× ×××××××××××××××××××××××。
三、产品服务：产品的概念、性能及特性，产品的市场竞争力，产品的市场前景预测等	三、产品服务 ××××××××××××××××××××××××，× ×××××××××××××××××××××××。
四、人员及组织机构：团队成员及分工，对主要管理人员进行阐明，介绍他们的能力、职责和任务	四、人员及组织机构 ××××××××××××××××××××××××，× ×××××××××××××××××××××××。
五、营销策略：包括市场机构和营销渠道的选择、营销队伍的管理；促销计划和广告策略；价格决策	五、营销策略 ××××××××××××××××××××××××，× ×××××××××××××××××××××××。
六、生产企化：产品制造和技术设备现状、新产品投产企化、技术提升、质量改进企化等	六、生产企化 ××××××××××××××××××××××××，× ×××××××××××××××××××××××。
七、财务规划：销售预测和相应的支出，创业计划书的假设条件，预计的资产负债表，预计损益表，现金收支分析，资金的来源和使用等	七、财务规划 ××××××××××××××××××××××××，× ×××××××××××××××××××××××。
八、风险与风险管理：公司在市场、竞争、技术方面有哪些基本风险，如何应对	八、风险与风险管理 ××××××××××××××××××××××××，× ××××××××××××××××××××。
九、附录	九、附录

（三）创业计划书各部分的格式、内容和写法要求

1. 封面 设计要有审美观和艺术性，主要包括企业名称、公司性质、负责人、联系地址、联系电话、电子邮件、经营团队等信息。

2. 摘要 简要介绍新企业的思路、创新点、竞争优势及潜在远景。包括公司主要产品、业务范围、市场定位、营销策略、组织与管理、财务规划、资金需求等。

3. 市场环境 明确产品或服务市场的现有情况和态势，详细了解竞争对手及客户、供应商状况等在行业分析中，应该正确评价所选行业的基本特点、竞争状况以及未来的发展趋势等内容。

4. 产品服务 产品介绍应包括以下内容：产品的概念、性能及特性、产品的市场竞争力、产品的研究和开发过程、发展新产品的企化和成本分析、产品的市场前景预测、产品的品牌和专利等。

5. 人员及组织机构 包括团队的构成、成员分工、职责、如何管理等。

6. 营销策略 包括市场机构和营销渠道的选择、营销队伍的管理、促销和广告策略、价格决策等。

7. 生产企化 主要包括产品制造和技术设备现状、新产品投产企化、技术提升、质量改进企化等（生产企业写，销售企业略）。

8. 财务规划 一般包括销售预测和相应的支出、创业计划书的假设条件、预计的资产负债表、预计损益表、现金收支分析、资金的来源和使用等。

9. 风险与风险管理 包括市场风险、技术风险、经营风险、财务风险、人力资源风险及其他不可预见的风险等。

10. 附录 内容分为附件、附图、和附表三个部分。

（1）附件 包括意向书、主要合同等文本，营业执照正副本等。

（2）附图 包括企业组织结构图、技术设计图、工艺流程图等。

（3）附表 包括主要产品目录、主要客户名单、主要设备清单等。

六、创业计划书的写作技能要求

（一）主题明确、重点突出

要突出创业主题，打造特色，内容要详细充实，重点突出。

（二）简洁精炼、条理分明

表达要简练，分析要有层次，条理分明。

（三）充分调研、论证严谨

市场调研分析资料要翔实、反复论证，可信度高，使之合理规划，操作性强。

（四）表述准确、创意十足

表述要通俗易懂，服务产品要有创意，能吸引投资者投资。

（五）排版规范、装帧整齐

要按照装订要求认真排版，装帧整齐。

【例文】

康乐大药房创业计划书

公司名称：康乐大药房有限责任公司

公司性质：有限责任公司

负责人：张诚

联系地址：吉林省珲春市

联系电话：0433－××××××××

电子邮件：××××@163. com

（封面直接写创业计划书或公司名称＋创业计划书，包括公司性质、负责人、联系方式等）

一、摘要

该药店取名康乐，寓意来这里买药的人都能够健康、快乐，解除病痛。选址在公园、菜市场、幼儿园、学校附近，人群集中在老年人和青少年。药店将积极承担社会责任，为社区居民提供平价、优质的药品，尤其是保障慢性病患者和弱势群体的用药需求。定期开展健康讲座和义诊活动，提高居民的健康意识和自我保健能力。

该药店与众不同之处在于我们会根据中老年人的高发病例（风湿病、心脑血管、脑梗死疾病等）和少年的感冒、发烧病症，在药店建立特色项目和普通项目相结合的销售模式，同时我们聘请专业药学人员对购药人员进行用药咨询与指导。建立独特的医药销售服务体系，通过建立客户的VIP个人资料库，将每一个客户的个人信息与家人等的信息收集于资料库中，用于完善我们的销售过程中的医药服务与售后服务。同时，药店会聘请已经退休的老中医每天上午进行坐诊，针对一些老年人疾病和患病幼儿进行诊断，进行中药治疗，方便老年人行走不便和幼儿上大医院排队难等问题。通过这种人性化、全方位的医药服务，建立药店与顾客之间的信任桥梁，从而提高顾客对我们药店的忠诚度，帮助百姓对医药服务的了解，以此获得市场中绝大部分消费者的青睐，从而获得更大的医药市场份额占有率。

（介绍企业的定位、目标人群、创新点、竞争优势等）

二、市场环境

药店属于朝阳行业。随着人们生活水平的提高，人们对自身健康度的关注也在逐渐提升，对药品的认知度也在逐渐加强，同时对保健品的认识需求也在不断提升。药店周围老年人群多，如果做好宣传与服务，市场需求量会增加。另外，公园附近有很多学校、各种课后班，孩子如果有发热、头痛、感冒之类的疾病，在老中医的诊断下，家长会购买相应药品。

优势：1. 地理环境好，人群多。

2. 老中医坐诊看病，吸引很多患者。

3. 管理与服务意识强，只要进店即有陪购人员，进行购药专业咨询与指导，不断树立品牌意识。

4. VIP顾客的定期回访。

5. 24小时营业及免费送药。

6. 代煎中药。

7. 成立电商，进行网络销售非处方药及保健品（逐步推进）。

劣势：1. 员工销售经验不足，店长管理经验少。

2. 药品种类少。

3. 规模小。

机会：1. 建立特色服务，保证持续发展。

2. 加大营销力度，培养VIP，逐步提高营业额。

威胁：1. 盈利难。目前药店价格利润较低，成本投入较大。

2. 货源难。没有自己的货源渠道。

（详细了解竞争对手及客户、供应商状况等在行业分析中，正确评价所选行业的基本特点、竞争状况以及未来的发展趋势等内容）

三、产品服务介绍

我们把药的重点放在非处方药、中药、保健品上。我们体现的是专业、优质、贴心的服务。顾客到药店让他们体验到我们的销售人员是专业的，我们的医生是值得信赖的，我们的产品是优质的。重点是改变药店的固有模式，提升人性化的服务。令消费者感到亲切、舒心、赞叹和满意。同时，提高购药者的用药安全和用药知识。坚持诚信为本的经营理念，严格把控药品质量，从正规渠道采购药品，杜绝假冒伪劣药品流入药店。在药品定价上保持公正合理，不虚高标价，不谋取暴利。将医药销售体系由单纯的买药阶段提升为医药服务阶段。不断和谐医患关系，更好地发展医药事业。

（产品的市场竞争力，产品的市场前景预测等）

四、人员及组织机构

在人员安排上，做到“人人有事做，事事有人管”，店长统一协调管理，其他人员各司其职、互帮互助，充分发挥每位人员最大的潜能。打造一支具有高度责任感、专业素养和团队协作精神的员工队伍。加强员工的思想政治教育和职业道德培训，培养员工的服务意识和社会责任感。

店长1人：总体负责组织实施，整体规划。负责人员的调配、团队的凝聚力，激发工作人员潜能。

财务1人：负责收银、货款结算、人员开支等。

销售与咨询2人：要求具有执业药师证书，可以进行用药咨询、指导和销售。

货源渠道1人：做好市场调研，对进货渠道比较了解，定期调整药品种类。

老中医1人：具有职业（执业）医师证，医院退休人员，负责坐诊把脉，开药方。

要求上述人员具备：

（一）专业知识的掌握

医药知识的掌握，因为大多数来买药的顾客，更多的是对销售人员的一些咨询与信赖，这就需要销售人员要提供给他们专业、科学的购物指导。更要符合国家对医药销售人员的要求。

（二）销售技巧的掌握

洞察顾客的心理，提供给他们需要的产品，人性化的服务。

（三）良好的自身素质

具有亲和力，性格乐观开朗，喜欢与人沟通，勤劳刻苦，积极向上，自信，具有学习的能力。

（四）具备一定的组织管理能力

（团队的构成、成员分工、职责、具备条件等）

五、营销策略

（一）免费看医、煎中药。

在公园门口发放宣传单，进店即可免费看病、量血压、煎中药。

（二）会员制度

药店会员卡免费办理，每消费一元即可积分。不同积分设立不同的礼物。在药店买药的人都有成为会员的机会，其实也就是顾客信息的整合，了解顾客的特征，从而了解其需求。

（三）可以组织他们徒步、踏青、健康知识讲座等对健康有帮助，又能舒缓身心、缓解压力的方式来让他们了解很多药品。

（四）24小时营业及免费送药

1. 购买达到68元以上且送药范围在3000米以内的人员。（处方药除外）

2. 不在配送范围的也可送货上门，但要有误工费。

（五）网络推广

建立公司微信公共账号，定期发布药店药品介绍与活动开展情况，通过亲朋好友、VIP客户相互介绍、宣传。

（营销渠道方式、促销计划和广告策略等）

六、财务规划

财务预算（总计27万）：

店面租金5000 * 12 = 60000.00元

装修费20000.00元

药架、药柜、桌椅16000.00元

电脑、打印机等10000.00元

药品40000.00元

工资2 * 4000.00 * 12 = 96000.00元

5 * 3000.00 * 12 = 18000.00元

流动资金10000.00元（因许多医药批发企业通常会给药店铺底，有的产品还会搞代销，进货资金不会太多）

（一般包括，前三年销售预测和相应的支出）

七、风险与风险管理

经营风险：

1. 药品价格的风险。

2. 行业内部竞争带来的风险。

3. 购买力不足的风险。

应对措施：

1. 公司与大部分供应商建立长期合作关系，及时掌握其生产经营信息，确保公司能够获得稳定、充足、低成本的原材料。

2. 根据国家药品价格管理政策，公司将有计划、有步骤的采取应对措施，降低风险。

3. 通过各种营销手段和优质服务吸引顾客。

4. 药品品种根据周边顾客需求不断完善。

（公司在市场、竞争、技术方面有哪些基本风险，如何应对）

开药店是“中长线”的投资，刚开始两三年可能会有一定的困难，但切忌急躁，要稳步推进，一旦每日销售额在千元以上，则效益会很可观。只要定位准确，目标人群锁定，掌握好营销策略，未来医药市场将呈现快速成长。药店起步如果很难，届时可加盟连锁药店，获得品牌药店的名牌商标，从而有效降低创业和经营风险，提高成功率。

知识链接

测测你的创业能力

1. 你是否经常会认真考虑如何开办一家属于自己的公司？

（1）是的　　（2）有时会　　（3）从不

2. 你认为发财的梦想对成功创业非常重要吗？

（1）是　　（2）难说　　（3）不是

3. 你是否觉得“只要有足够的资金，就一定能够赚到钱”呢？

（1）不是　　（2）有时是　　（3）是的

4. 你是否能够针对一项创业计划制定出具体详细的实施步骤？

（1）是　　（2）很难说　　（3）不是

5. 你认为“想赚钱必须能承受赔钱的压力”吗？

（1）是　　（2）很难说　　（3）不是

6. 你对自己的创业能力充满信心吗？

（1）是　　（2）难说　　（3）不是

7. 在创业中，你认为勤奋比聪明更重要吗？

（1）不是，勤奋和聪明同样重要　　（2）难说　　（3）是，肯定就一定能够赚钱

8. 你觉得赚钱要靠运气吗？

（1）不是　　（2）很难说　　（3）是

9. 你认为向别人学习也能赚大钱吗？

（1）是的，但学习的同时要充分考虑自己的情况　　（2）难说，每个人的情况都不同

（3）不是。“敢为天下先”者才堪称英雄

10. 你是否觉得想赚大钱必须能吃苦？

（1）是　　　　（2）很难说　　　　（3）不是

评分标准：

1. 每个问题选（1）得2分；选（2）得1分；选（3）得0分。

2. 总分在0～12分，说明你的创业能力较差，必须加强这方面的学习。

总分在13～16分，说明你的创业能力一般，仍需继续学习和锻炼，不断提高自己。

总分在17分以上，说明你的创业能力很强。

3. 这个评价仅供参考，只对你创业能力一种定性的评估。你的得分表明你目前的水平，而不表明你潜在的能力。

目标检测

答案解析

一、单项选择题

1. 不宜在求职原由部分出现的是（　）。

A. 因学以致用　　B. 因个人兴趣爱好、发挥特长

C. 因处于对企业的仰慕、向往　　D. 因与领导关系密切

2. 创业计划不仅仅是一份书面计划，而是一个实实在在的行动（　）。

A. 纲领　　B. 计划

C. 目标　　D. 方向

3. 面对海量的求职信息，为了提高对有效信息的命中率，下列说法错误的是（　）。

A. 发挥优势和学以致用的原则。即在筛选求职信息时，要尽量做到发挥所长，学以致用

B. 面对现实，理论联系实际的原则。在使用求职信息时，无论个人的愿望如何美好，在实际操作时则要面对现实

C. 晚做选择原则。信息无穷无尽，无比丰富，为了等待合适的机会，应该晚做抉择，等待时机

D. 善于开拓原则。即将那些潜在的信息，深入思考，加以引证，充分利用。正如人们常说的那样，信息的价值“会用则有，不会用则无”

4. 下列关于简历的描述中错误的是（　）。

A. 简历是提供给未来雇主的书面交流材料

B. 一般来说简历有其自身的书写规律

C. 简历和目标职位之间要建立紧密、有针对性、清晰地联系

D. 简历越详细具体越好，“一张纸”简历不能满足求职要求

二、多项选择题

1. 求职信的附件部分应提供的内容主要有（　）。

A. 个人简历　　B. 学历证书

C. 身份证复印件　　D. 个人联系方式

2. 个人简历一般包括（　）。

A. 求职意向　　B. 联系方式

C. 教育经历　　D. 奖惩情况

3. 简历的写作技能要求有（ ）。

A. 目标明确，针对性强　　B. 有所侧重、强调优势

C. 短小精美、用词准确　　D. 内容真实、忌假大空

4. 创业计划书的特点有（ ）。

A. 前瞻性　　B. 可行性

C. 灵活性　　D. 创新性

三、写作题

1. 根据下述材料，拟写求职简历。

小张是一名即将毕业的药学专业的学生，性格有些内向，不善表达。在校期间学习成绩优异，动手操作能力强。平时参与的活动较少。在××药业实习，表现较好。今年五月份，××医药职业技术学院举办×××× 届毕业生双选会。招聘会上，××生物制药有限公司、××药业有限公司、××药房、××生物制品所等二十几家公司进行招聘。招聘的岗位有医药销售代表、生产车间人员、质检员、药房人员、科研人员等若干职位。如果你是小张，你想选择哪个企业哪个岗位，如何撰写求职简历？

2. 请结合自身实际，给××药业有限公司的人事部门写一封求职信。

要求：格式规范、语言得体。事先并不知道该公司是否招人。

书网融合……

重点小结　　微课　　习题

第七章　医药工作文书写作

第一节　医药广告文案 微课

PPT

学习目标

知识目标： 通过本章的学习，掌握本章医药广告文案等各个文种的书写格式要求；熟悉本章各个文种的特点，医药市场调查报告、医药市场预测报告的类型，医药市场经济活动分析最常用的方法；了解本章各个文种的概念及特点。

能力目标： 能从创意、内容、语言等方面进行医药广告文案赏析，合理规划和开展医药市场调查，进行医药市场预测，医药市场经济活动分析，医药活动策划；具备策划医药广告并正确书写医药广告文案，正确书写医药市场调查报告、医药市场预测报告、医药市场经济活动分析报告、医药活动策划书的能力。

素质目标： 树立良好的职业道德，培养爱岗敬业、求实创新的职业精神；树立合作意识和团队精神，培养良好的沟通能力及人际交往能力；树立科学精神，培养独立思考能力和批判性思维。

情境导入

情境： 小李毕业以后进入一家大型医药公司工作，因小李工作认真负责且具备较强的创新能力和写作能力，公司将其从人事部调动至市场广告部。现公司针对女性健康生产了一款口服液，为了使这款产品能更好地融入市场，开拓市场，增强企业核心竞争力，安排小李根据产品特点创作一则医药产品广告文案。

思考： 1. 小李在创作广告文案时应该掌握哪些写作技能要求？

2. 小李应该怎么写这款产品的广告文案？

知识要点

一、医药广告文案的概念

广告文案是指为产品而写下的打动消费者内心的文字，它是广告内容的文字化表现。目前广告文案有广义与狭义之分，广义的广告文案是指广告作品的全部，它不仅包括语言文字，还包括图画等内容。狭义的广告文案仅指广告作品的语言文字。

医药广告文案是指借助各种大众传播媒介公开而广泛地传播医药生产信息、宣传医药企业形象、医药知识、促销医药产品，以获取商业利润的实用文体。

二、医药广告文案的特点

（一）真实性

医药广告属于特殊商品广告，因此对药品的功能、品质介绍等不能主观夸大或隐瞒，必须向公众传播真实的医药产品信息。

（二）严肃性

药品的配套监管法规较多，在进行医药广告文案创作时，必须是在满足各类法规允许的情况下进行。医药广告文案书写作时常参考的法规有：《中华人民共和国广告法》《医疗广告管理办法》《药品管理法实施条例》《处方药与非处方药分类管理办法》《药品、医疗器械、保健食品、特殊医学用途配方食品广告审查管理暂行办法》等。

（三）特殊性

只有不用医师处方可自行购买的非处方药（OTC）能在大众传媒做广告，处方药只能在国务院卫生健康主管部门和国务院药品监督管理部门共同指定的医学、药学专业刊物上进行广告宣传（法律规定禁止发布广告的药品除外）。

（四）创新性

追求独特和新颖的表达形式，满足社会公众求新、求异、求奇的心理特征。

（五）艺术性

在真实性的基础上，通过一定的艺术形式进行生动形象的宣传，充分渲染气氛，调动情感，增强广告信息传播的影响力。

三、医药广告文案的构成要素及格式模板

（一）构成要素

医药广告文案是由标题、正文、广告标语、随文四部分组成。

（二）格式模板

构成要素	模板
标题：概括主旨或主要内容。	××××××××
正文：主体部分，文案传达的大部分广告信息。	×××××××××××××××××××××××××××××××
广告标语：向消费者传递一种观念的语言。	××××××××××。
随文（附文）：位于文案最末部分，传达企业名称、地址、购买方法等附加信息。	×××××××××××××××××××××××××××××××××。

（三）医药广告文案各部分的格式、内容和写法要求

1. 标题　是对广告文案主旨的概括，是广告文案的统领。其主要任务是吸引消费者对广告中的重要信息的注意，引起读者兴趣，因此撰写标题，语言要朗朗上口、形式要灵活、句式要新颖独特，文字数量一般不宜太多，在12字以内为宜。标题的表现形式多样，可以是陈述式，例如“日夜‘百服咛’，日夜照顾您”（儿童退烧药）；也可以是疑问式，例如“拒绝‘干湿’，眼睛也‘抗旱’”（眼药水）；还可以采用正副标题的形式，例如“只要青春不要痘——奇效痘立消”。

2. 正文　医药广告文案的主体部分。主要是对广告产品的介绍、阐述和说明。

（1）正文内容应包括

1）形象说明医药产品的功能、特性、适应人群等。

2）形象说明医药服务内容。

3）说明医药产品或服务的厂家、地址、联系方式等。

（2）医药广告文案书写常见的表现形式

1）对比式　将药品的功效以恰当的电视画面或语言方式与某些事物进行对比，表现使用前后不一样的效果，以衬托广告药品特殊功效的作用。运用对比的方法会使人产生无限的联想和强大的视觉及心理冲击力。对比式是药品广告最常用的表现手法之一，主要运用于用药后有明显效果的药品广告。

2）幽默式　通过幽默的方式将药品信息传达给目标消费者，使受众在愉悦的心情中对产品留下深刻的印象。幽默使枯燥的药品广告更具趣味性，增加了消费者对药品广告的接受程度。幽默式主要运用于产品的导入期和成长期。

3）口号式　可以让消费者产生联想，让受众从中感受到对药品的需求，即便目前这种需求不存在，但是广告潜移默化的作用可以让受众在需求产生的第一时间想到它。口号式广告因其广告语短，朗朗上口且容易记忆，主要适用于产品的导入期。

4）拟人式　把人的思想或行为动作赋予广告主体上的手法叫拟人法。这种手法往往使人感到亲切，拉近广告与受众的距离，从而容易接受广告的内容或观点。拟人法偏向于感情诉求，因此适用于需重复购买的非处方药产品。

3. 广告标语　又称广告口号、广告主题句，是指在一定时期内宣传医药产品和信息的特殊语言。广告标语是战略性的语言，以便体现它与其他企业精神的不同，突出其核心竞争力，使消费者理解品牌内涵，掌握其个性化的商品或服务。广告标语是推广医药产品不可或缺的要素。

广告标语分为联想式、比喻式、许诺式、推理式、赞扬式、命令式。广告标语的撰写要注意简洁明了、语言明确、便于记忆、易读上口。

4. 广告随文　也称广告附文。位于医药广告文案的最末部分，主要传达医药产品生产厂家或医药服务单位名称、地址、联系方式、购买方法等附加信息。广告随文的写法可以直接罗列，也可以委婉附言或制作标签表格，只要突出内容，引人关注便可。

四、医药广告文案的写作技能要求

（一）内容真实，语言准确规范，符合法律要求

真实是广告的生命，医药广告的真实性尤为重要。广告文案的内容真实性要求所介绍的药品要向消费者提供经得住检验的证据，切忌为吸引眼球而浮夸；医药广告不同于其他广告，准确规范的语言是医药广告文案书写最基本的要求，表达要准确、规范、完整，避免语法错误而产生歧义或误解，同时必须符合相关的法律法规。如医疗、药品、医疗器械广告不得含有不科学的表示功效的断言或者保证；不得含有说明治愈率或者有效率等内容。

（二）创意要新颖，定位要准确

广告创意是广告主题的创造性思维，其主题定位如何，主要体现在创造性的艺术构思上，要能激起人们的兴趣，广告文案必须要有创新，在构思中既要包括“传播什么”，又要包括“怎么传播”。不同的消费者有不同的心理需求和生活习惯，因此要针对不同层次的消费者进行准确定位，对产品的特点、档次、用途、产地、原料等有不同的切入点。

（三）语言要简练，形式要多样，表现要生动

广告文案对产品的表述要简明扼要、精炼概括，尽可能用较少的文字、简短的语句表达出广告产品的精髓，实现有效的广告信息传播；表述时可运用对比、描述、引用、比喻等多形式、多手段吸引广告受众的注意力。诉之于听觉的广告语言，要注意优美、流畅和动听，使其易识别、易记忆和易传播，从而突出广告定位，很好地表现广告主题和广告创意，产生良好的广告效果。

【例文 1】

不让秋雨淋湿好心情，心情好，脸色自然好。

不让秋日带给女人一点点伤，没有黄褐斑，脸色是真的好。

不让秋风吹干肌肤的水，肌肤充满水分，脸色更加好。

不让秋夜成为失眠的开始，晚上睡得好，脸色才会好。

（广告文案围绕中心，运用排比句从四个方面宣传产品特点，具有延续性及系列性，成功地展示了产品，该广告曾获全国报纸广告医药保健类铜奖）

【例文 2】

××血压计的广告文案

防范于未然，生之未雨绸缪

（标题朗朗上口，揭示文案主旨）

无论喧嚣城市还是狂放山野，

无论你身处世界哪一个角落，

抛开身旁追随和羡慕的视野，

在人海茫茫中尽情宣泄，

开辟生存，无限可能，

纵横天地任由激情洋溢。

（正文主题明确，意在揭露文案的中心思想）

拿得起，放不下，都是血压惹的祸。

（广告口号，是推广医药产品不可或缺的部分）

上海医药集团有限公司　联系电话：021－8888××××

（主要传达医药产品生产厂家或医药服务单位名称、地址、联系方式、购买方法等附加信息）

第二节　医药市场调查报告

PPT

情境导入

情境：小李就职于一家大型医药公司市场营销部，该公司计划推出一款阿胶新产品。为找到阿胶市场的突破口，提高产品市场占有率，并为今后的营销发展计划提供科学依据，公司安排小李带领团队在北京、上海、广州、成都、西安、杭州、长沙 7 个城市中各选 500 人作为调查对象进行抽样入户调查。调查内容主要针对公司阿胶新产品的营销计划进行全面分析（销售渠道、产品情况、消费者使用情况等），从而了解消费者对于阿胶产品的真实反馈。

思考：1. 小李应该如何组织这次市场调查，要提前做哪些准备？

2. 小李应该怎么写这份市场调查报告？

知识要点

一、医药市场调查报告的概念

医药市场调查报告是指在进行深入的市场调查以后，对调查所获得的信息资料进行系统、科学和周密的整理、归纳、分析、综合后撰写的书面文字材料。主要是指对医药行业和医药市场进行调查后所形成的分析报告。其作用是帮助医药企业掌握市场的现状和趋势，为决策提供重要依据；增强企业在市场竞争中的应变力和竞争力，提高企业的经济效益和社会效益。

医药市场调查是书写医药市场调查报告的前提，如果没有进行市场调查，就无法撰写市场调查报告。医药市场调查是根据市场预测、决策的需要，运用科学的方法和手段，有目的地收集、记录、整理、分析和研究与医药市场有关的信息和资料。医药市场调查作为市场运营四大支柱（市场调查、商品计划、销售促进、流通政策）的先导支柱，是市场预测和经营决策的基础，为企业准确进行科学预测及制定市场营销战略提供重要依据；市场调查还有助于了解医药市场环境的变化趋势，全面、深入地了解药品目标市场、目标人群、竞争产品、营销渠道。

医药市场调查的内容一般包括产品的动态信息、市场动态信息、消费者需求信息、竞争者信息、销售绩效信息及宏观环境动态信息等。

市场调查的常用方法有文案调查法、实地调查法、网络调查法、抽样调查法等，每种调查方法各有优缺点。

二、医药市场调查报告的分类

医药市场调查报告依据不同的标准有不同的分类。

1. 按其所涉及内容的范围分类 综合性医药市场调查报告和专题性医药市场调查报告。

2. 按调查对象的不同分类 市场供求情况的医药市场调查报告、医药产品情况的市场调查报告、医药消费者情况的市场调查报告、医药销售情况的市场调查报告以及医药市场竞争对手的市场调查报告。

3. 按表述手法的不同分类 陈述型医药市场调查报告和分析型医药市场调查报告。

三、医药市场调查报告的构成要素及格式模板

（一）构成要素

医药市场调查报告是整个调查工作的总结，一般应包括标题、目录、概述、主体、结论与建议、附件六个部分组成。

（二）格式模板

构成要素	模板
标题：公文式或文章式。	关于××××的市场调查报告
目录：目的在于方便阅读者阅读。	1. ××××××× 2. ××××××× 3. ×××××××
概述：简明扼要阐明调查目的、调查对象等基本信息。	××××××××××××××××××××× ×××××××××。
主体：对调查的内容进行详细的数据分析与归纳。	××××××××××××××××××××× ×××××××××。
结论与建议：提出观点并给出解决问题对策，用分条列款的形式完成。	××××××××××××××××××××× ×××××××××。
附件：附上写调查报告所引用的数据图表、问卷调查表等。	附件：1. ×××××××× 2. ××××××××

（三）医药市场调查报告各部分的格式、内容和写法要求

1. 标题 常用的有两种形式，一是公文式标题，由调查对象、调查内容和文种组成。如《关于中国市场肠胃药品分类的市场调查报告》；二是文章式标题，即用简洁的语言概括调查的内容或主

旨，有单标题和双标题之分。例如《城镇居民家用医疗器械潜在购买力动向》《竞争在今天，希望在明天——全国医疗健身器械用户问卷调查分析报告》。

2. 目录 是根据报告的篇幅而定的，篇幅长则需要加上目录；篇幅短，目录可以省略。编写目录是为了方便读者阅读。

3. 概述 简要介绍调查的基本情况，即调查时间、地点、背景、范围、目的和方法。

4. 主体 调查报告的主干和中心，是调查报告的主要内容，要详细介绍、说明事物的真相，即市场动态、市场特点、本企业要解决的问题、调查结果以及调查结果对企业经营活动影响的分析、提出的建议等。写作时要客观、观点明确、层次清晰、重点突出。

5. 结论与建议 报告的结尾部分，是分析问题、得出结论、解决问题的必然结果。结果必须与概述相呼应，从而深化主题，加深企业决策者对该报告的重视。

6. 附件 是提供与调查结果有关的资料供决策者参考，提供的资料有调查报告引用资料的汇总统计表、数据图表、问卷调查表等。

四、医药市场调查报告的写作技能要求

（一）注重内容的真实性

实事求是，内容真实，是书写医药市场调查报告的前提。无论是记载调查情况、引用的数据和资料、引证的事例以及综合调研内容，还是分析结论，提出建议与方案，都应当坚持实事求是的基本原则，必须客观真实。

（二）注重材料与结论的统一

医药市场调查报告是以调查的事实、数据和收集的资料为依据的，其结论是通过对收集的数据和事实进行综合分析得出来的。结论与材料是密不可分、相互统一的。切忌调查材料与调查结论相分离。

（三）注重语言的准确、简明

医药市场调查报告的表述要把握好分寸和尺度，在数据准确、引证真实，叙述简明的基础上，力求增强语言的生动性和感染力，让阅读者产生浓厚兴趣。

（四）注重针对性和时效性

市场调查是针对某一问题进行调研的，一份调查报告不可能解决所有问题，所以调查报告的针对性越强，其价值就越大。同时，市场是瞬息万变的，因此写作调查报告要迅速及时，否则，它就是“马后炮”失去了效用。

【例文】

关于中国市场肠胃药品分类的市场调查报告

目录　（略）

一、调查目的

为了解中国市场上肠胃药品的分类及不同种类的销售情况，做到让消费者正确选择肠胃药，对症下药，××公司在20××年3月1日至20××年4月1日就药店和医院肠胃药品在18～60岁消费者之间的销售情况进行了市场调查。使用的调查方法为因果性调查、描述性调查、网络性调查等。

（概述部分，简单概括调查目的、时间、方法等）

二、肠胃药品市场基本情况

经过市场调查发现，现在市场上常用的治疗胃病的药物主要如下。

1. 中和胃酸药类：如乐得胃、丽珠得乐、枸橼酸铋钾等，用于胃及十二指肠溃疡，胃炎和胃酸

过多的病人。

2. 抑制胃酸药类：以 H_2 受体阻断剂及质子泵抑制剂为主，如雷尼替丁、西米替叮等，用于治疗十二指肠溃疡、术后溃疡、良性胃溃疡、反流性食道炎、上消化道出血。

3. 黏膜保护类：如复方铝酸铋，主要治疗溃疡并胃酸过多、胃炎、神经性消化不良、胃肠痉挛等。此外，还可调节胃肠胀气，改善大便秘结，增进食欲和改善消化功能。

三、常见肠胃药物的市场分析

1. 市场环境

现代生活节奏的加快，人们饮食规律不能保证，肠胃疾病的发生率越来越高，很多人会不同程度地发生急性或慢性肠胃病。数据显示，我国有近1.2亿的肠胃疾病患者，其中慢性胃炎的发病率尤其高，达到了30%……

（略）

（正文部分，详细介绍调查报告的主要内容，写作时要层次分明、思路清晰）

四、结论与建议

1. 肠胃病有许多种，如胃炎、溃疡、肿瘤等，不同的肠胃病，治疗重点也不同，需要因情况而异。

2. 肠胃疾病的病人要注意保暖，换季时尤其要注意，避免过度劳累和精神紧张，有些药物如解热镇痛类药物阿司匹林，某些降压药会引起胃黏膜的损伤甚至引起消化道出血，在用药时要慎重，就诊时一定要向医生提供相应的病史，尽量避免乱吃药。

3. 要进一步加大对医药管理法律法规及医药常识的宣传力度，提高广大人民群众认识药品的能力。

（对正文进行总结，与概述部分相互呼应，突出主题）

五、附件（略）

（提供与调查相关的资料供阅读者参考，如市场调查问卷、数据图表等）

知识链接

药品市场调查的步骤

1. 确定问题与调查目标。由于调查对象非常复杂，不易准确发现问题和提出问题，因此通常在进行正式调查之前，先作初步调查即探测性调查，然后确定调查的问题及范围。问题选择应符合有用性、合理性原则。

2. 拟定调查计划。选择调查方式、调查方法、预算调查经费、部署调查人员、安排调查进度。

3. 制作调查问卷。

4. 进行市场调查。

5. 数据的统计与分析。根据收集到的数据和资料进行统计与分析。

6. 结合市场情况撰写市场调查报告。

第三节　医药市场预测报告

PPT

情境导入

情境： A医药公司是医药行业的龙头企业，近年来，由于竞争对手众多，逐渐在市场竞争中失去了产品优势和市场优势，为了挽回龙头企业的行业地位，增强企业的竞争力，以便对今后的发展路线做出准确的定位和规划，A 医药公司委托 B 咨询公司就 20××—20××年中国医药行业市场分析与发展趋势做出市场预测，并且形成市场预测报告。

思考：1. B 咨询公司应该如何组织这次市场预测？有哪些注意事项？

2. 你知道应该怎么写这份市场预测报告吗？

知识要点

一、医药市场预测报告的概念

医药市场预测报告是指在医药市场调查的基础上，运用科学的预测技术和方法对掌握的医药市场信息、资料进行分析研究，从而预测未来医药行业和市场发展趋势的一种预见性的书面文字材料。医药市场预测报告实际上是医药调查报告的一种特殊形式。

医药市场预测报告的书写是以医药市场调查与预测为前提的，如果没有进行市场预测，就无法撰写市场预测报告。

医药市场预测是指在医药市场调查的基础上，运用科学的预测技术，对影响医药市场供求变化的诸多因素进行调查研究、分析和预见其发展趋势，掌握医药市场变化规律，为医药企业的营销决策提供科学的依据。

医药市场预测一般要经过以下几个步骤：确定医药市场预测目标，制定预测工作计划，组织搜集相关资料，选择预测方法，对调查搜集的资料进行综合分析预测，编写市场调查预测报告。

二、医药市场预测报告的特点

（一）科学性

医药市场预测报告要运用科学的预测理论和预测方法，充分搜集各种真实可靠的数据资料，以周密的调查研究为基础，找出预测对象的客观运行规律，得出合乎实际的结论，有效指导人们的实践活动。

（二）预见性

医药市场预测报告的性质就是利用医药市场过去与现状的相互联系对医药市场未来的发展趋势作出预见性的判断，目的是将医药市场需求的不确定性极小化，使预测结果和未来的实际情况的偏差概率达到最小化。

（三）近似性

医药市场预测报告的预测值只是一个近似值，与实际值存在偏差，不可能完全一致。

三、医药市场预测报告的分类

（一）按市场预测的空间范围

1. 国际医药市场预测报告。
2. 全国医药市场预测报告。
3. 地区医药市场预测报告。

（二）按市场预测的时间

1. 短期医药市场预测报告 是指对一年内（包括年度、季度、月度）医药市场发展前景的预测报告。

2. 中期医药市场预测报告 是指对两年至五年内医药市场发展前景的预测报告。

3. 长期医药市场预测报告 是指对超过五年的医药市场发展前景的预测报告。

（三）按市场预测的性质

1. 定性预测报告 对药品市场未来的发展趋势和变化方向作出性质上的判断与程度上的估计。定性预测法简单易行，不需要复杂的计算，使用面较广。

2. 定量预测报告 根据历史数据，运用统计学和数学模型等方法，对各种统计资料进行数据处理，着重从数量关系上分析推算，从而从“量”上估计市场发展变化趋势。定量预测法精确度较高，适合企业或公司进行市场预测。

四、医药市场预测报告的构成要素及格式模板

（一）构成要素

医药市场预测报告是由标题、目录、前言、正文、结尾五部分组成。

（二）格式模板

构成要素	模板
标题：预测时限＋预测对象＋文种。 **目录**：目的在于方便阅读者阅读。	**20××年 OTC 市场发展趋势预测报告** 1. ××××××× 2. ××××××× ……
前言：简要说明预测主旨及主要内容。	×××××××××××××××××××××××××××××××。
正文：对预测内容进行详细分析推理，提出具体的结论与建议。	×××××××××××××××××××××××××××××××。
结尾：归纳预测结论，提出展望。	×××××××××××××××××××××××××××××××。

（三）医药市场预测报告各部分的格式、内容和写法要求

1. 标题 一般由预测时限、预测范围、预测对象构成，例如《20××年四川省药品消费现状及发展趋势展望》。标题要求简明、醒目。

2. 目录 是根据报告的篇幅而定的，篇幅长则需要加上目录；篇幅短，目录可以省略。编写目录是为了方便读者阅读。

3. 前言 这一部分要求用简明扼要的文字，说明预测的主旨或简要介绍预测范围、对象、实践、地点和目的，有的还包括预测方法、过程和预测结论等。

4. 正文 一般由三个部分组成，包括基本情况介绍、预测、结论与建议。

（1）基本情况介绍 交代预测背景、目的，根据收集到的市场信息、数据资料，概括叙述预测对象的现状。

（2）预测部分 这是正文的重点和核心。根据各种因素分析，推导预测对象的未来趋势和可能发生的状况。要求：叙议结合，注意定性分析和定量分析的区别运用和结合运用。

（3）结论与建议 在预测的基础上，提出切合实际的建议，如确定企业经营方案的设想等。

5. 结尾 归纳预测结论，提出展望。也可与前言形成照应。

五、医药市场预测报告的写作技能要求

1. 目标明确，主次清晰。
2. 资料充分，论据有力。
3. 论证合理，逻辑严密。
4. 观点鲜明、表达明确。
5. 客观地反映实际情况。
6. 注重预测报告的时效性。
7. 忌用华丽辞藻和夸张手法。

【例文】

20××年保健品的市场预测报告

目录　（略）

随着全球健康意识的提升，消费者越来越关注个人健康，近年来保健品市场增长迅速，市场占有率稳步上升。有关专家指出，用先进的科学手段去完善和发展保健品产业，将迎来保健品消费的新热潮。

（前言部分，以简短扼要的文字说明预测主旨）

一、宏观政策影响

国家相关政策对保健品的注册、审批和上市流程进行了规范。这确保了市场上销售的保健品具有一定的安全性和有效性，从而维护消费者的权益。严格的监管政策有助于淘汰不合格产品，提高整个行业的形象和信誉。

（略）

五、竞争品分析

排毒养颜市场是××药业有限公司首创，同样也是这个概念市场的最大受益者。但在“排毒养颜”这个树荫下已有不少乘凉的产品，它们作为后来者，也具有一定知名度，它们的存在抢走了排毒养颜市场一定的份额，但它们的市场始终处于一种跟进状态，从总体上来说对市场占有率与市场份额的影响不大。也有业界人士认为，养颜排毒这个市场已基本饱和，利润回报不再像半年前那么丰厚。

（略）

（正文部分，叙述基本情况，根据各种因素分析，推导预测对象的未来趋势和可能发生的状况）

综上所述，现在仍属于保健品行业的上升期，但缺乏热点产品。有关专家指出，保健品的发展趋势是天然、安全和有效。保健品产业是一个综合性产业，需要多行业、多学科的交叉融合，需要引入先进的技术和管理经验，需要形成现代化的、外向型的大型保健品集团，更要科学地、实事求是地开展保健品的广告宣传，为消费者创造良好的消费环境，引导消费者正确认识、使用保健品。

（归纳预测结论，提出展望）

知识链接

医药市场预测与医药市场调查的异同

1. 共同点

（1）主体相同　市场调查和市场预测的主体都是对市场信息具有需求的个人或组织，主要是医药企业。

（2）功能和作用相同　市场调查和市场预测的功能与作用都是为科学的营销决策和制定营销计划提供依据。

（3）本质相同　都是属于医药市场信息工作范畴。

2. 区别

（1）结果不同　市场调查的结果是医药市场的各种历史信息和现状信息。市场预测的结果是医药市场的未来发展趋势信息。

（2）出发点不同　市场调查的出发点是通过医药市场的过去和现状的调查研究，达到了解历史、认识现状，掌握医药市场发展变化的轨迹、特点和规律的目的；市场预测的出发点是依据对医药市场历史和现状的认识，达到预计、认识未来，掌握医药市场的未来发展趋势的目的。

（3）技术方法不同　市场调查主要通过调查设计、资料搜集、资料处理等方法获得医药市场信息；市场预测主要运用定性分析方法及定量分析方法的数学模型技术获得医药市场信息。

第四节　医药市场经济活动分析报告

PPT

情境导入

情境：2024 年，国家继续实施积极的财政政策和稳健的货币政策，国内需求稳定增长，促进了医药行业的稳步发展和较好的经济效益，工业结构调整和产业升级也取得了积极进展。但由于受多重因素的影响，医药企业经济效益出现了一定的波动，国家有关部门对 2024 年医药行业经济运行情况进行了分析研究，从中探索经济规律，寻求改进方法，试图在 2025 年达到提高医药行业经济效益的目的。

思考：1. 有关部门的工作人员应该如何组织这次市场经济活动分析？有哪些注意事项？

2. 你知道应该怎么写这份医药市场经济活动分析报告吗？

知识要点

一、医药市场经济活动分析报告的概念

医药市场经济活动分析是运用科学的经济理论，以现实和历史的计划，根据会计核算、统计资料、有关原始记录和调查材料为依据，对一个地区、一个行业、一个单位或一个部门的药品经济活动，或某一项经济活动的情况进行系统客观的分析、总结的一种行为，反映这种分析内容和结果的书面文字材料就是医药市场经济活动分析报告。

二、医药市场经济活动分析报告的作用

1. 可以帮助决策者了解客观经济活动的情况，为制定和调整经济决策提供可靠依据，从而及时、正确地指导经济活动，解决经济问题。

2. 可以帮助医药企业了解其生产、经营、管理活动的情况，发现存在的问题，进而改善经营管理方式，提高经营管理水平，取得良好的经济效益。还可以及时帮助经济管理部门尤其是企业了解市场动态，预测市场未来的发展趋势，使其在生产、经营、管理活动中做到未雨绸缪。

3. 可以为财政、金融、市场、税务部门提供信息资料，使他们了解企业的生产、经营、管理情况，及时发现问题，采取相应措施，加强管理，有效地发挥其在经济活动中的职能作用。

三、医药市场经济活动分析报告的分类

1. 按照经济活动分析的对象分类　分为财务状况分析报告、质量分析报告、成本分析报告、设备情况分析报告、库存结构分析报告、市场动态情况分析报告、资金运行情况分析报告等。

2. 按照经济活动分析的内容范围分类　分为综合分析报告、专题分析报告、简要分析报告。

3. 按照经济活动分析的时间分类　分为定期分析报告、不定期分析报告。

4. 按照经济活动分析报告的形式分类　分为文章式分析报告和表格式分析报告。

四、医药市场经济活动分析报告的构成要素及格式模板

（一）构成要素

医药市场经济活动分析报告的基本结构是由标题、目录、正文、落款几部分组成。

（二）格式模板

构成要素	模板
标题：被分析企业名称 + 分析时限 + 分析内容 + 文种（也可以省去企业名称和时限）。 **目录**：目的在于方便阅读者阅读。	**20××年医药行业经济运行分析报告** 1. ××××××× 2. ××××××× ……
正文：采取导语 – 主体 – 结尾的形式，体现出提出问题、分析问题、解决问题的构思思路。	×××××××××××××××××××××××××××××××。
落款：写明报告单位或报告人的名称或姓名，注明报告日期。	××××××××× ××××年××月××日

（三）医药市场经济活动分析报告各部分的格式、内容和写法要求

1. 标题　被分析单位、分析的时限、分析的内容及文种。例如，四川省20××年药品消费结构分析报告。

2. 正文　药品经济活动分析报告一般采取导语、主体、结尾的结构形式。

（1）导语部分　概述主要经济指标的完成情况、存在问题、分析的必要性和目的、分析的中心内容、经济活动的基本情况。

（2）主体部分　这是经济活动分析报告全文的核心部分，要运用科学的经济活动分析方法，从不同的角度对有关数据进行运算推导，对影响经济指标的各种因素进行剖析，找出存在的问题及原因，针对分析结果，作出客观的评价。

（3）结尾部分　主要是在提出问题、分析问题的基础上提出对策，即提出解决问题的意见、建议或措施。

3. 落款　一般要写明报告单位的名称或报告人姓名，最后注明报告日期。也有一些用于研究的经济活动分析报告不需要落款。

五、医药市场经济活动分析报告的写作技能要求

完整、系统、准确的数据资料和实地调查的材料相结合，运用科学的分析方法进行中肯的评价，

提出切实可行的建议，是写好医药市场经济活动分析报告的关键。

（一）资料要充分、数据要准确

真实、准确的资料是判断情况、分析原因、总结经验教训、提出对策的依据。因此，经济活动分析报告的写作，首先要充分准备资料，包括各种核算资料、统计资料、调查搜集到的实际情况资料等。在此基础上，要进行分析研究，对各种资料去粗取精、去伪存真，使其数据准确、细节具体、资料系统化。

（二）分析方法要科学

经济活动分析是一门科学，写经济活动分析报告时必须掌握并运用科学的分析方法，只有客观、公正、准确的分析才能得出和实际相符的结论，使写出的分析报告具有严密的科学性，从而正确地指导经济活动。常见的经济活动分析方法有调查分析法、比较分析法、差额分析法、动态分析法和因素分析法等。

（三）对策建议要可行

写经济活动分析报告，不是单纯的提出问题、分析问题，还要在分析、评价的基础上，以党和国家围绕经济活动制定的一系列方针、政策、规章制度等为指南，提出具体实在、有理有据、切实可行的对策，从而指导经济工作或为经济发展决策提供参考。

（四）观点要明确、结构要严谨、重点要突出

经济活动分析报告的篇幅一般较长，因此在写作时主题要突出，观点要明确；说明问题的材料要适用、典型、有代表性；结构安排要严谨周密，层次要分明，重点要突出；文字表述要简洁明了；数据运用要准确无误，必要时可制成图表。

【例文】

20××年医药行业经济运行分析报告

20××年，国家继续实施积极的财政政策和稳健的货币政策，国内需求稳定增长，促进了医药行业的稳步发展，产生了较好的经济效益，工业结构调整和产业升级也取得了积极进展。但由于受多重因素的影响，医药企业经济效益出现了一定的波动，为了更好地总结经验，找出问题，能在20××年有长足的进步，国家相关部门就20××年的医药行业经济运行情况作出如下分析：

（导语部分：概述主要经济指标的完成情况、存在问题、分析的必要性和目的、分析的中心内容、经济活动的基本情况）

一、20××年医药经济发展基本状况

医药工业新产品增值状况良好，为医药经济持续健康发展奠定了基础。从产业链发展来看，医药产业链不断完善和延伸，包括研发、生产、流通等环节进一步优化。在研发环节，药企加大了对新药研发的投入，不断推出具有创新性和独特优势的药物。在生产环节，药企加强了质量控制体系，提高了生产效率和产品质量。在流通环节，药品流通体系进一步规范，提高了市场准入门槛，对违法经营行为进行了打击。

新技术、新产品的不断发展是医药经济赖以快速增长的产业基础，只有新产品的快速增长才能为医药行业的不断发展带来不懈的动力。从总体趋势上看，医药行业的不断快速发展具有较好的基础。

二、20××年医药经济运行的基本特点

20××年，全年医药经济总体上保持高速运行的基本态势，表现出一些明显的基本特征，分析其基本特征及内涵，有利于把握未来的经济走势。

（略）

三、对20××年医药经济运行趋势的预测和分析

从发展趋势看，今明两年是我国经济包括医药经济发展十分关键的时期。影响经济发展的有利和不利因素很多，预计20××年的医药市场将会出现以下几个特点。

1. 宏观经济形势有利于医药经济的持续快速发展。

2. 医药经济将持续保持总体稳定发展的局面，产销衔接状况将有所好转。

3. 经济增长的小幅波动不可避免。由于药品价格改革力度进一步加大，医疗保险制度和医药卫生体制改革的不断深化，药品价格可能进一步下调，对医药企业利润的冲击在所难免。

4. 市场竞争进一步加剧，企业兼并重组力度加大。

5. 进一步加强创新，在与国际跨国公司的合作中会出现新局面。

（主体部分：这是经济活动分析报告全文的核心部分，要运用科学的经济活动分析方法，从不同的角度对有关数据进行运算推导，找出存在的问题及原因，针对分析结果，做出客观的评价）

总体看来，我国国民经济在20××年仍将继续保持较快的增长，但国内外尚存和新出现的不利因素将大大增加我们对宏观经济调控的难度。我们必须审时度势，继续努力做好宏观调控工作，抓住有利时机，积极化解消极因素，力争在改革和加强结构调整的同时，保持国民经济适度快速、稳定协调的健康增长。

（结尾部分：主要是在提出问题、分析问题的基础上提出对策，即提出解决问题的意见、建议或措施）

国家××局××处
20××年××年××日

（一般要写明报告单位的名称或报告人的姓名，最后注明报告日期递交相关主管部门）

知识链接

医药市场经济活动分析最常用的分析方法

1. 比较分析法　又称对比分析法或指标分析法，简称比较法或对比法。比较分析法是最常用、最基本的一种经济活动分析方法。在具体对比分析过程中，通常从以下几个方面来进行。

（1）比计划　即实际指标与计划指标对比。

（2）比历史　即实际指标与历史指标对比。

（3）比先进　即实际指标与先进指标对比。可以与本地或国内不同地区以及国外的同行业先进指标对比。

2. 因素分析法　在经济活动分析中，通过比较分析法揭示出了事物间的差异，这种差异的形成，必然是多种因素共同作用的结果。为了找出影响最大的因素，克服不利因素，采取相应对策，促进经济的发展，就需使用因素分析法。在进行因素分析时，要注意抓住主要问题的主要因素作重点分析，并在此基础上解决问题，提出具体可行的建议。

第五节　医药活动策划书

PPT

情境导入

情境：为了进行××产品的介绍和相关学术推广、包括让医生认识该产品的特点和优势，帮助其

建立处方产品的信心，最终达到品牌宣传、广告销售的目的，××医药公司准备举办一次药业活动，现需要市场营销部出一份医药活动策划书。

思考：1. 作为市场营销部的一员，应该如何组织这次药业活动？要提前做哪些准备？

2. 你知道应该怎么写这份医药活动策划书吗？

知识要点

一、医药活动策划书的概念

医药活动策划书是指以获得社会交换中的更多优势和利益为目标，结合市场实际状况，通过创造性思维的有效整合对某一未来的医药产品或活动进行周密的计划，能够付诸于实践，具有可行性的有效书面材料。

二、医药活动策划书的特点

（一）预见性

根据对过去和现在的情况进行综合分析，对未来商务活动作出预见性的判断和安排。

（二）控制性

要求对参与人员的数量、资金的使用、物品的运用、目标实现的时间有具体安排，最大限度地降低风险、缩小成本、增大效益。

（三）全局性

是对某一商务活动整体实施策略的系统筹划和具体设计，应充分体现全局性特点。

三、医药活动策划书的构成要素及格式模板

（一）构成要素

医药活动策划书的基本结构是由标题、正文、落款三部分组成。

（二）格式模板

构成要素	模板
标题：时间＋策划对象＋策划内容＋文种；正标题＋副标题。 **正文**：1. 前言。 2. 主体：背景分析、计划实施方案、经费预算、预测效果及展望。 **落款**：写明策划单位或策划人的名称或姓名，注明日期。	××××××××××活动策划书 ××××××××××××××××××××××××××××。 ××××××××××××××××××××××××××××。 ××医药公司 ××××年××月××日

（三）医药活动策划书各部分的格式、内容和写法要求

1. 标题　包括时间、策划对象、策划内容、文种四部分。例如，“20××年三八国际妇女节××医药公司关心女性、感恩回馈活动策划书”。如果需要冠名协会，则可以考虑以正、副标题的形式出现，避免使用模糊标题。例如，“艾在端午——20××年××医药公司端午节主题活动策划案”。

2. 正文　包括前言和主体两部分。

(1) 前言　简介策划对象基本情况、活动开展原因、社会影响、目的动机、意义、时间等。在进行陈述时要简明扼要，突出该活动核心构成或策划的独到之处，书写应明确、具体、到位。

(2) 主体　包括背景分析、计划实施方案、经费预算、预测效果及展望四个部分。表述要力求详尽，不仅仅局限于用文字表述，也可以适当加入统计图表、数据等，便于统筹。

在进行经费预算书写时，要尽量符合实际花费，写出每一笔经费预算开支，以便于公司财务计划与报销处理。

3. 落款　在文末右下角写明策划单位名称或策划个人姓名及日期。

四、医药活动策划书的写作技能要求

（一）目标要明确，思路要清晰

一定要按照医药企业的属性确定要做什么活动，为什么要做活动，活动要达到什么目的。在策划整个方案时要时刻想着活动目的，每个细节都要向目标靠拢，这样才能主题突出，目标明确，思路清晰。

（二）实施方案要具体，措施应可行

（三）活动要有鲜明的记忆点

活动策划的目的在于让参与者通过活动对该产品或企业生产好感，提升销量和企业形象，因此，在进行活动策划时，一定要紧扣主题，找到参与者与产品或企业能充分结合的兴趣点，活动中满足参与者需要，让其在每个阶段都有明确的记忆点，从而增强参与者对该产品或企业的记忆程度。

【例文】

20××年××健康乐园营销活动策划书

一、计划概要

通过对××整个市场状况和在营销4P方面的分析，提出本次“××健康乐园活动”的目标和具体运行方案。

本次“××健康乐园活动”的主要目标是通过“××终端陈列比赛”和“销售积分比赛”两个持续4个月的活动，改变××在全国零售终端整体落后的现状，使××的整体终端形象得到一个大的提升，单点销量有一个明显的进步。

（前言：写明策划对象基本情况简介、活动开展原因、社会影响、目的动机、意义、时间等）

二、××活动的行动实施方案

1. 时间计划　20××年3月1日—20××年6月30日

2. 目标计划　分为三个目标计划，每个阶段对工作效果进行评估，以根据变化进行一定的调整和补充。

(1) 第一阶段　20××年3月1日至20××年3月31日，主要目标为终端陈列进步。

(2) 第二阶段　20××年4月1日至20××年4月30日，主要目标为良好的客情关系形成和销量的提升。

(3) 第三阶段　20××年5月1日至20××年5月31日，主要目标为整体终端陈列水平超过主要竞争品。

（略）

三、经费预算（略）

四、效果预测

通过本次活动，让消费者了解到××的特点和优势，帮助建立对××的信心，加强客情关系，传递公司的企业文化，提升公司的品牌，最终达到产品销售的目的。

（主体：包括背景分析、计划实施方案、经费预算、预测效果及展望四个部分。这是策划的主体部分，表述方面要力求详尽）

××医药公司

20××年××月××日

（在文末右下角写明策划单位名称或策划个人姓名及日期）

知识链接

医药商务策划书的种类

1. 综合策划书 是指整个行业或企业经济发展前景的综合规划，是针对企业战略、融资、管理、营销、生态五大领域的实施而制定的宏观的、全面的策划书。

2. 专题策划书 是针对开展某一商务活动所制定的微观、具体的策划书。包括活动策划书、营销策划书、公关策划书、项目策划书、广告策划书、财务与融资策划书等。

目标检测

答案解析

一、单项选择题

1. 按照经济活动分析报告的形式，可以分为文章式分析报告和（ ）。
   A. 表格式分析报告　　B. 专项式分析报告
   C. 定期分析报告　　D. 综合分析报告
2. 下列不属于医药广告文案构成要素的是（ ）。
   A. 标题　　B. 正文
   C. 广告标语　　D. 广告落款
3. （ ）是调查报告的主干和中心，是调查报告的主要内容。
   A. 标题　　B. 目录
   C. 概述　　D. 主体
4. 市场预测的程序是（ ）。
   A. 明确目的、收集资料、分析、预测
   B. 收集资料、明确目的、分析、预测
   C. 分析、明确目的、收集资料、预测
   D. 明确目的、收集资料、预测、分析
5. 医药活动策划书正文的主体部分不包括（ ）。
   A. 背景分析　　B. 社会影响
   C. 实施方案　　D. 经费预算

二、多项选择题

1. 按照经济合同分析报告的时间可分为（ ）。
   A. 综合分析报告　　B. 定期分析报告

C. 不定期分析报告　　　　D. 表格式分析报告

2. 医药市场预测与医药市场调查的共同点有（　）。

A. 主体相同　　　　B. 功能和作用相同

C. 出发点相同　　　　D. 本质相同

3. 市场调查的常用方法有（　）。

A. 文案调查法　　　　B. 实地调查法

C. 网络调查法　　　　D. 抽样调查法

三、改错题

医药营销活动策划书

一、活动主题

宣传用药　温暖冬季

二、活动背景

应我院社团艺术文化节要求，宣传各协会，展示社团风采。利用我们的资源，提高同学们的安全用药意识，宣传安全用药知识，所以我们同心协力筹备这个活动，丰富我们的课余生活。

三、活动目的

宣传用药知识，提高协会的影响力。

四、活动主体

活动地点：××职业技术学院广场

五、活动宣传

1. 发放药品知识传单。

2. 宣传部出海报进行药品健康宣传。

六、活动经费

1. 宣传海报纸张。

2. 宣传笔和颜料。

3. 传单费。

四、写作题

××医药公司现将在四川省上市一款新药，但不知道这款新药能否满足四川市场的需求，符合四川区域居民的消费习惯，所以决定先在该地区进行市场调查，以便于对症下药。请就此案例编写一份医药市场调查报告。

书网融合……

重点小结　　微课　　习题

第八章　医药科技文书写作

第一节　药品说明书

PPT

学习目标

知识目标：通过本章的学习，掌握药品说明书、药品检验报告、医药新闻、医药文摘、医药论文的写作步骤与格式要求；熟悉撰写本章各个文种的格式；了解本章各个文种的概念、特点、分类和撰写依据等。

能力目标：能用规范的医药语言准确表达药品说明书的主要内容；能正确书写药品检验报告、医药新闻、医药文摘，能利用所学完成医药论文的撰写。

素质目标：树立正确的社会主义核心价值观，培养追求科学的精神；树立良好的职业道德，培养爱岗敬业、求实创新的职业精神。

情境导入

情境：国家药品监督管理局根据他汀类药物监测评价结果，决定对药品说明书【不良反应】【药物相互作用】进行修订，并在国家药品监督管理局网站给出了修订的要求。

思考：1. 药品说明书各项内容有哪些书写要求？

2. 你能为××药品生产企业修订其产品辛伐他丁药物的说明书吗？

知识要点

一、药品说明书的概念

药品说明书是由药品生产企业撰写，经审批印制后，并提供给医务工作者和患者的载有与药物应用相关的所有重要信息的文书，主要包括药品的安全性和有效性等重要科学数据、结论及其他相关信息。

二、药品说明书的特点

药品是特殊的商品，其说明书也具有不同于其他商品说明书的特性。

（一）内容的科学性

药品说明书是关于药品使用的主要信息的集合，也是药品研发成果的结晶。这些信息包含了大量的长期研究的科学数据，并且要经过评审会的几轮专家评议，根据专家意见补充研究资料、说明相关问题，甚至要经过好几轮的答辩才能被获得官方批准。

（二）格式的规范性

其他商品的说明书形式多种多样，但药品说明书的格式是以法规的形式予以固化，不得随意书写和改变格式，随着我国社会经济的发展，陆续出台了一些关于规范药品说明书的法规。主要包括《药品说明书和标签管理规定》《化学药品和治疗用生物制品说明书规范细则》《预防用生物制品说明书规范细则》《中药、天然药物处方药说明书内容书写要求》《放射性药品说明书规范细则》《化学药品非处方药说明书规范细则》《中成药非处方药说明书规范细则》等。

（三）审批的严肃性

《药品说明书和标签管理规定》规定，药品说明书由国家药品监督管理局予以核准，可见没有哪种商品的说明书具有如此高规格的审批，足以体现其审批的严肃性。

（四）文书的法律性

药品说明书是表达药物研究结果和结论的重要技术资料，是指导医务工作者和患者临床合理用药的主要依据，因此世界各国均把它置于法规的管理下。一方面，其内容的撰写有严格的要求和规定，不得弄虚作假；经药品行政监管部门审批后的药品说明书，不得自行修改，它是药品监督管理行政部门执法的依据。另一方面，对医务工作者临床用药具有一定的约束力。所以，药品说明书是一种广义的法律文书。

（五）修订的经常性

药品说明书不是终生不变的，由于临床试验不可能完全暴露与药品临床应用相关的所有安全性和有效性信息，使得药品说明书具有不完善的特征，药品生产企业有责任主动跟踪药品上市后的安全性、有效性情况，需要对药品说明书进行修改的，应当及时提出修改申请。同时，根据药品不良反应监测、药品再评价结果等信息，国家药品行政监督管理部门也可以要求药品生产企业修改药品说明书。因此药品说明书的完善、修订以及维护应成为经常性的工作。

（六）使用的必读性

药品说明书是指导医务工作者和病人合理用药时的重要信息来源，其内容又不断更新完善，尤其是患者自购非处方药时，阅读药品说明书具有极其重要的作用。

三、药品说明书的书写依据

药品说明书的内容应尽可能来源于可靠的非临床试验和临床试验（应用）的结果，其技术文件包括该药物的药学、药理毒理、临床试验的结果和结论，以及其他相关文献。

四、药品说明书的构成要素及格式模板

药品种类繁多，并实行处方药和非处方药分类管理。不同性质药品的说明书，其撰写格式和书写要求各有不同，下面以化学药品非处方药予以说明。

（一）构成要素

药品说明书由药品标识、标题、警示语、正文、附文构成。

（二）格式模板

构成要素	模板
药品标识："非处方药、外用药品"标注	OTC
标题：由药品名称、文种构成	××××说明书
警示语	请仔细阅读说明书并按说明使用或在药师指导下购买使用 1. ××××××××××××× 2. ×××××××××××××
正文：分项列出 【药品名称】 【成分】 【性状】 【作用类别】 ……	【药品名称】××××× 【成分】××××××，×××××××××××××。 【性状】×××××××××××× 【作用类别】××××××××××××。 ……
附文：分项列出 【贮藏】 【包装】 【有效期】 ……	【贮藏】××××××××××××。 【包装】××××××××××××。 【有效期】××××××××××××。 ……

（三）药品说明书各部分的内容与写法要求

1. 药品标识　非处方药（OTC）、外用药品（外）标识在说明书首页右上角标注。

2. 标题　由药品通用名称、文种（说明书）构成。

3. 警示语　是指需特别提醒用药人在用药安全方面需特别注意的事项。通常位于标题下一行。

4. 正文

（1）药品名称　通用名称属《中国药典》收载的品种，其通用名称应当与药典一致；药典未收载的品种，其名称应当符合药品通用名称命名原则，有经批准的商品名称和有英文名称可列出，汉语拼音需列出。

（2）成分　列出处方组成及各成分含量和所有辅料成分，并与注册批准文件一致。

（3）性状　应与国家批准的该品种药品标准中的性状一致。

（4）作用类别　按照国家药品监督管理局公布的该药品非处方药类别书写。

（5）适应证　按照国家药品监督管理局公布的非处方药适应证书写。

（6）规格　指每支、每片或其他每一单位制剂中含有主药的重量、含量或装量。计量单位必须以中文表示。

（7）用法用量　用量按照国家药品监督管理局公布的该药品非处方药用量书写。

（8）不良反应　列出该药品已知的或者可能发生的不良反应。并按不良反应的严重程度、发生的频率或症状的系统性列出。

（9）禁忌　应列出该药品不能应用的各种情况，如禁止应用该药品的人群或疾病等情况。

（10）注意事项　列出使用该药必须注意的问题，包括需要慎用的情况（如肝、肾功能的问题），影响药物疗效的因素（如食物、烟、酒等），妊娠期妇女、哺乳期妇女、儿童、老年人等特殊人群用药，用药对于临床检验的影响，滥用或药物依赖情况，以及其他保障用药人自我药疗安全用药的有关内容。

（11）药物相互作用　应列出与该药产生相互作用的药物及合并用药的注意事项。

5. 附文　分项列出：贮藏、包装、有效期、执行标准、批准文号、说明书修订日期、生产企业等内容。

五、药品说明书的写作技能要求

（一）表述可靠、完整

一方面说明书的内容必须应尽可能完善，既包括对安全和有效用药所需的重要信息，也包括负面信息。另一方面，项目说明要完整，如有多种给药途径，应分别说明给药剂量和给药间隔时间；不同患者需调整剂量需说明具体的调整方法，不能笼统叙述为调整剂量。

（二）用语客观、科学、规范、准确、简练

说明书的文字表述应客观、科学、规范、准确、简练，不能带有暗示性、误导性和不适当宣传的语言。对药品名称、药学专业名词、疾病名称、临床检验名称和结果的表述须使用规范用语；对用药的合理性和用药的安全、有效要准确，不能含糊其辞、模棱两可。比如，在适应证的书写中是缓解症状还是治愈疾病，是辅助治疗还是主要治疗手段；在用法用量中是静脉注射还是静脉滴注；儿童用量酌减的表述不明确。

（三）项目呼应

比如，警示语是不良反应、禁忌、注意事项、药物过量项目中应特别注意内容的摘要，这些项目内容应与之呼应，并详细予以说明；药品规格应与给药剂量相匹配；用法用量中的适应证应与适应证项一致，不应随意增减。

【例文】

OTC

甲类

（药品标识）

布洛芬片说明书

（有药品名称和文种构成）

请仔细阅读说明书并按说明使用或在药师指导下购买使用

1. **对其他非甾体抗炎药过敏者禁用。**
2. **妊娠期及哺乳期妇女禁用。**
3. **对阿司匹林过敏的哮喘患者禁用。**

（警示语）

【药品名称】

通用名称：布洛芬片

英文名称：Ibuprofen　Tablets

汉语拼音：Buluofen　Pian

【成分】本品每片含布洛芬 0.1 克。辅料为淀粉、羟丙纤维素、滑石粉、微晶纤维素、蔗糖。

【性状】本品为糖衣片，除去包衣后显白色。

【作用类别】本品为解热镇痛类非处方药药品。

【适应证】用于缓解轻至中度疼痛如头痛、关节痛、偏头痛、牙痛、肌肉痛、神经痛、痛经。也用于普通感冒或流行性感冒引起的发热。

【规格】0.1 克。

【用法用量】口服。成人一次 2 片，若持续疼痛或发热，可间隔 4～6 小时重复用药 1 次，24 小时不超过 4 次。儿童用量见下表：

年龄（岁）	体重（公斤）	一次用量（片）	次数
1～3	10～15	0.5	若持续疼痛或发热，
4～6	16～21	1	可间隔4～6小时重
7～9	22～27	1.5	复用药1次，24小时
10～12	28～32	2	不超过4次

【不良反应】 1. 少数病人可出现恶心、呕吐、胃烧灼感或轻度消化不良、胃肠道溃疡及出血、转氨酶升高、头痛、头晕、耳鸣、视力模糊、精神紧张、嗜睡、下肢水肿或体重骤增。2. 罕见皮疹、过敏性肾炎、膀胱炎、肾病综合征、肾乳头坏死或肾功能衰竭、支气管痉挛。

【禁忌】 对其他非甾体抗炎药过敏者禁用。妊娠期及哺乳期妇女禁用。对阿司匹林过敏的哮喘患者禁用。

【注意事项】 1. 本品为对症治疗药，不宜长期或大量使用，用于止痛不得超过5天，用于解热不得超过3天，如症状不缓解，请咨询医师或药师。2. 1岁以下儿童应在医师指导下使用。3. 不能同时服用其他含有解热镇痛药的药品（如某些复方抗感冒药）。4. 服用本品期间不得饮酒或含有酒精的饮料。5. 有下列情况患者慎用：60岁以上、支气管哮喘、肝肾功能不全、凝血机制或血小板功能障碍（如血友病）。6. 下列情况患者应在医师指导下使用：有消化性溃疡史、胃肠道出血、心功能不全、高血压。7. 如服用过量或出现严重不良反应，应立即就医。8. 对本品过敏者禁用，过敏体质者慎用。9. 本品性状发生改变时禁止使用。10. 请将本品放在儿童不能接触的地方。11. 儿童必须在成人监护下使用。12. 如正在使用其他药品，使用本品前请咨询医师或药师。13. 如出现胃肠道出血或溃疡、胸痛、气短、无力、言语含糊等情况，应停药并咨询医师。14. 第一次使用本品如出现皮疹或过敏症状，应停药并咨询医师。

【药物相互作用】 1. 本品与其他解热、镇痛、抗炎药物同用时可增加胃肠道不良反应，并可能导致溃疡。2. 本品与肝素、双香豆素等抗凝药同用时，可导致凝血酶原时间延长，增加出血倾向。3. 本品与地高辛、甲氨蝶呤、口服降血糖药物同用时，能使这些药物的血药浓度增高，不宜同用。4. 本品与呋塞米（呋喃苯胺酸）同用时，后者的排钠和降压作用减弱；与抗高血压药同时，也降低后者的降压效果。5. 如与其他药物同时使用可能会发生药物相互作用，详情请咨询医师或药师。6. 本品能抑制前列腺素的合成，具有解热镇痛及抗炎作用。

（正文：详细、清楚、规范。用法用量增加了儿童剂量表，明确了儿童患者的具体使用量。在注意事项下增加“1岁以下儿童应在医师指导下使用”，对药物的使用更加严谨）

【贮藏】 密封保存。

【包装】 塑料瓶装，100片/瓶。

【有效期】 36个月

【执行标准】《中国药典》2025年版二部

【批准文号】 国药准字H××××××××

【说明书修改日期】 ××××年××月××日

【生产企业】

企业名称：（略）

地　　址：（略）

邮政编码：（略）

电话号码：（略）

传真号码：（略）

如有问题可与生产企业联系

（本药品说明书是按照国家药品监督管理局发布的药品说明书范本书写的。书写格式和字体完全

符合化学药非处方药的规定）

知识链接

药品的标签

药品的标签是指药品包装上印有或者贴有的内容，分为内标签和外标签。

1. 药品内标签　指直接接触药品的包装的标签，包含药品通用名称、适应证或者功能主治、规格、用法用量、生产日期、产品批号、有效期、生产企业等内容。

2. 药品外标签　指内标签以外的其他包装的标签，包含药品通用名称、成分、性状、适应证或者功能主治、规格、用法用量、不良反应、禁忌、注意事项、贮藏、生产日期、产品批号、有效期、批准文号、生产企业等内容。

第二节　药品检验报告

PPT

情境导入

情境：××省药品检验所中药检验室完成了××药厂生产的药品藿香正气水的检验任务，并出具了检验记录，请小张编制出正确无误的药品检验报告。

思考：1. 药品检验报告有哪些书写要求？

2. 小张应如何正确地书写该药品的检验报告？

知识要点

一、药品检验报告的概念

药品检验报告是实验室按照药品质量标准的规定，通过化学、物理、仪器的分析方法，对药品内在质量出具的技术文书。

二、药品检验报告的分类、作用

按检验的性质可将药品检验报告分为三方药品检验报告和生产药品检验报告。

（一）三方药品检验报告

三方药品检验报告是指取得实验室资质认定证书的实验室出具的药品检验报告。其具有第三方公正性、权威性和法律效力。可用于药品监督管理、质量评价、成果及司法鉴定。按检验目的三方药品检验报告分为以下几种。

1. 评价检验报告　是指为了考察某一种药品或某一类药品质量的总体状况而出具的药品检验报告。

2. 监督检验报告　是指为了保证市场药品质量，最大限度发现药品质量问题，有计划、按比例地定期或不定期进行监督抽验而出具的药品检验报告。

3. 复核检验报告　是指被监督抽样的当事人对出具不合格检验结果有异议，检验机构再次检验而出具的药品检验报告。

4. 注册检验报告　是指对药品注册的样品和标准复核而出具的药品检验报告。

5. 进口检验报告 是指口岸药品检验机构对进口药品依法实施检验出具的药品检验报告。

6. 委托检验报告 是指其他行政事业单位、企业或个人委托药品检验所进行检验而出具的药品检验报告。

（二）生产药品检验报告

生产药品检验报告是指药品生产企业实验室出具的药品检验报告。用于企业自身购入原辅料和生产的中间产品、药品是否合格或质量控制的证明文件，也用于企业间商业往来的信誉证明，但不具有第三方的公正性。按检验的对象分为以下几种。

1. 原辅料检验报告 是指对生产企业购进的原料药和辅料进行检验而出具的检验报告。

2. 中间品检验报告 是指对药品生产过程中的半成品或中间体进行质量控制而出具的检验报告。

3. 成品检验报告 是指按该药成品质量标准进行检验而出具的药品检验报告。

三、药品检验报告的构成要素及格式模板

（一）构成要素

药品检验报告标题和正文构成。正文分为表头栏目，检验项目、标准规定和检验结果，检验结论三部分。

（二）格式模板

药品检验报告按全国统一规范格式书写。药品生产企业的药品检验报告一般自行设计固定格式，其格式与药品检验报告基本类似。

构成要素	模板			
标题	××××××××药品检验报告			
正文： 1. 表头栏	报告编号：		共　页，第　页	
	检品名称			
	批号		规格	
	生产单位/产地		包装	
	供样单位		效期	
	检验目的		检品数量	
2. 主体	检验项目		收样日期	
	检验依据		报告日期	
	检验项目	标准规定	检验结果	
	【性状】			
	【鉴别】			
	【检查】			
	【含量测定】			
3. 检验结论	结论			
	主检人	授权签字人		

（三）药品检验报告的各部分的格式、内容和写法要求

1. 标题　由药品检验所名称或药品生产企业名称、文种构成。

2. 正文

（1）表头栏

1）报告编号　按规定书写，具有识别性和唯一性的一组数字加字母组成。如：为 8 位数，前 4 位为年号，后 4 位为流水号，按检品的分类在年号后加分类代码（如监督抽验 A，委托检验 B，复验 C 等）。

2）检品名称　按药品包装实样上的通用名称（即质量标准的法定名称）书写。

3）批号　按药品包装实样上的批号填写。

4）供样单位　按照委托函或抽样凭证上供样单位公章填写全称。

5）检验目的　按“监督抽验”“评价抽验”“委托检验”“复验”等字样书写。

6）检验项目　按“全检”“部分检验”“单项检验”书写，“部分检验”在其后加括号书写具体项目内容，“单项检验”按具体项目名称如“含量测定”书写。

7）规格　按样品包装实样上的规格（即质量标准中的规格）书写。

8）包装　指与药品直接接触的包装材料，如“塑料袋”“ 铝塑板”等。

9）检品数量　按收到药品的包装数量乘原包装规格书写，如“3 瓶 ×100 片/瓶”。

10）效期　按药品包装所示书写。

11）收样日期　按收到检品的年、月、日填写。

12）报告日期　授权签字人签发时间。

13）检验依据　按药品说明书或与委托人约定的标准书写。

（2）主体　包括检验项目、标准规定和检验结果。

“检验项目”下纵向按质量标准列出“【性状】、【鉴别】、【检查】、【含量测定】”等大项目，各大项目下所包含的具体检验项目名称和排列顺序，应按质量标准上的顺序书写。

【性状】在“标准规定”下按标准内容书写，内容太多时，可扼要描述。“检验结果”下，当标准规定中只存在一种状态时，若检品性状与之相符写符合规定，标准规定中存在一种以上的状态时按实际情况描述；若检品性状不符合标准规定，应先写出不符合规定之处，再加写“（不符合规定）”。

熔点、比旋度或吸收系数等物理常数，应在“标准规定”下按质量标准书写具体数据，“检验结果”下写实测数据，不合格的应在数据之后加写“（不符合规定）”。

【鉴别】应将质量标准中的序号（1）、（2）……等列在“检验项目”下，每一序号之后应加注检验方法简称，如化学反应、薄层色谱、高效液相色谱、紫外光谱、红外光谱、显微特征。

化学反应，在“标准规定”下写“应呈正反应”“检验结果”下写“呈正反应”或“不呈正反应（不符合规定）”。

分光光度法或薄层色谱法，“标准规定”下用简洁的文字书写，“检验结果”下列出具体数据或描述为“与对照图谱一致（或不一致）、与对照品相同（或不相同）、与对照品色谱相应的位置上（未）显相同颜色的斑点”。不符合规定的加写“（不符合规定）”。

【检查】pH、水分、干燥失重、炽灼残渣、相对密度等，若质量标准中有明确数值要求的，应在“标准规定”下写出，在“检验结果”下写出实测数值（但炽灼残渣小于 0.1% 时，写“符合规定”），超出范围时加写“（不符合规定）”。

溶出度（或释放度），应在“标准规定”下写出“限度（Q）为标示量的 ××%”，或“不得低于标示量的 ××%”，检验合格的，在“检验结果”下写“符合规定”，不合格的，应列出具体测定

数据，并加写“（不符合规定）”。

装（重）量差异，检验合格及不合格时，“标准规定”下均应照药典制剂通则中规定描述，合格时“检验结果”写“符合规定”；不合格时，“标准规定”下除应照药典制剂通则中规定描述规定限度、标示装量和判断标准，在“检验结果”下写出限度范围和不合格的具体数值，并加写“（不符合规定）”。

微生物限度，检验合格的，在“标准规定”及“检验结果”下分别写“应符合规定”“符合规定”，不合格的，在“标准规定”和“检验结果”下均应写出具体规定和实测数据。

其余所有项目，有明确数值要求的，在“标准规定”下写出规定数值，以文字说明为主，不易用数字或简单语言确切表达的，可写“应符合规定”。在“检验结果”下则对应写出数据或“符合规定”与“（不符合规定）”。仅为限度，不能测得准确数值的，则写“符合规定”或“（不符合规定）”。文字叙述不能夹杂数学符号。“不得过……”不能写为“≤……”，“百万分之十”不能写为“10ppm”等。

【含量测定】在“标准规定”下，按质量标准的内容和格式书写；在“检验结果”下写出相应的实测数值，数值的有效位应与质量标准中的要求一致。

（3）检验结论　应包括检验依据和检验结论。全检：本品按×××检验，结果符合（或不符合）规定。部分检验和单项检验：本品按×××检验上述项目，结果符合（或不符合）规定。

1）主检人　是指检验人签名。

2）授权签字人　是指授权签字人签名。

四、药品检验报告的写作技能要求

1. 每一张药品检验报告只针对一个批号。

2. 标准引用要完整。比如，××药品标准收载于现行版《中国药典》，但现行版《中国药典》第一增补本对部分内容进行了修订或增订，在引用标准时，还要书写增补本的版本号。

3. 检验项目应按照药品质量标准的顺序依次书写，不能前后颠倒。

4. 检验项目应按质量标准规定名称书写，不能使用习惯用语。比如，“重量差异”不能写成“片重差异”，“可见异物”不能写成“澄明度”。

【例文】

×××药品检验所药品检验报告

（药品检验所名称＋文种名称）

报告编号：20××A0002　　　　共3页，第3页

检品名称	维生素 B_6 片		
批　号	20××1202	规　格	10mg
生产单位/产地	/	包　装	塑料瓶
供样单位	/	效　期	20××－12
检验目的	监督抽验	检品数量	2瓶×100片/瓶
检验项目	全检	收样日期	20××－5－2－
检验依据	现行版《中国药典》	报告日期	20××－5－15－
（表头部分信息完整，符合规定格式；检验项目与药典标准一致，并与结论相对应）			

续表

<table>
<tr><td>检验项目</td><td>标准规定</td><td colspan="2">检验结果</td></tr>
<tr><td>【性状】</td><td>应为白色片</td><td colspan="2">白色片</td></tr>
<tr><td>【鉴别】
化学反应
高效液相色谱
化学反应</td><td>应呈正反应
供试品溶液主峰的保留时间应与对照品溶液主峰的保留时间一致
应呈正反应</td><td colspan="2">呈正反应
与对照品溶液主峰的保留时间一致
应呈正反应</td></tr>
<tr><td>【检查】
有关物质
含量均匀度
崩解时限</td><td>供试品溶液各杂质峰面积的和不得大于对照品溶液主峰的面积
$A+1.80S\leqslant15.0$
应在 15 分钟内全部崩解</td><td colspan="2">各杂质峰面积的和小于对照品溶液主峰的面积
10. 3
21 分钟（不符合规定）</td></tr>
<tr><td>【含量测定】</td><td>本品含维生素 B_6（$C_8H_{11}NO_3 \cdot HCl$）应为标示量的 93. 0%~107. 0%</td><td colspan="2">101. 1%</td></tr>
<tr><td>结　论</td><td colspan="3">本品按《中国药典》2025 年版检验，结果不符合规定</td></tr>
<tr><td>主检人</td><td>×××</td><td>授权签字人</td><td>×××</td></tr>
</table>

（检验标准和检验结果表达正确、清晰、易于解读）

知识链接

药品检验记录

检验记录是药品检测过程中的检测条件、操作步骤、检测数据、观察到的实验现象及时予以记载和描述，记录的信息足能保证检验过程"复现"，是出具检验报告的原始依据。

检验记录应用统一印刷的活页记录纸和各类专用检验记录表格，并用蓝黑墨水或碳素墨水笔及签字笔书写（显微绘图可用铅笔）。所有非仪器自动采集并打印的数据及计算全过程的具体数据均不得打印，必须用笔记录，仪器自动采集并打印的数据（称量数据除外）或图谱，应剪贴于记录上的适宜处或附在记录中，粘贴处应有操作者签名或盖章。

第三节　医药新闻

PPT

情境导入

情境： 20××年 8 月，人力资源和社会保障部公布了 20××年度"技能雏鹰"奖（助）学金获奖（受助）学生名单，××省医药技师学院 20××级康复保健 1 班姚×同学榜上有名。据悉，姚×同学勤奋上进，成绩突出，品学兼优，在校期间曾多次荣获学院奖学金，20××年参加××省第一届职业技能大赛健康和社会照护项目，荣膺金牌，并获得"××省技术能手"称号。同年 9 月份参加全国第二届职业技能大赛健康和社会照护世界技能大赛选拔赛，取得全国第四名成绩，并成功入选国家集训队。××省医药技师学院拟及时把这个成绩报道出去，请小张撰写一则新闻稿。

思考： 1. 医药新闻的特点和写作技能要求有哪些？

2. 小张如何才能写好这则新闻稿？

知识要点

一、医药新闻的概念

医药新闻是新闻的一个分支。医药新闻是用概括的叙述方式，比较简明扼要的文字，迅速及时地对国内外医学领域新近发生的、有价值的、群众最关心的事件的报道。医药消息是最为常见的医药新闻形式。医药新闻注重专业性与新闻性结合，准确性与通俗性结合，微观性与宏观性结合。

二、医药新闻的特点

（一）真实性

真实是新闻的生命，新闻报道的内容无论是重大事件，还是普通小事，都要真实可靠。概念、术语、数字运用要准确，所报道事实的作用、意义、价值要真实。

（二）新颖性

新闻只有新，并且能给人启迪、有指导性，才能引起受众的注意。医药新闻的“新”是建立在准确性、科学性基础上的“新”。

（三）时效性

要敏锐地发现医学领域中的新人、新事、新情况、新问题，尽快地了解，迅速及时地反映。

三、医药新闻的分类

（一）动态新闻

迅速而准确地报道新近发生的重大事件、重要活动和最新出现的新情况、新动态、新成就、新问题。

（二）综合新闻

把发生在不同地点、不同时间、各具特色、性质相同的事实综合在一起，并体现一个主题。其特点是在综合、概括事实的基础上，进行分析，提出见解，揭示规律。

（三）典型新闻

对一些典型经验、成功做法集中报道。这种新闻是在介绍经验、做法之后，总结经验，揭示规律，以达到以点带面，推动工作的目的，也称经验新闻。

（四）新闻述评

兼有新闻与评论作用，往往在叙述新闻事实的同时，由作者直接发出一些必要的议论，简明地表明作者的观点。

四、医药新闻的构成要素及格式模板

（一）构成要素

医学新闻一般由标题、导语、主体、背景、结语组成，其中标题、导语、主体是不可缺少的要素。

（二）格式模板

构成要素	模板
标题：1. 单标题：概括主旨或事实 　　　2. 双标题：正标题和副标题 导语：新闻的开头部分，提示新闻主题思想。 主体：新闻的主要部分，对新闻事实作具体叙述。 背景：（位置不固定）叙述事件发生的历史环境和原因，充实内容，深化主题。 结语：其方式有小结式、启发式、评论式、号召式、展望式等。	×××××××××××××× 　　××××××××××××××××××××××××，××××××××。 　　××××××××××××××××××××××××，××××××××××××××××××。 　　××××××××××××××××，××××××××××××××××，××××××××。 　　××××××××××××××××××××××××，××××××××××××××××××。

（三）医药新闻各部分的格式、内容和写法要求

1. 标题　应当简明、准确地概括新闻的内容以帮助读者理解报道的事实。文字力求言简意明、平易亲切、准确新颖、富有吸引力，可分为单标题和双标题。单标题又称作单行标题，常用于揭示新闻的主旨或概括内容。双标题分正标题和副标题，正标题突出内容或点明主旨，副标题提示新闻的事实结果。

2. 导语　是新闻的开头部分。它是由新闻中最主要、最新鲜的事实或精辟的议论组成，鲜明地提示新闻主题思想。导语的形式主要有以下几种。

（1）叙述式　用摘录或综合的方法，简明扼要地写出主要事实、经验，或对全篇事实材料进行综合概括，揭示主要内容。

（2）描写式　对新闻的主要事实或某一有意义的侧面作简洁朴素而又有特色的描写，给读者以鲜明的印象。

（3）提问式　把新闻中要解决的问题或要介绍的经验、做法以设问的形式提出，然后再用事实作答，引起读者的关注和思考。

3. 主体　是新闻的主要部分，紧接导语之后，对导语作具体全面的阐述，具体展开事实或进一步突出中心，从而写出导语所概括的内容，表现新闻的主体思想。其基本结构形式有以下三种。

（1）倒金字塔结构　也成“倒三角”结构，大多数新闻都采用这种结构方式，即将最新、最重要、读者最关心的信息放在最前面，然后按事实主次递减的顺序来安排，借以突出最重要、最新鲜的事实。这种结构方便读者快速阅读，由主到次把握新闻最重要的内容。

（2）金字塔结构　即按事件发展的先后顺序来组织材料。

（3）提要式结构　在导语中概括最重要的新闻事实，并将并列的次要新闻事实以提要形式加以组织，用数字或“——”引出。

4. 背景　是指事件发生的历史环境和原因，目的在于帮助读者深刻理解新闻的内容和价值，起到衬托、深化主题的作用。背景既可在主体部分出现，也可在导语或结尾部分出现，位置不固定。背景材料一般有三类。

（1）对比材料　即对事物进行前后、正反的比较对照，以突出事件的重要性。

（2）说明性材料　即介绍政治背景、地理位置、历史演变、物质条件等。

（3）诠释性材料　即人物生平的说明、专业术语的介绍、历史典故的解释等，以帮助读者理解新闻的内容。

5. 结语　是新闻的最后一段或一句话。新闻的结尾方式有小结式、启发式、评论式、号召式、展望式等，有的新闻结尾就在事实之中。

五、医药新闻的写作技能要求

（一）要素齐全

新闻报道的时间、地点、人物、事件、原因、结果这六大要素要相对齐备。

（二）内容准确

对事实的表达要准确，且要符合医学原理，采用的医学数据要准确无误，不能写事实而非的东西。

（三）简单明了

要在简明扼要的文字里用医学事实说话，说明中心或主题，必要时可以有适当的评论。要注意运用通俗易懂的语言和读者喜闻乐见的形式报道撰写医药新闻，防止堆砌难懂的医学术语和医学概念。

（四）结构严密，层次分明

一般是按照事物的内在联系，把最重要、最鲜明的事实写在最前面，然后再写次要的。也可以依照事物的产生、发展、变化的顺序来写，但要突出主要部分。

【例文 1】

天津组建康养集团 打造健康养老产业新模式

（标题：简明、准确地概括新闻的内容）

20××年3月，记者从天津市国资委了解到，隶属于该委直接监管的商业二类企业天津市健康养老集团有限公司（下称康养集团）近期成立运营，正通过探索提供市场化的中高端健康养老服务与政府政策支持下的普惠性养老服务并行路径，推动健康养老产业高质量协调发展。

（导语：概括新闻事件）

据介绍，康养集团定位于天津市健康养老产业投资、运营实施主体，以医养结合为核心，立足“健、医、康、养、融”，涵盖居家、社区、机构等领域，将通过市场化方式服务京津冀，面向全国养老大市场的布局、建设和运营，打造区域性产业发展平台和养老投资运营集团。

“通过组建康养集团，能充分运用市场手段增加养老床位和养老产品供给，以市场化方式进一步缓解天津市养老产业日益加剧的供需不平衡问题，为实施高品质生活创造行动提供有力支撑。”康养集团有关负责人表示，该集团的组建能够有效盘活国企闲置土地房产中满足旅游、养老、医疗、疗养行业发展需要的资源，同时可以带来新的投资机会和就业机会，培育上下游一体化健康养老产业链条和体系，打造天津市自主健康养老品牌。

据悉，康养集团汇聚了天津国资系统已有的养老社区资源及天津市永久医院、天铁医院、天拖医院、汉沽盐场医院等原先隶属于大型国企的医疗资源，将在人才培训培养、辅具研发制造、老年膳食食品、银发旅游、康复医疗等多方面发力，实现医养和健康管理、人才培养、养老金融、康复器械等全链条产业布局。

（主体：展开叙述）

【例文 2】

我国科学家破解抗结核药物贝达喹啉及其衍生物作用机制

（标题：概括中心）

2024年7月，南开大学宣布南开大学生命科学学院教授贡红日和中国科学院院士饶子和团队研究揭示了治疗耐药结核病药物贝达喹啉（BDQ）及其衍生物 TBAJ－587 抑制结核分枝杆菌 ATP 合成酶的分子机制，同时揭示了它们与人源 ATP 合成酶之间的交叉反应机制，对于进一步提升贝达喹啉的安全性、有效性以及开发新一代安全有效的抗结核药物具有重要指导意义。

（导语：概述式）

据贡红日教授介绍，结核病是由结核分枝杆菌引发的重大传染性疾病，耐药结核病的治疗是目前困扰医患的突出问题。BDQ是一种靶向结核分枝杆菌ATP合成酶的抑制剂，可以高效抑制结核分枝杆菌的生长，是耐药结核病长程治疗方案的首选药物。然而研究发现，服用BDQ可使患者心脏发生心律失常的风险增加，而且对人源ATP合成酶也存在潜在的抑制作用。

（背景材料：衬托、深化主题）

研究团队创新性地获得了结核分枝杆菌ATP合成酶蛋白样品，成功地解析了结核分枝杆菌ATP合成酶分别结合BDQ和TBAJ－587状态下的三维结构。结构显示，BDQ和TBAJ－587以相同的方式结合到结核分枝杆菌ATP合成酶转子的多个位点，阻止其旋转，进而干扰了ATP的合成，达到“饿死”结核分枝杆菌的效果。

研究人员分析发现BDQ和TBAJ－587对人源ATP合成酶的活性均有影响，指出了新一代贝达喹啉衍生物设计优化方向，消除对人源ATP合成酶的影响，进而规避临床治疗中带来的潜在健康风险。

中国工程院院士、广州国家实验室主任钟南山表示，此次重大科技攻关突破多个卡点，揭示抗耐药结核药物贝达喹啉以及衍生物的作用机制，不仅夯实了结核病领域前沿理论研究基础，也为设计具有更高选择性的抗结核药物提供了更多的可能性。

饶子和院士表示，团队目前已经启动开发新型结核分枝杆菌ATP合成酶抑制剂研究，争取早日研发出具有自主知识产权的抗结核新药。

（主体：以逻辑顺序展开叙述，事例具体，数字准确）

该项研究获得国家重点研发计划青年科学家项目、国家自然科学基金优秀青年科学基金项目等的资助，国际顶尖学术期刊《自然》日前在线发表了他们的研究成果。

（结尾：总结成绩）

知识链接

新闻

新闻是用概括简明的文字迅速及时地报道社会上新近或者正在发生的活动、事件、现象，是报纸、电台、电视台、互联网经常使用的记录社会、传播信息、反映时代的文体。广义的新闻指消息、通信、人物专访、访谈、报告文学、特写、评论等，狭义的新闻单指消息，消息是新闻中运用最广的一种文体。

第四节 医药文摘

微课

PPT

情境导入

情境：小张是×省医科大学20××级临床医学专业学生，20××年7月面临毕业。在撰写毕业论文的过程中，小张需要参考大量专业论文。

思考：1. 医药文摘的特点及构成要素有哪些？

2. 小张该如何利用医药文摘快速掌握医药论文的主要内容呢？

知识要点

一、医药文摘的概念

医药文摘是医药文献的内容摘录，是对文章内容不加注释和评论，以简洁的文字表述文章要点的短文。医药文摘能方便读者不用阅读全文即能获得该篇文章的必要信息，进行有关文献资料的检索，这对于学术论文的交流等方面有很重要的意义。医药文摘兼有报道和检索两种作用，既可以报道文献信息和科技动态，也可以作为检索有关医药文献资料的工具。

医药文摘是医药论文的窗口，亦可供各类文稿和数据库采用。一篇医药论文能否吸引读者，摘要起着十分重要的作用。因此，医学生和临床工作者在撰写医药论文之前，应该学会如何写好医药文摘。

二、医药文摘的特点

（一）客观准确

以提供文献内容梗概为目的，确切地记述科技文献的重要内容，忠实于原始文献，不加评论和补充解释。

（二）高度浓缩

对原著的中心思想、基本论点、论据和结论融会贯通后，直接对科技文章或书刊进行浓缩，用简练的语言报道原始文献中精华，记述文献重要内容。主题鲜明，重点突出。

（三）兼备文献检索功能

既具有报道性质，传递科技信息，又具有文献检索功能。

三、医药文摘的分类

医药文摘常用的类型有报道性文摘、指示性文摘、引语式文摘、题录式文摘。

（一）报道性文摘

报道性文摘是对原始文献基本论点、主要内容进行浓缩，即对原文内容进行概括性介绍，起到报道作用。该种文摘主要介绍摘文的来源、研究的目的和范围，主要研究内容、实验方法、数据、现象与结果等，有时也包括具有情报价值的其他重要的信息。该种文摘除了有报道作用外，也具有文献检索作用。报道性文摘适用于文摘刊物刊载或作为学术论文的提要，也适用于技术和专利说明书等。

（二）指示性文摘

这类文摘只介绍原文的主题范围和内容纲目，即指明一次文献的论题及取得的成果性质和水平，不涉及具体的数据、方法、结果和结论。指示性文摘通过简要的文字，可以使读者对该研究的主要内容有一个轮廓性的了解，以帮助读者确定是否需要阅读原始文献，所以它只起检索作用。一般适用于篇幅过长或内容不太集中的文章（综述、述评、科研总结）、学术性期刊的简报、图书等。

指示性文摘的特点和写作要求与报道性文摘相似。由于指示性文摘只摘录原始文献中的精华部分，文字更精练，通常控制在 100～200 字。

（三）引语式文摘（片段式文摘）

引语式文摘是摘编者根据需要将原文的有关句、段抄录下来而编制的文摘，常用于做文摘卡或摘要式笔记。其写法是：作者根据实际需要，除了对原文的内容作扼要叙述外，有时把原文重点语句摘录下来（引语必须原文照录），与摘要其他部分结合起来，形成一个整体。常用于文摘卡片或摘要笔记或用于写文摘综述时参考。

（四）题录式文摘（又称索引式文摘）

只将题录各项摘录出来，不摘内容，专为检索服务。

四、医药文摘的构成要素及格式模板

（一）构成要素

医药文摘一般由题录、正文、署名三部分组成。

（二）格式模板

构成要素	模板
题录：文题、原文作者、原文的期刊名称或出版单位、出版地、年份、卷（期）、起止页码	×××××××××××××××××
正文：文摘的主体部分	××××××××××××××××××××× ×××，×××××××××××××××××××× ×××××××××××××××，××××××××× ×××××××。（×××）
署名：摘录者（摘译者、审核者）	

（三）医药文摘各部分的格式、内容和写法要求

1. 题录 包括文题、原文作者（如有两个以上作者，仅写第一作者，后加“等”）、发表原文的期刊名称或出版单位、出版地、年份、卷（期）、起止页码。如为外文应注明文种。

2. 正文 是文摘的主体部分，表述被摘录文章的主要内容。

3. 署名 指摘录者或摘译者及审核者的署名。将署名置于小括号内。

五、医药文摘的写作技能要求

1. 应排除本学科领域已成为常识的内容或人所周知的知识内容，应当着重反映文献的新内容和原文作者特别强调的观点。

2. 文摘内容要求高度概括，简明扼要，摘其精华，取其重点。

3. 要忠于原著本意，客观、如实地反映文献内容，不可对原著内容作诠释和评论，也不要加入自己的主观见解。

4. 文本结构要严谨，表达简明，语义确切。书写要合乎语法，保持上下文的逻辑关系，尽量同作者的文体保持一致。

5. 摘要慎用长句，句型应力求简单。每句话要表意明白，无空泛、笼统、含混之词，句子之间要上下连贯，互相呼应。

【例文 1】

双腔心脏起搏器术后心力衰竭发生的影响因素分析/格日勒等//中国医药/2024，19（4）．490－494

（题录）

目的：分析双腔心脏起搏器术后心力衰竭发生的影响因素。方法：选取 2020 年 4 月至 2021 年 10 月于内蒙古自治区人民医院心血管内科首次安装永久性心房心室双感知双起搏双反应型（DDD）起搏器且心室起搏比例 >40% 的 100 例患者作为研究对象。患者分别在术前和术后 3、6 个月检测超声心动图、心电图、动态心电图、N 末端 B 型脑钠肽前体（NT－proBNP）、6 分钟步行试验（6MWT）距离，并在随访结束后检测心功能参数。建立多因素 Logistic 回归模型，分析患者术后发生心力衰竭

的影响因素。结果：与术前比较，术后6个月患者QRS时限、左心室收缩末期内径（LVESD）、左心室舒张末期内径（LVEDD）、NT-proBNP较高，左心室射血分数（LVEF）较低，6MWT距离较短（均 $P<0.05$）。术后6个月100例患者中41例发生心力衰竭。与无心力衰竭组比较，心力衰竭组QRS时限、左心房内径、LVESD、LVEDD、左心室收缩末期容积（LVESV）、左心室舒张末期容积（LVEDV）、NT-proBNP较高，LVEF较低，6MWT距离较短（均 $P<0.05$）。多因素Logistic回归分析结果显示，年龄、QRS时限、LVESV、LVEDV、LVEF、NT-proBNP、6MWT距离是患者术后发生心力衰竭的独立危险因素（均 $P<0.05$）。结论：年龄以及NT-proBNP、6MWT距离等心功能参数均与DDD起搏器术后心力衰竭发生密切相关。（格日勒等）

（在正文部分简单介绍分析目的、研究方法、使用结果、得出结论等。该种文摘除了有报道作用外，也具有文献检索作用。正文后将署名置于小括号内）

【例文2】

肉苁蓉不同提取部位对db/db小黑鼠降血糖作用/程世赞等//药学研究杂志/2024，43（1）.6—14

（题录）

探讨肉苁蓉和酒苁蓉不同提取部位对db/db小黑鼠降血糖的作用及机制。富集肉苁蓉和酒苁蓉总多糖、总寡糖和总苷部分，对其含量进行比较分析。发现肉苁蓉和酒苁蓉总苷组降血糖作用较好，酒苁蓉多糖和寡糖也有一定的降血糖作用。（程世赞等）

（该例文摘不涉及具体的数据、方法、结果和结论，文字更精练。正文后将署名置于小括号内）

知识链接

读书笔记

人们在阅读的过程中，对书中内容有疑问的或见解的而进行圈点、评注，或是对书中的名言警语、新颖材料进行摘录抄写，或是对书的内容要点进行归纳，或是随后记下自己的心得体会，这些圈点、评注、摘抄、归纳和心得体会的文字，都叫读书笔记。读书笔记一般有批注、摘录、提纲、心得四种。

1. 批注笔记 就是边读边把自己的看法、疑问等或在书上划出表示重点、次重点、疑问等的符号，或在书的天头、地脑作些评语和注释。

2. 摘录笔记 就是将书中的精彩观点、新颖材料及名言警句等摘抄下来，以备将来选用。

3. 提纲笔记 就是将书中的中心思想、段落大意、内容要点及写作方法等，以提纲挈领的方式写出来。

4. 心得笔记 就是阅读后，将自己的心得、体会、感想等写出来。

第五节 医药论文

PPT

情境导入

情境： 林××是××中医药高等专科学校药学专业的一名大三学生，她在刚入学时就参加了××大学药学与药品营销专业的自考本科学习，每学期都顺利通过了考试，现在马上要进行学位论文的申请了，需要撰写毕业论文。

思考： 1. 医药论文的写作步骤与格式要求有哪些？

2. 作为一名医药类院校毕业生，林××如何才能撰写出规范的毕业论文？

知识要点

一、医药论文的概念

医药论文是科技论文的一个分支学科，它是对医药工作者在医学、药学、临床上进行创造性的科学实验和理论分析，并运用逻辑思维方法揭示其客观规律和本质的一种论说性文体。它是报道自然科学研究和技术开发创新性工作成果的论说文章，是阐述原始研究结果并公开发表的书面报告。

二、医药论文的特点

（一）科学性

衡量医药论文水平的首要条件是论文的科学性。它要求作者在立论上不得主观臆造，必须从客观实际出发，从中引出符合实际的结论。

1. 选题要有足够的科学依据。
2. 采用的材料和选择的方法要有充分的可比性和必要的随机性。
3. 如实反映研究过程，准确提供观察数据，全面分析研究资料。
4. 推理具有逻辑性，结论强调严谨性。

（二）创新性

科学贵在创新，只有不断创新，人类社会才能进步。医药论文的创新性在于作者较已发表的文献提出新的观点或理论。只有在一定程度上有所创新，才能从新的角度反映出新的成就。基础研究要求选题新，方法先进，有新观点；临床研究要求收集的病例数更多，观察研究更深入，诊断和治疗方法有创新，效果更佳，提出新见解等。

（三）实用性

发表论文的目的就是给同行参阅、效仿使用、推动医药事业向前发展。如读者用了论文中提供的方法有效，能取得良好的社会效益和经济效益。从现代需要观点出发，能解决防病治病实际问题，具有很强的实用价值。除少量纯理论研究性论文外，大多数医药论著应结合临床、预防工作的实际。论著的实用价值越大，指导作用越强，读者越欢迎。

（四）可读性

言不在多，而在于精。它要求论文结构严谨、层次清楚、用词准确、论据充足、术语规范、逻辑性强，而且要求语言通顺、文风清新、可读性强，使读者用最少的时间，获取最多的知识和信息。

三、医药论文的分类

（一）按写作目的分类

1. 学术论文　各学科领域的专业人员表述科研成果的论文，是某一学科课题在实践性、理论性或观测性上取得创新的科研成果或见解的科学记录，或是某种已知原理应用实际取得新进展的科学总结。学术论文可提交科研部门参考，也可在学术会议上宣读、交流，或在学术刊物上发表，因此也叫杂志论文或期刊论文。

2. 学位论文　为申报学位而撰写的论文，它表明作者在掌握本门学科的基础理论、专业知识和基本技能上所达到的水平及对所研究课题的新见解、新成果，上级科研主管部门或作者导师借此对申请学位的作者进行学术水平的考察。学位论文包括学士论文、硕士论文、博士论文。

（二）按采取的科研方法分类

1. 实验研究型论文 主要是利用科学的实验方法获取客观数据，并对数据资料进行归纳、分析、处理后写成的论文。包括各种动物实验，疾病的病因、诊断、治疗、疗效实验，新药的合成及其药理、毒理研究实验等。

2. 临床研究型论文 主要是通过对临床病例的病因、发病机制、临床表现、治疗及疗效等方面进行观察、分析和讨论，提出自己的见解而写成的论文。包括临床病例分析、病例报告、疗效观察、病例（病理）讨论、专题研究总结等。

3. 调查报告型论文 对一定范围的人群就某个病种、某个疾病或预防保健情况进行调查，将数据资料经统计学处理后写成的专业性论文。包括流行病调查、职业病调查、地方病调查、正常人体指标调查、儿童或妇女病调查、新病种发现的调查报告等。

4. 理论研究型论文 主要是选择某一学科内具有创造性的课题，以该学科的科学理论及相关学科、边缘学科的理论为指导，在广泛研究文献资料的基础上提出创新见解而写成的论文。

5. 技术交流型论文 是紧密结合医药卫生、护理技术工作的实践，将自己的体会、经验、工作方法和某项革新加以总结而写成的论文。一般具有较强的实用性、业务性、技术性。

6. 文献加工型论文 主要是作者在阅读过程中收集了某一领域或专题的大量的文献资料后，经过归纳、分析、综合而写成的专题性学术论文。常见的有综述、述评、问题解答、译文等。

此外，还可以按研究内容、文章体裁、文章的议论方式分类。

四、医药论文的构成要素及格式模板

（一）构成要素

医药论文写作过程分为题目选择、拟定提纲、文件检索与应用、撰写论文四个阶段。具体格式由标题、作者署名和简介、摘要、关键词、正文、参考文献六部分构成。

（二）格式模版

构成要素	模板 1（学术论文）
标题 作者署名和简介	题　目 作者 （单位 省市 邮编）
摘要	摘要：××。
关键词	关键词：××××××××××××××
	英文论文题目 Abstract： Key Words：
正文由前言、方法、结果、讨论构成	前言（主要介绍目的、研究思路、理论依据、研究方法、预期结果和意义） 方法（可以用“材料和方法”“对象和方法”“资料和方法”“仪器与试剂”） 结果（归纳分析，得出结论） 讨论（对本文研究结果进行评价、阐明和推论）
参考文献	参考文献 [1] 主要责任者．文献题名［文献标识］．出版地：出版者，出版年．起止页码． [2] 主要责任者．文献题名［J］．刊名，年，卷（期）：起页码－止页码．

构成要素	模板 2
作者署名	**医院用药分析** **作者** **（单位 省市 邮编）**
摘要	摘要：××××××××××××××××××××××××××××××××××。
关键词	关键词：××××××××××××××××××××××。 **英文论文题目** Abstract： Key Words：
正文由前言、方法、结果、讨论构成	前言 ××××××××××××××××××××××××××××××××××××××。 1. 资料来源、研究对象和用药情况 ××××××××××××××××××××××××。 1.1 资料来源×××××××××××××××××××。 1.2 研究对象×××××××××××××××××××。 1.3 用药情况×××××××××××××××××××。 2. 结果与分析×××××××××××××××××××××××。 3. 讨论××××××××××××××××××××××××××。 4. 结论××××××××××××××××××××××××××××××。
参考文献	**参考文献** ［1］主要责任者．文献题名［文献标识］．出版地：出版者，出版年．起止页码． ［2］主要责任者．文献题名［J］．刊名，年，卷（期）：起页码－止页码．

（三）医药论文各部分的格式、内容和写法要求

1. 标题　是论文的题目，拟定标题必须做到清楚、精练、准确、醒目。应恰当、简明地反映文章的主题，尽量不超过20个字，切忌冗长繁杂。要做到言简意赅，使人一看就能迅速获得一个明确的概念，查阅到项目，正确了解文稿的内容。篇名既要高度概括全文的中心内容，又要如实地反映文稿的性质、研究的对象和主要项目。

2. 作者署名和简介　作者署名是文责自负和拥有版权的标志。论文作者要用真名，不可过多，一般不超过5～6人。应本着实事求是的原则，必须参加全部或部分主要工作，或参与本文章撰写。署名次序按贡献大小排列先后顺序，写明作者姓名、工作单位全称及科室名称、城市名称及邮政编码，不同单位的作者在姓名右上角标示角标1，2……，并在其工作单位前相应标出1，2……。对于虽参加部分具体工作或给予该项研究工作帮助和支持，但非文稿的主要完成者，可放在文末致谢（排在全文后，参考文献前）。

作者简介便于读者或杂志社与作者进行联系，包括以下内容，作者姓名、出生年月、性别、籍贯、学历、职称、学术成就、联系方式、通信地址、邮政编码等。

3. 摘要　是正文的高度浓缩，是向读者介绍文章的主要观点和精华所在。它的意义是便于读者快速了解文章要点和进行检索，应力求简明扼要，能独立成章。结构式摘要必须包括四要素：目的、方法、结果和结论。目的是指主题范围；方法是指所用的材料、受试对象、手段等；结果是指实验数据，统计结果等；结论是指对实验结果的分析、评价、建议等。摘要中不用第一人称，不加注释，不

空洞议论，不模棱两可，不分段落，不用图表和公式，不用疑难词、缩写词。字数控制在200字左右。英文摘要的撰写可将中文内容摘要直接译成英文。篇名、作者姓名、工作单位和关键词等应与中文完全一致。中国人姓名用汉语拼音，姓和名的第一个字母大写，两个拼音名之间不加连字号。

4. 关键词 是表达文稿主题且具有实质意义的词汇或词组，从标题、摘要或正文中选取。每篇文章标引3～5个关键词，列在摘要下方。选出的关键词应能准确地提供检索信息，适合文献检索的要求。医药论文应尽可能选用《医学主题词词表》《中医药主题词表》中的术语。

5. 正文 由前言、方法、结果、讨论构成。各部分应妥善安排，既要明确分工，又要互相配合，避免遗漏。正文内的小标题层次一般以如下形式分配：

1……

1.1……

1.1.1……

（1）……

（1）前言 又称引言，是论文开篇的一段短文，起提纲挈领作用。它主要概述全文所述问题的目的、意义、研究思路、理论依据、适用范围等，使读者对本文的主旨和背景有概括的了解，以引出下文。前言要求点明主题，抓住中心。可以少量引用以往的重要文献并加以分析，但不可长篇幅追溯历史，罗列文献。前言部分一般为200～300字。

（2）方法 是论著的主要内容，起着承上启下的作用，是用来说明科学性和表现主题的。主要说明实验所使用的材料、方法和研究的基本过程，提供论文的科学依据。主要介绍研究对象（人或实验动物，包括对照组）的选择及研究所采取的方法。由于各类论文不同，常用标题有“材料和方法”“对象和方法”“资料和方法”“仪器与试剂”等。

材料应注意完整性、客观性、可比性和基本数据。调查资料应以客观指标为主，实验资料应以科学性为依据，临床资料应以可靠性和完整性为基础。方法应着重介绍对研究对象所采用的方法与求得数据的步骤。对人所共知的内容可省略，标明参考文献的出处即可。对前人的方法和改进的地方应说明改进部分，对创新方法则应具体详细叙述，以便他人重复或验证。方法应注意可重复性、保密性（要执行国家科技保密规定），精密度要强、准确、观察客观、细致、记录详细，力求采用本学科最新的先进技术，一般可引用文献。

在实验研究中应表明：①具体的实验对象（人或动物的选择标准与特征）；②具体的实验方法（仪器设备、试剂规格和来源、操作方法及建立方法的原理）；③实验的环境条件（实验环境、饲养条件等）；④分组方法（对照组、实验组的设立、例数、次数）；⑤观察方法（观察指标、记录方法）；⑥实验程序。

（3）结果 这是论文的中心内容，是作者通过实验研究、临床研究、分析观察所得的研究成果和总体归纳。结果一般从观测数据导出，要求真实可靠、实事求是。所有数据要准确无误，经过统计学处理，对不符合主观设想的数据和结果，应做客观的分析和报道。任何实验研究和临床观察结果都应有对照，以尽可能消除差异。对不能用文字描述或文字描述过于累赘时，应采用图表形式表达。

（4）讨论 是将所得结论或研究成果，从理论上进一步分析，把结果进行总结、提高和升华，以证实所得结果的可靠性，并阐明研究中具有科学性、先进性的论据。一般讨论应突出几个方面：①阐述本文研究的原理和机制；②本文结果与文献或过去的工作进行对比，分析各自优缺点；③提出研究观察中所得出的新观点；④对各种不同的观点进行比较和评价；⑤提出今后探索方向和展望等；⑥讨论要实事求是，不要主观推测。

当然，以上问题不可能在每篇文章中面面俱到，要因文制宜，言之有物。此外，讨论要紧扣本文研究结果，突出新发现和新观点，避免重复前述内容和以往文献曾报道的内容，但也不能仅仅描述为与他人的报告“相一致”“相符合”等。

6. 参考文献　是论文的必要组成部分，它不仅表明论文的科学依据和历史背景，而且提示作者在前人研究基础上的提高、发展与创新所在，或对作者的特殊见解提供论证线索，为读者提供了有关书目数据，起着导向作用。读者从参考文献中比较作者与前人研究结果的内在联系的异同，评价其意义。

引用参考文献有3个原则。①权威性：指引用学科权威人士及单位署名的经典性权威论文，非此则难置信其先进性、创新性。②时效性：指引用文献新，尤其是近年和当年国内外文献，以表明作者了解当前学科动态，处在学科研究前沿。③适当性：指引用文献确与论文内容紧密相关，系作者阅读过，且确已理解引文的论点，对其论文确有参考意义。未公开发表的内部资料、论文不能引用，可用括号标注正文中。教科书亦应少引用。

文中参考文献亦应少而精，国内多数期刊要求：论著勿超过10篇，综述可引用20~30篇。参考文献按在正文中首次引用的先后顺序用［ ］（称为温哥华格式）以阿拉伯数字编号，在右上角标出，参考文献如是期刊类文献为作者.（一般要求列出前3名作者姓名，均是姓前名后，逐个列出，超过3人，第3人后用，加等.）文题. 刊名，年，卷（期）：起止页。如是图书文献按作者姓名. 书名. 版次. 出版地：出版者，年份.

五、医药论文的写作技能要求

（一）立论客观，具有独创性

文章的基本观点来自具体材料的分析和研究，所提出的问题在本专业学科领域内有一定的理论意义或实际意义，并通过独立研究，体现出客户的认知和看法。

（二）论据翔实，富有确证性

论文做到旁征博引，多方佐证，有主证和旁证。医药论文的写作关系到服务对象的健康和生命安全，必须做到真实可靠、准确无误，应排除任何缺乏可靠依据的主观推测和偏见。

（三）论证严密，富有逻辑性

提出问题、分析问题和解决问题，要符合客观事物的发展规律，全篇论文形成一个有机的整体，使判断与推理言之有序，天衣无缝。

（四）体式明确，标注规范

论文以论点的形成构成全文的结构格局，以多方论证的内容组成文章丰满的整体，以较深的理论分析辉映全篇。医药论文要体现严密的规范性，使用的术语、数据、符号、图表等，都必须符合本专业的标准和国家的规定。

（五）语言准确，表达简明

论文最基本的要求是读者能看懂。因此，写出的论文应想的清、说的明、想的深、说的透，做到深入浅出、言简意赅。

【例文】

如何推进中医药文化进校园的思考

——以××医药技师学院中医药文化宣传教育基地建设为例

（标题：正文居中，简要反映文章的主题）

孔××　孙××　冯××　战××

（作者署名和简介）

【摘要】近几年来中医药文化进入校园的活动开始在全国范围的中小学展开，这类活动的广泛开展，是弘扬和传承中华优秀传统文化、普及中医药文化知识、提升青少年的文化自信与健康素养的重要措施。中医医学博大精深、源远流长，这些活动不仅帮助了中小学学生了解祖国具有深远历史的中医药文化，也帮助学生们认识中医药，了解中医药的历史，对中医药进行简单地使用，对传承我国传统文化发展起到了极大的推动作用，然而在这类活动推广的同时，许多问题也纷至沓来。本文主要针对现阶段中医药文化进校园活动的现状和现存的问题展开，并深入探讨相关的解决问题的办法及中医药文化进校园的具体举措。

【关键词】中医药文化；科普教育；中小学；对策

一、引言

自从国务院下达推动中医药文化进校园的相关政策之后，各地学校都开始积极的开展中医药文化进校园的相关活动，一时间，全国各地的中小学校都开始举行认识中医药、了解中医药、使用中医药等一系列的活动，全国各地学校都形成了学习中医药文化的氛围。青少年对中医药文化比较陌生，甚至出现了“中医成为药商、药店和个别心怀叵测的医生欺骗患者的道具”。因此，加强中医药的宣传，让全民特别是青少年对中华民族繁衍昌盛作出巨大贡献的国粹感到骄傲和自豪，使中医药文化走进校园，走进寻常百姓家，让更多的人了解、理解、熟悉、热爱中医药；宣扬作为中华民族优秀传统文化重要组成部分的中医药博大精深，爱护她、维护她人人有责。本文是经过了解中医药文化进校园的相关报道之后，整理了我国目前中医药文化进校园的现状，借鉴相关的经验提出一些建议，为中医药文化进校园提出一些建议和思路。

二、中医药文化进校园的意义

随着时代的发展和社会的进步，人们对于身体健康的关注越来越高。而中医药作为我国传统的医学文化，其独特的理论和实践经验不仅深受国内外人们的喜爱，也在全球范围内得到了广泛的认可和应用。因此，将中医药文化引入校园，不仅可以提高学生们的健康意识和保健能力，还可以促进中医药文化的传承和发展，具有重要的意义和价值。

（一）提高学生健康意识和保健能力

随着社会的发展，学生们的学习压力和生活压力越来越大，身体健康成为他们最关心的问题之一。而中医药作为我国传统的医学文化，其理论和实践经验可以帮助学生们更好地了解自己的身体状况和健康问题，提高他们的健康意识和保健能力。例如，通过中医药的理论和实践，学生们可以了解到身体的阴阳平衡、五行相生相克等基本概念，以及如何调整饮食、锻炼身体、调节情绪等方法，从而更好地保护自己的身体健康。

（二）促进中医药文化的传承和发展

中医药作为我国传统的医学文化，其理论和实践经验源远流长，具有深厚的文化底蕴和历史渊源。然而，随着时代的变迁和社会的发展，中医药文化面临着严峻的挑战和考验。因此，将中医药文化引入校园，可以让更多的年轻人了解和认识中医药文化，从而促进中医药文化的传承和发展。例如，学校可以组织中医药文化讲座、中医药文化体验活动等形式，让学生们更深入地了解中医药文化的理论和实践，从而更好地传承和发扬中医药文化的精神。

（三）推动中西医结合的发展

中西医结合是当前医学领域的一个热门话题，也是未来医学发展的趋势之一。而将中医药文化引入校园，可以让学生们更好地了解中医药文化的理论和实践，从而更好地理解中西医结合的理念和方法。例如，学生们可以通过学习中医药文化，了解到中药的药性和功效，从而更好地应用于临床实践中，推动中西医结合的发展。

综上所述，将中医药文化引入校园，不仅可以提高学生们的健康意识和保健能力，还可以促进中医药文化的传承和发展，推动中西医结合的发展，具有重要的意义和价值。因此，我们应该积极推动中医药文化进校园的工作，让更多的年轻人了解和认识中医药文化，从而更好地传承和发扬中医药文化的精神。

三、现阶段我国中医药文化进校园的现状

（一）多地存在形式大于内容的问题

尽管国务院下达推动中医药文化进校园的相关政策之后，各地学校部门积极响应，这固然是一个好的现象，但是多数地区仍然存在形式大于内容的问题。这一问题主要表现在，举办相关活动缺乏有效性和融合性，在举办中医药文化进校园的活动中多数准备工作放在前期的宣传上，导致活动内容空洞，没有足够的深度。尤其是在中医药文化课程融入相关教学，把相关教学内容方面不够成熟，这就导致了学生在参与中医药文化进校园的活动时，唯一收获的只有中医药这一概念，无法在短时间内高效地对我国具有深厚底蕴的中医药文化有所了解，所以也就更谈不上激起学生的兴趣，促进学生后续对相关内容主动了解，弘扬我国中医药文化的最终目的。

（二）教学团队对中医药文化的了解有所欠缺

推进中医药文化进校园这一政策是近些年来提出的新举措，中小学学校教学团队注重语数英等基本课程的教师构成，其中缺少中医药相关人员的储备及相关人员的中医药文化培训。除此之外，长期以来学校相关设施的建设，校园景观方面的建设都忽略了推进学生对中医药文化的了解这一目标，这就导致了学校在举行相关文化活动时，只能去寻找一些校外人员或不够专业的人员来开展相关内容。与专业的中医药文化教育团队相比，取得效果的差异是显而易见的。

（三）推进中医药文化进校园缺少合适的载体

目前我国推进中医药文化进校园的主要进行方式是采用课堂教学的方式，采用这种方式对学生进行相关的教育无法激起学生的兴趣，与学生以往的学习的差别仅仅表现在教学的内容的不同，采取的教学方式仍然是以教师为主体，学生被动接受的方式。这种以课堂为载体向学生推广中医药文化的方式效率较低，不利于学生学习相关内容。

四、推进中医药文化进校园的对策和途径

（一）提升中医药文化推广的深度

针对目前形式大于内容的问题，学校的相关教学团队应深入思考并及时反思，深刻贯彻落实国家推进中医药文化进校园的政策，不再仅仅把教学的目的停留在表面，而是将培养学生中医药文化思想作为最终目标。因此，在推进中医药文化进校园的过程中，教学团队应该不断地去了解我国中医药文化的深度内涵，把相对专业化的术语转变为通俗易懂的语言向学生展现出来。中小学阶段的学生尚处于理解能力较弱的阶段，将中医药文化用简单易理解的方法传授给学生，可以帮助这一阶段的学生对我国中医药文化快速的了解。

（二）营造相关的教学氛围

罗马不是一日建成的，推进中医药文化进校园也不是一朝一夕就能达到的目的。因此学校在教学氛围的营造中，也要注意将校园环境紧密地与中医药文化相结合起来，例如学校可以建造中医药试验田，让学生在实际劳动生活中亲身体会中医药文化的魅力。除此之外，学校还可以在教室中，在文化展览处及图书角设置中医药文化的宣传资料，帮助学生在学校的学习生活中无时无刻地都在接受中医药文化的熏陶。此外，中小学生可以走出校园，进入中医药相关职业院校或大学校园，因为此类院校中医药文化底蕴丰厚，并且具备更加完善的中医药相关科普基地，如博物馆、图书馆、试验田等，而且此类院校拥有更加专业的中医药教学团队，可以更好的让学生接受中医药文化的熏陶。

把中医药文化的宣传、推广融入在青少年乐于接受的方式中，融入生活的点滴中。中医治病强调整体性原则，以研究自然状态下人的生命现象为根本，不追求对生命的思考而重视对生命过程的把握和调节。中医有多种调节生命活动、提高生命质量的锻炼方式，如太极、五禽戏、易筋经、八段锦等，与自然相结合的锻炼方式，更容易达到修身养性、治标更治本的目的。与中医药职业院校或中医药高校共同搭建中医药文化推广平台，把高校的专家引进中小学教堂或课外兴趣班，通过专家的现身说法激发学生进一步学习中医药的兴趣，把中医药文化的学习渗透到生活和学习中，小可健身养性，大可继承发扬国粹。另外 ，走进中医药职业院校或中医药高校，领略中医药文化氛围，呼吸中医药气息也是很好的教学方法。例如，山东医药技师学院中药文化博物馆等都是很好的教育宣传基地，周边中小学生纷纷走进大学校园，学习五禽戏，体验针灸推拿的奥妙，摸摸神奇的穴位，闻闻中药材的奇香，均是非常奇妙的体验，更是身临其境的中医药文化教育！

在中医药类职业院校和高校开展校园中医药宣传活动和相关社会实践调查活动，发起成立高校中医药文化建设联盟等。充分利用学生寒暑假时间，结合当地实际，实施“中医药文化社会实践”项目，鼓励大家在日常生活中重视中医药文化传承。学生艺术团还可以组织大学生走出校园开展“中医药文化”多种形式的广场演出活动，学生社团还可以组织开展中医药文化志愿服务与宣传等活动，深化中医药文化宣传和服务理念，结合学校优势，服务国家中医药文化建设。坚持“把论文写在祖国大地上”，将中医药文化宣传调研作为重要实践环节，可以组织学生科研团队开展研究和考察，撰写相关学术论文，取得相得益彰的教育成果。

（三）以新兴的载体向学生传播中医药文化

伴随着当下飞速发展的科技，许多传统的知识都开始依托互联网和多媒体等散发出了新的活力。在推进中医药文化进校园的过程中，也可以依托这些新兴载体来创新表现形式。在课堂上，学校可以为学生播放相关知识的纪录片帮助学生对中医药文化有更深入的了解。以 AR、VR 等形式帮助学生去见识身边无法亲眼看到的中草药，凭借这些先进的科技和平台，通过制作有关中医药的电视剧、纪录片、短视频等，开发与中医药文化相结合的益智类游戏，推广与中医药养生的公众号，不仅可拓宽中医药文化宣传的途径，更能吸引青少年对于中医药的兴趣，学生也可以更加形象化地了解中医药文化的魅力。

五、结语

推进中医药文化进校园这一政策能够普及，表明这一政策对于我国学生的发展以及我国中医药文化的传播都是大有益处的。在推进中医药文化进校园的同时，我们要趁热打铁，以最快的速度、最优质的质量，为学生营造良好的学习环境及学习氛围。并且我们也要时刻警惕，及时发现并解决过程中存在的问题，只有这样，才能最终实现推进中医药文化进校园的最终目标。总之，要积极动员社会力量，吸纳各种社会资源，筹集社会资金来开展中医药文化教育实践活动，开创政府支持、高校实施、企业资助、媒体助推的多方合作模式。中医药职业院校和高校的中医药文化教育是时代的要求，具有重要的战略意义。中医药职业院校和高校必须自觉承担起中医药文化传承教育的责任，抢抓机遇，发挥优势，开拓创新。青少年是国家建设的接力者，是祖国事业发展的基础力量，是继承发扬中医药文化的接班人，通过多种途径加强中医药文化建设和推广，在校园实施优秀中医院传统文化教育，不仅让学生受益，更能加强文化自信。

参考文献

[1] 王国强．中医药文化进校园的意义及实施策略［J］．创新人才教育，2017（2）：38－40.

[2] 徐颖洲，闫兴丽，周晓菲，等．北京市中学生生命健康观及对中医药文化认知需求的调研分析［J］．中华中医药杂志，2016，31（3）：853－858.

[3] 颜涛，罗艳，王振兴．加强青少年中医传统文化教育的必要性及其课程体系构建［J］．浙江理工大学学报，2015，34（4）：338－342，351.

知识链接

毕业论文的装订格式

毕业论文的装订格式各个学校不尽相同，现举例×所高校毕业论文的装订要求。

1. 封面（学校统一印制）。

2. 毕业论文任务书。

3. 毕业论文实践记录表。

4. 毕业论文评审成绩表（包括指导教师意见、答辩小组意见）。

5. 毕业论文［内容依次为诚信承诺、中文摘要与关键词、英文摘要与关键词、目录页、文本主体（包括引言、正文与结论）、参考文献、附录（可选）、外文文献与翻译、致谢］。

6. 封底（学校统一印制）。

目标检测

答案解析

一、单项选择题

1. 以下对药品说明书的说法不正确的是（　）。

A. 可指导人们正确储藏和保管药品

B. 是药物信息情报最基本、最重要的来源

C. 是指导医生用药的唯一依据

D. 与药品研制、生产、销售、使用等环节密切相关

2. ××大学在遗传学研究上取得了重大的突破，这一事件适合写（　）。

A. 动态新闻　　B. 综合新闻

C. 典型新闻　　D. 述评新闻

3.（　）是摘编者根据需要将原文的有关句、段抄录下来而编制的文摘，常用于做文摘卡或摘要式笔记。

A. 报道性文摘　　B. 指示性文摘

C. 引语式文摘　　D. 题录式文摘

4. 药品检验报告中药品名称应书写为（　）。

A. 商品名称　　B. 商标名称

C. 法定名称　　D. 以上名称均可

5.（　）是新闻的生命。

A. 时效性　　B. 真实性

C. 新奇性　　D. 简明性

二、多项选择题

1. 在药品说明书的药品名称中，中成药和西药都包含的内容是（　）。

A. 通用名称　　B. 商品名称

C. 英文名称　　D. 汉语拼音

2. 医药新闻的种类有（　）。

A. 动态新闻　　B. 综合新闻

C. 典型新闻　　D. 新闻评述

3. 按写作目的分类，医药论文分为（　）。

A. 学术论文　　B. 学位论文

C. 实验研究论文　　D. 技术交流论文

4. 新闻报道的是（　）的事实。

A. 新近发生　　B. 新近发现

C. 对公众有知悉意义　　D. 以前发生

三、阅读下面的药品说明书，找出其中的错误并修改

OTC

甲类

马来酸氯苯那敏片说明书

请仔细阅读说明书并在医师指导下购买和使用

【药品名称】

通用名称：马来酸氯苯那敏片

英文名称：Chlorphenamine Maleate

汉语拼音：Malaisuan Lubennamin Pian

【成分】本品每片含马来酸氯苯那敏4毫克。

【性状】本品为白色片。

【作用类别】本品为抗过敏类非处方药药品。

【适应症】本品适用于皮肤过敏症：荨麻疹、湿疹、皮炎、药疹、皮肤瘙痒症、神经性皮炎、虫咬症、日光性皮炎。也可用于过敏性鼻炎，药物及食物过敏。

【规格】每片4mg。

【用法用量】口服。成人每次1片，一日3次；儿童用量酌减。

【不良反应】主要不良反应为嗜睡、口渴、多尿、咽喉痛、困倦、虚弱感、心悸、皮肤瘀斑、出血倾向。

【注意事项】

1. 老年患者应在医师指导下使用。

2. 服药期间不得驾驶机、车、船、从事高空作业、机械作业及操作精密仪器。

3. 儿童剂量请向医师或药师咨询。

4. 新生儿、早产儿不宜使用。

5. 妊娠期及哺乳期妇女慎用。

6. 膀胱颈梗阻、幽门十二指肠梗阻、甲状腺功能亢进、青光眼、消化性溃疡、高血压和前列腺肥大者慎用。

7. 如服用过量或出现严重不良反应，应立即就医。

8. 对本品过敏者禁用，过敏体质者慎用。

9. 本品性状发生改变时禁止使用。

10. 请将本品放在儿童不能接触的地方。

11. 儿童必须在成人监护下使用。

12. 如正在使用其他药品，使用本品前请咨询医师或药师。

【药物相互作用】

1. 本品不应与含抗组胺药（如马来酸氯苯那敏、苯海拉明等）的复方抗感冒药同服。

2. 本品不应与含抗胆碱药（如颠茄制剂、阿托品等）的药品同服。

3. 与解热镇痛药物配伍，可增强其镇痛和缓解感冒症状的作用。

4. 与中枢镇静药、催眠药、安定药或乙醇并用，可增加对中枢神经的抑制作用。

5. 本品可增强抗抑郁药的作用，不宜同用。

6. 如与其他药物同时使用可能会发生药物相互作用，详情请咨询医师或药师。

【药理作用】作为组织胺 H_1 受体拮抗剂，本品能对抗过敏反应（组胺）所致的毛细血管扩张，降低毛细血管的通透性，缓解支气管平滑肌收缩所致的喘息，本品抗组胺作用较持久，也具有明显的中枢抑制作用，能增加麻醉药、镇痛药、催眠药和局麻药的作用。本品主要在肝脏代谢。

【贮藏】避光，密闭保存。

【包装】铝塑复合袋，4mg×12 片/袋。

【有效期】36 个月。

【执行标准】《中国药典》（2005 年版）二部

【批准文号】国药准字 H××××××××

【说明书修订日期】2011 年 10 月 18 日

【生产企业】

企业名称：（略）

地　　址：（略）

邮政编码：（略）

电话号码：（略）

传真号码：（略）

书网融合……

重点小结　　微课　　习题

参考文献

[1] 张月亮．医药应用文写作［M］．北京：人民卫生出版社，2019.
[2] 冉隆平，舒洁．医学生应用文写作［M］．北京：人民卫生出版社，2023.
[3] 梁建青，郑宏萍．应用文写作［M］．北京：中国医药科技出版社，2020.
[4] 吴明生．党政机关公文写作与处理教程［M］．北京：北京大学出版社，2019.
[5] 刘金同，刘金来．应用文写作教程［M］．5版．北京：清华大学出版社，2023.
[6] 吴明生．党政机关公文写作与处理教程［M］．北京：北京大学出版社，2019.
[7] 尚景建．党政机关公文写作实用手册［M］．北京：人民日报出版社，2024.
[8] 耿云巧，康莉霞，赵君玉，等．现代应用文写作［M］．5版．北京：清华大学出版社，2023.
[9] 廖楚珍，曾守群．医药应用文写作［M］．北京：中国医药科技出版社，2021.
[10] 董金凤，岳海翔，王丽芳．新编高职应用写作实训教程［M］．北京：高等教育出版社，2019.
[11] 魏成春．应用写作实用教程［M］．北京：北京大学出版社，2022.
[12] 夏京春．新编应用写作教程［M］．6版．北京：首都经济贸易大学出版社，2019.
[13] 田会云．应用文写作［M］．西安：西北大学出版社，2020.
[14] 李依晴．新编应用文写作［M］．天津：天津科学技术出版社，2019.
[15] 朱淑萍，邹旗辉．应用文写作［M］．北京：北京理工大学出版社，2019.